Adolf Weigel

Führer durch die buchgewerbliche Kollektiv-Ausstellung des Deutschen Reiches

Adolf Weigel

Führer durch die buchgewerbliche Kollektiv-Ausstellung des Deutschen Reiches

ISBN/EAN: 9783741158421

Hergestellt in Europa, USA, Kanada, Australien, Japan

Cover: Foto ©Andreas Hilbeck / pixelio.de

Manufactured and distributed by brebook publishing software (www.brebook.com)

Adolf Weigel

Führer durch die buchgewerbliche Kollektiv-Ausstellung des Deutschen Reiches

FÜHRER

durch die

BUCHGEWERBLICHE KOLLEKTIV-AUSSTELLUNG

DES DEUTSCHEN REICHES
CHICAGO 1893.

HERAUSGEGEBEN VON DEM

CENTRAL-VEREIN FÜR DAS GESAMMTE BUCHGEWERBE

BEARBEITET VON

ADOLF WEIGEL IN LEIPZIG.

MIT EINER EINLEITUNG:

DAS HEUTIGE BUCHGEWERBE IM DEUTSCHEN REICHE

VON

G. THOMÄLEN — E. WIENER — O. SCHULTZ-HENCKE.

DRUCK VON BREITKOPF & HÄRTEL

LEIPZIG 1893.

BUCHGEWERBLICHE KOLLEKTIV-AUSSTELLUNG DES DEUTSCHEN REICHES

CHICAGO 1893.

Ehren-Ausschuss.

Herr GEORG von METSCH, Excellenz, Minister des Innern in Dresden, Vorsitzender.
Herr Geheimer Ober-Regierungsrat BUSSE, Direktor der Reichsdruckerei in Berlin.
Herr Dr. O. GEORGI, Oberbürgermeister der Stadt Leipzig.
Herr Geheimer Kommerzienrat ADOLF KRÖNER, früher Erster Vorsitzender des Börsen-Vereins der deutschen Buchhändler, in Stuttgart.
Herr Prof. Dr. AD. MENZEL, Kanzler des Ordens »*Pour le mérite*« in Berlin.

Geschäftsführender Ausschuss.

Herr Dr. OSCAR von HASE (in Firma BREITKOPF & HÄRTEL), Vorsitzender des Central-Vereins für das gesammte Buchgewerbe, I. Vorsitzender.
Herr Kommerzienrat FRANZ WAGNER, Schatzmeister des Börsenvereins der deutschen Buchhändler, II. Vorsitzender.
Herr Kommerzienrat JULIUS MEISSNER (in Firma MEISSNER & BUCH), I. Schatzmeister.
Herr BRUNO KLINKHARDT (in Firma JULIUS KLINKHARDT), Vorsitzender des Deutschen Buchdrucker-Vereins, II. Schatzmeister.
Herr OTTO NAUHARDT (in Firma CARL FR. FLEISCHER), Mitglied des Ausstellungs-Ausschusses des Börsenvereins der deutschen Buchhändler, I. Schriftführer.
Herr JOHANNES BAENSCH-DRUGULIN (in Firma W. DRUGULIN), Vorsitzender des Vereins der Buchdruckereibesitzer in Leipzig, II. Schriftführer.

Ausstellungs-Direktion.

Herr General-Konsul C. B. LORCK, Sekretär des Central-Vereins für das gesammte Buchgewerbe.

Delegierter für Chicago: Herr OTTO BAUMGÄRTEL.

LISTE DER TEILNEHMER
AN DER
BUCHGEWERBLICHEN KOLLEKTIV-AUSSTELLUNG
DES DEUTSCHEN REICHES
CHICAGO 1893.

	Seite
Abel & Müller, Verlagsbuchhandlung in Leipzig	35
Actiengesellschaft „Neue Börsenhalle", Zeitungs-Verlag und Druckerei in Hamburg	36
Albert, Dr. E., & Co., Münchener Kunst- und Verlagsanstalt in München	35
Amelang's, C. F., Verlag in Leipzig	36
Amthor'sche Verlagsbuchhandlung in Leipzig	36
Aplan-Bennewitz, M., in Leipzig	36
Asher, A., & Co., Buchhandlung in Berlin	37
Babensien, Max, Verlagsbuchhandlung in Rathenow	38
Bach's, J. C., Verlag in Leipzig	38
Baedeker, G. D., Buchhandlung in Essen	39
Baedeker, Julius, Verlagsbuchhandlung in Leipzig	39
Baedeker, Karl, Verlagsbuchhandlung in Leipzig	38
Baer, Joseph, & Co., Buchhandlung und Antiquariat in Frankfurt a. M.	39
Bassermann, Fr., Verlagsbuchhandlung in München	40
Bauer'sche Glaserei (Kramer & Fuchs) in Frankfurt a. M.	40
Baumgärtner's Buchhandlung in Leipzig	40
Bechhold, H., Verlagsbuchhandlung in Frankfurt a. M.	41
Bechtold, Rud., & Co., Verlagsbuchhandlung, Buchdruckerei und lithographische Anstalt in Wiesbaden	41
Becker-Merker, E., Verlagsbuchhandlung in Heilbronn	41
Belaieff, M. P., Musikalienverlagshandlung in Leipzig	41
Berg, E. F. W., Verlagsbuchhandlung in Berlin	41
Berggträsser, Arnold, Hofbuch- und Kunsthandlung in Darmstadt	42
Bertling, Theodor, Verlagsbuchhandlung in Danzig	42
Bloem, Julius, Verlagsbuchhandlung in Dresden	42
Boas & Hesse, Verlagsbuchhandlung in Berlin	42
Bong, Rich., Kunstverlag und xylographische Anstalt in Berlin	43
Bonifacius-Druckerei J. W. Schröder in Paderborn	43
Bormann's, Edwin, Selbstverlag in Leipzig	44

Liste der Teilnehmer.

	Seite
Börsen-Verein der deutschen Buchhändler in Leipzig	43
Boysen, C., Verlagsbuchhandlung in Hamburg	44
Brandner, Otto, Verlagshandlung in Dresden	47
Brandstetter, Friedr., Verlagsbuchhandlung in Leipzig	44
Braun & Schneider, Verlagsbuchhandlung in München	46
Breitkopf & Härtel, Verlagsbuchhandlung und Buchdruckerei in Leipzig	45
Brockhaus, F. A., Verlagsbuchhandlung und Buchdruckerei in Leipzig	47
Brühl'sche Druckerei (Fr. Chr. Pietsch) in Giessen	47
Bruns', J. O. O., Verlagsbuchhandlung, in Minden	48
Buchdruckerei, Schlesische, Kunst- und Verlagsanstalt, vorm. S. Schottlaender in Breslau	49
Buchdrucker-Verein, Deutscher, in Leipzig	48
Buchhandlung des Waisenhauses in Halle a. S.	48
Buchner, C. O., Verlag, Kgl. Bayr. Hofbuchhandlung in Bamberg	50
Büls, Martin, Buchhandlung in Chemnitz	50
Bureau, Bibliographisches (Julius Steinschneider) in Berlin	50
Burger, Fr., Kunstverlag in München	50
v. Canstein'sche Bibelanstalt in Halle a. S.	51
Central-Verein für das gesammte Buchgewerbe in Leipzig	51
Coppenrath, Alfr. (H. Pawelek), Verlag in Regensburg	51
Cotta'sche, J. G., Buchhandlung Nachfolger in Stuttgart	52
Craz & Gerlach'sche Buchhandlung (Joh. Stettner) in Freiberg i. S.	54
Creutz'sche Verlagsbuchhandlung R. & M. Kretschmann in Magdeburg	54
Cronau, F., Maler und Schriftsteller in Leipzig	55
Cruse's, Fr., Buchhandlung (Carl Georg) in Hannover	55
Dahlström, F. A., Lichtdruckanstalt und Verlagshandlung in Hamburg	56
Diakonissen-Anstalt in Kaiserswerth	55
Dieterich'sche Verlagsbuchhandlung in Göttingen	56
Dietrich, Wilh., Musikalienverlag in Leipzig	56
Druckerei, Strassburger, u. Verlagsanstalt (A.-G., vorm. R. Schultz & Co.) in Strassburg i. Els.	58
Drugulin, W., Buchdruckerei und Schriftgiesserei in Leipzig	57
Düms, W., Verlagsbuchhandlung in Wesel	59
Duncker, Alex., Kgl. Hofbuchhändler, Verlagsbuchhandlung in Berlin	60
Elwert'sche, N. G., Verlagsbuchhandlung in Marburg	60
Emele, Jul., Verlagsbuchhandlung in Wiesloch	59
Engelhardt & Kibrich, Selbstverlag in Elberfeld	59
Engelmann, Wilh., Verlagsbuchhandlung in Leipzig	61
Expedition der von Martius'schen Schriften über Brasilien in München	62
Expedition der Europäischen Modenzeitung Klemm & Weiss in Dresden	59
Expedition der Zeitschrift für Drechsler E. A. Martin in Leipzig	62
Fiedler, W., Verlag in Leipzig	62
Fischer, S., Verlagsbuchhandlung in Berlin	62
Fischer's, Adalbert, Verlag in Leipzig	63
Flemming, Carl, Verlagsbuchhandlung in Glogau	63
Fock, Gustav, Verlags- und Antiquariatsbuchhandlung in Leipzig	63

Liste der Teilnehmer.

	Seite
Förster & Borries, Buch- und Kunstdruckerei in Zwickau	63
Franke, Bernh., Verlag in Leipzig	62
Freyhoff, Ed., Verlagsbuchhandlung in Oranienburg	63
Friebel, Hugo, & Co., Schriftschneider in Leipzig	64
Friederichsen, L., & Co., Land- und Seekartenhandlung in Hamburg	64
Friedländer, R., & Sohn, Verlagsbuchhandlung in Berlin	64
Friedrich, Wilh., Verlagsbuchhandlung in Leipzig	65
Friese, Robert, Verlagsbuchhandlung in Leipzig	65
Friese & von Puttkamer, Verlagsbuchhandlung in Dresden	65
Frisch, Albert, Lichtdruckanstalt und Kunstverlag in Berlin	66
Fritsch, Caesar, Kunstverlag in München	66
Fritzsche, Gustav, Kgl. Sächs. Hofbuchbinder in Leipzig	67
Gaertner's Verlag (H. Heyfelder) in Berlin	67
Geibel & Brockhaus, Verlagsbuchhandlung in Leipzig	67
Geidel, F. M., Offizin für Notenstich und Notendruckerei in Leipzig	68
Gensel, Gustav, Verlagsbuchhandlung in Grimma	68
Georgi, Carl, Verlagsbuchhandlung in Berlin	68
Gergonne & Co., Verlagsbuchhandlung in Berlin	68
Gerhard, Wolfgang, Verlagsbuchhandlung in Leipzig	68
Gerstenberg'sche Buchhandlung in Hildesheim	68
Gesellschaft für Erdkunde in Berlin	69
Gesellschaft, Photographische, Kunstverlag in Berlin	69
Gilbers'sche Kgl. Hof-Verlagsbuchhandlung (J. Bleyl) in Dresden	70
Göhre, H. M., Buchbinderei in Leipzig	69
Gräbner, Gustav, Verlagsbuchhandlung in Leipzig	71
Graf & Sohn, Herm., Hofbuchbinderei in Altenburg	71
Gräfe, Lucas, & Sillem, Verlagsbuchhandlung in Hamburg	71
Graser, Hermann, Verlagsbuchhandlung in Annaberg	71
Greve, Wilh., Geographisch-lithographisches Institut in Berlin	71
Grote'sche, G., Verlagsbuchhandlung in Berlin	72
Grote'sche, G., Verlagsbuchhandlung, Separat-Conto (Müller-Grote & Baumgärtel) in Berlin	72
Grumbach, O., Buchdruckerei in Leipzig	72
Gutbier, Adolf, Kunstverlag in Dresden	73
Hainauer, Julius, Kgl. Hofmusikalienhandlung in Breslau	73
Hanstein, P., Verlagsbuchhandlung in Bonn	73
Harrassowitz, Otto, Verlagsbuchhandlung und Antiquariat in Leipzig	73
Hartung'sche Zeitung u. Verlagsdruckerei, A.-G. in Königsberg	74
Haessel, H., Verlagsbuchhandlung in Leipzig	74
Heckel, K. Ferd., Hof-Kunst- und Musikalienhandlung in Mannheim	74
Hedeler, G., Buchhandlung in Leipzig	74
Heine's, J. J., Verlag in Berlin	75
Heinrichshofen's Verlag, Musikalienverlag in Magdeburg	75
Helwing'sche Verlagsbuchhandlung in Hannover	75
Hendel, Otto, Verlagsbuchhandlung in Halle a. S.	76
Henschel, M., Verlagsbuchhandlung in Frankfurt a. M.	76

Liste der Teilnehmer.

	Seite
Hense's, A., Verlag in Leipzig-Neustadt	75
Herder'sche Verlagshandlung in Freiburg i. Br.	77
Hermann, R. S., Verlagsbuchhandlung und Buchdruckerei in Berlin	78
Herrcke & Lebeling, Verlagshandlung und Buchdruckerei in Stettin	76
Herrosé's, R., Verlag in Wittenberg	76
Hessling & Spielmeyer, Verlagsbuchhandlung in Berlin	78
Heymann's, Carl, Verlagsbuchhandlung in Berlin	78
Hiersemann, Karl W., Buchhandlung und Antiquariat in Leipzig	81
Hinrichs'sche, J. C., Buchhandlung in Leipzig	79
Hinstorff'sche Hofbuchhandlung in Wismar	81
Hirt, Ferdinand, Kgl. Universitäts- und Verlagsbuchhandlung in Breslau	80
Hirt & Sohn, Ferdinand, Verlagsbuchhandlung in Leipzig	80
Hirzel, S., Verlagsbuchhandlung in Leipzig	80
Hochsprung, Max, Verlagsbuchhandlung in Berlin	81
Höckner, Carl, Verlagsbuchhandlung in Dresden	82
Hoffmann, Julius, Verlagsbuchhandlung in Stuttgart	82
Hoffmann & Ohnstein, Verlagebuchhandlung in Leipzig	82
Hofmeister, Heinr., Zeichenkünstler in Leipzig	83
Hofmann, A., & Comp., Verlagsbuchhandlung in Berlin	83
Rollmann, W. B., Buchhandlung in Bremen	81
Holtze's, Otto, Nachfolger, Verlagsbuchhandlung in Leipzig	83
Hug, Gebrüder, Musikalienverlag in Leipzig	83
Jacobsen, Carl, Verlagshandlung in Leipzig	87
Institut, Kaiserlich Deutsches Archäologisches, in Berlin	86
Institut, Bibliographisches, in Leipzig	81
Institut, Geographisches, in Weimar	87
Institut, Kgl. Sächs. Stenographisches, in Dresden	87
Jordan's, W., Selbstverlag in Frankfurt a. M.	87
Issleib, Wilhelm (Gustav Schuhr), Verlagsbuchhandlung und Buchdruckerei in Berlin	88
Jügel's, Carl Moritz Abendroth, Verlag in Frankfurt a. M.	88
Junghanss & Koritzer, Kunst- und Verlagsanstalt in Meiningen	88
Jüstel & Göttel, Buchdruckerei und Verlagsanstalt in Leipzig	88
Kafemann, A. W., Verlagsbuchhandlung und Buchdruckerei in Danzig	89
Kanitz, Herm., Verlag in Gera	89
Kast & Ebinger, Buch- und Steindruckfarben-Fabrik in Stuttgart	89
Koll's Nachfolger, Ernst, Verlagsbuchhandlung in Leipzig	89
Keller, Heinr., Verlagsbuchhandlung in Frankfurt a. M.	90
Keller, Wilhelm, Verlagsbuchhandlung in München	88
Kern's, J. U., Verlag (Max Müller), in Breslau	91
Kistner, Fr., Musikalienverlag in Leipzig	91
Kitz, Herm., Verlagsbuchhandlung in Saulgau Württemberg	92
Klomm's, H., Verlag in Dresden	92
Klinkhardt, Julius, Buchdruckerei und Verlagshandlung in Leipzig	92
Klose & Wollmerstädt, Xylographische Kunstanstalt in Berlin	91
Koebner, Wilh., Verlagsbuchhandlung in Breslau	92

Liste der Teilnehmer. IX

	Seite
Köhler, Fr. Eugen, Duch- und Musikverlag in Gera	93
Koebler, K. F., Antiquarium in Berlin	93
Koehler, K. F., Buchhandlung in Leipzig	93
Kohlhammer, W., Verlagsbuchhandlung in Stuttgart	94
Korn, Wilh. Gottl., Verlagsbuchhandlung in Breslau	94
Kösel'sche, Jos., Verlagsbuchhandlung in Kempten i. Bayern	95
Kreidel's, C. W., Verlag in Wiesbaden	94
Kühtmann, Gerhard, Verlagsbuchhandlung in Dresden	96
Kunstakademie, Kgl., und Kunstgewerbeschule in Leipzig	95
Kuns, M., Direktor der Blindenanstalt in Illzach i. Elsass	96
Lampart's Alpiner Verlag in Augsburg	98
Lang, Gg., Verlagsbuchhandlung und Kartographische Anstalt in Leipzig	97
Langenscheidt'sche Verlagshandlung Prof. G. Langenscheidt) in Berlin	97
Laupp'sche, H., Buchhandlung in Tübingen	96
Lehmann's, J. F., Medizinische Buchhandlung und Antiquariat in München	98
Lohns & Komp., Musikverlag in Hannover	97
Leximple's, Adolf, Verlag in Leipzig	98
Letto, Paul (Leito & Voelkel', Buchhandlung in Berlin	98
Leuchs, C., & Co., Verlagsbuchhandlung in Nürnberg	99
Limbarth, Chr., Verlagsbuchhandlung in Wiesbaden	99
Lindauer'sche, J., Buchhandlung in München	98
Lipperheide, Frz., Verlagsbuchhandlung in Berlin	99
Lipsius & Tischer, Verlagshuchhandlung in Kiel	100
Litolff's, Henry, Verlag in Braunschweig	100
Loewe's, F., Verlag (W. Effenberger) in Stuttgart	100
Löwensohn, G., Lithographische Anstalt in Fürth	100
Loewenthal, W. & S., Verlag in Berlin	101
Löboke & Hartmann, Buchhandlung in Lübeck	101
Lüstenöder, Hans, Verlagsbuchhandlung in Berlin	101
Mahlau & Waldschmidt, Verlag u. Buchdruckerei in Frankfurt a. M.	101
Maier, Aloys, Musikverlag in Fulda	102
Malcomes, M., Buchhandlung in Berlin	102
Mannfeld'sche Original-Radierungen (Verlag Paul Koehler) in Berlin	102
Käser, Jul., Buch- und Kunstdruckerei in Leipzig	101
Meisenbach, Riffarth & Co., Kunstanstalt in Berlin	103
Meissner, Otto, Verlagsbuchhandlung in Hamburg	103
Meissner & Buch, Chromolithographische Kunstanstalt in Leipzig	104
Mertens, D. & Co., Lichtdruckerei und Kunstverlag in Berlin	117
Meyer & Billie in Berlin	104
Mitscher & Röstell, Buchhandlung in Berlin	104
Mohr, J. C. B. (Paul Siebeck), Akadem Verlagsbuchh. in Freiburg i. B.	105
Morgenstern, E., Verlagsbuchhandlung in Breslau	106
Mückenberger, Rudolf, Verlagsbuchhandlung in Berlin	106
Müller, A. (Fröhelhaus', in Dresden	105
Müller, Michael, Verlag in München	106
Naumann, C. G., Buch- und Steindruckerei in Leipzig	106

Liste der Teilnehmer.

	Seite
Neubner, Paul, Verlagshandlung in Köln	106
Nitzschke, Wilh., Verlagsbuchhandlung, in Stuttgart	107
Offertenblatt, Internationales (E. Abel), in Berlin	106
Opitz & Co., Buch- und Kunsthandlung in Güstrow i. M.	107
Oertel, Louis, Musikverlag in Hannover	107
Palm & Enke, Verlagsbuchhandlung in Erlangen	107
Pasch, Max, Verlagsbuchhandlung, Buch- und Kunstdruckerei in Berlin	107
Pastel, Gebrüder, Varlagsbuchhandlung in Berlin	108
Pastel, Hermann, Verlagsbuchhandlung in Berlin	109
Pauli's, W., Nachf. H. Jerosch, Verlagsbuchhandlung in Berlin	110
Perthes, Justus, Geographische Anstalt in Gotha	109
Peters, C. F., Musikalien-Vorlagshandlung in Leipzig	110
Pfeffer, O. E. M., Verlag in Leipzig	110
Pfeilstücker, Friedr., Verlagebuchhandlung in Berlin	110
Pinkau, Emil, Offizin für Kunst- und Luxusdruck in Leipzig	111
Pohl's, Eduard, Verlag in München	111
Prager, B. L., Verlagsbuchhandlung in Berlin	111
Pustet, Fr., Buchhandlung und Buchdruckerei in Regensburg	112
Puttkammer & Mühlbrecht, Buchhandlung in Berlin	111
Rahter, C., Musikalienverlag in Leipzig	113
Regenhardt, C., Verlagsbuchhandlung in Berlin	113
Reichsdruckerei, Kaiserliche, in Berlin	111
Reimer, Dietrich 'Hoefer & Vohsen', Verlagsbuchhandlung in Berlin	113
Reinboth, Feodor, Verlagshandlung in Leipzig	112
Reisland, O. B., Verlagsbuchhandlung in Leipzig	113
Renger'sche Buchhandlung (Gebhardt & Wilisch) in Leipzig	113
Reuther's, H., Verlagsbuchhandlung 'Reuther & Reichard' in Berlin	116
Röder, C. G., Notenstecherei, Buch- und Notendruckerei, Lichtdruckerei in Leipzig	115
Rüger, Max, Verlag in Berlin	116
Russell's, Adolph, Verlag in Münster i. W.	116
Sammlung von Staats-, Geschäfts- u. Städt.-Adressbüchern	116
Sauerländer, J. D., Verlagsbuchhandlung in Frankfurt a. M.	116
Schäfer, Moritz, Verlagshandlung in Leipzig	117
Schick's, Fritz, Buchhandlung in Homburg v. d. Höhe	117
Schlimpert, H. W., Verlagshandlung in Meissen	117
Schlüter'sche Buch- und Kunsthandlung (Wilh. Halle) in Altona (Elbe)	117
Schmersahl, Edmund, Verlagsbuchhandlung in Lübeck	117
Schmidt, H. W., Verlagsbuchhandlung in Halle a. S.	118
Schmidt, C. F., Musikalienhandlung in Heilbronn	117
Schmidt, Arthur P., Musikalienverlag in Leipzig	118
Schmidt, H., & C. Günther, Verlagsbuchhandlung in Leipzig	118
Schöningh, Heinrich, Verlagsbuchhandlung in Münster	118
Schöningh, Ferd., Verlagsbuchhandlung in Paderborn	119
Schorer, J. H., A.-G. in Berlin	119
Schott's Söhne, B., Musikalienverlag in Mainz	119

Liste der Teilnehmer.

	Seite
Schriften-Niederlage »Bethel« in Bielefeld	120
Schuberth jr., Fritz, Musikalienverlag in Leipzig	120
Schuler, Hoh., Artistisches photographisches Atelier in Heilbronn a. N.	120
Schnitz-Engelhard, W., Kunst-Institut in Berlin	121
Schwetschke, C. A., & Sohn, Verlagsbuchhandlung in Braunschweig	121
Seehagen, Oswald, Verlagsbuchhandlung in Berlin	120
Seemann, Arthur, Verlagsbuchhandlung in Leipzig	121
Seemann, E. A., Verlagsbuchhandlung in Leipzig	121
Seitz, Gustav W., Nachfolger, Besthorn Gebr., Verlag in Hamburg	122
Send, Anton, Verlagsbuchhandlung in Altona (Elbe)	122
Senff, Barthof, Musikalienverlag in Leipzig	122
Siegismund, K., Verlagsbuchhandlung in Berlin	122
Siemenroth & Worms, Verlagsbuchhandlung in Berlin	123
Siemens, Gg., Verlagsbuchhandlung in Berlin	122
Sittenfeld, Julius, Buchdruckerei in Berlin	123
Soldan'sche, Sigmund, Hof-Buch-, Kunst- und Musikalienhandlung in Nürnberg	123
Sommermeyer, Emil, Verlagsbuchhandlung in Baden-Baden	123
Spamer, Hugo, Verlagsbuchhandlung in Berlin	124
Spamer, Otto, Verlagsbuchhandlung, in Leipzig	125
Speyer & Peters, Verlagsbuchhandlung in Berlin	123
Springer, Julius, Verlagsbuchhandlung in Berlin	124
Stahn, Fr., Verlagsbuchhandlung in Berlin	125
Stankiewicz, P., Buchdruckerei und Verlagsbuchhandlung in Berlin	125
Stephanus, H., Verlagsbuchhandlung in Trier	126
Stoll, Christian, Buchhandlung in Plauen i. V.	126
Strauss, Emil, Verlagsbuchhandlung in Bonn	126
Strumper & Co., Artistische Anstalt und Kunstverlag in Hamburg	126
Tauchnitz, Bernhard, Verlagsbuchhandlung in Leipzig	127
Tessmer, Rob., Verlagsbuchhandlung in Berlin	126
Thieme, Georg, Verlag in Leipzig	129
Thomas, Theodor, Verlagshandlung in Leipzig	126
Travers, J., Verlag in Mainz	128
Trewendt, Ed., Verlagsbuchhandlung in Breslau	127
Trowitzsch & Sohn, Buchdruckerei und Verlagsbuchhandlung in Berlin	128
Trowitzsch & Sohn, Kgl. Hofbuchdruckerei und Verlagsbuchhandlung in Frankfurt a. O.	128
Trübner, Karl J., Verlagsbuchhandlung in Strassburg i. E.	129
Twistmeyer, E., Verlagsbuchhandlung in Leipzig	130
Uflacker's, H., Buchhandlung (C. Holzbrecher), in Altona	130
Union, Artistische E. K. Müller & Co., in Berlin	130
Union, Deutsche, Verlagsgesellschaft in Stuttgart	131
Vahlen, Frz., Verlagsbuchhandlung in Berlin	131
Vandenhoeck & Ruprecht's Verlag in Göttingen	131
Velhagen & Klasing, Verlagsbuchhandlung in Bielefeld und Leipzig	132
Verein, Allgemeiner, für deutsche Litteratur in Berlin	130

Liste der Teilnehmer.

Vereinigung der Kunstfreunde für die amtlichen Publikationen der Kgl.
  National-Galerie in Berlin 133
Verlag der Arbeitsstube E. Twietmeyer) in Leipzig 133
Verlag des Buchgewerkeblattes in Leipzig 134
Verlag des kgl. statistischen Bureaus in Berlin 138
Verlagsanstalt und Druckerei, A.-G. (vormals J. F. Richter) in Hamburg 140
Verlagsanstalt für Kunst und Wissenschaft vormals Fr. Bruckmann
  in München 133
Verlagshaus, Deutsches Hong & Co. in Berlin 140
Verlagsinstitut, Süddeutsches, in Stuttgart 138
Vieweg, Friedr., & Sohn, Verlagshandlung in Braunschweig . . . 134
Voigt, Bernh. Friedr., Verlagsbuchhandlung in Weimar 136
Volckmar, F., Buchhandlung in Leipzig 138
Volkmar, F., Bassortiment in Leipzig 139
„Von Haus zu Haus" (Adolf Mahn) in Leipzig 138
Voss, Leop., Verlagsbuchhandlung in Hamburg 141
Wachter, M., Lithographische Anstalt in Freiburg i. D. 141
Wagner, R. Herm. Pächter, Buchhandlung in Berlin 117
Wagner, H., & E. Debes, Geographische Anstalt, Steindruckerei und
  Verlagshandlung in Leipzig 112
Waldow, Alex., Verlagsbuchhandlung in Leipzig 112
Warschauer, Moritz, Musik-Instrumenten-Zeitung in Berlin 112
Wasmuth, Ernst, Achitektur-Buchhandlung und Artistische Anstalt in
  Berlin 115
Weber, J. J., Verlagsbuchhandlung in Leipzig 143
Weger, Theod. & A., Kupferstecher in Leipzig 111
Weigel, Adolf, Buchhandlung und Antiquariat in Leipzig 113
Weigel, Gustav, Verlagsbuchhandlung in Leipzig 112
Welter, H., Verlagsbuchhandlung in Leipzig und Paris 116
Werner, L., Verlagsbuchhandlung in München 111
Westermann, George, Verlagsbuchhandlung in Braunschweig . . 111
Wiegandt & Grieben, Verlagsbuchhandlung in Berlin 116
Wigand, Otto, Verlagsbuchhandlung in Leipzig 118
Wiskott, C. T., Kunstverlag in Breslau 117
Wollermann, H., Verlagsbuchhandlung in Braunschweig 111
Woywod, Max, Verlagshandlung in Breslau 118
Zahn, G., & H. Baendel, Buchdruckerei in Kirchhain N.-L. . . . 118
Zernin, Ed., Verlagsbuchhandlung in Darmstadt 118
Zimmer's, A., Verlag Ernst Mohrmann) in Stuttgart 117
Zimmermann, Jul. Heinr., Musikalienverlag in Leipzig 119

DAS BUCHGEWERBE IM DEUTSCHEN REICHE.

DAS BUCHGEWERBE
DES DEUTSCHEN REICHES.

I. Buchhandel.

Der Buchhandel hat sich als eigener Gewerbszweig in den Ländern deutscher Zunge früher als in anderen Ländern vom Stamme, dem er entsprossen, dem Buchdruck, losgelöst und seine selbständige Stellung fortgesetzt kräftig entwickelt. In der Gesamtrichtung seiner Thätigkeit und mit der grossen Mehrzahl seiner Vertreter weniger auf Höhe der Geldumsätze und des Gewinnes, als vielmehr auf die ideale Richtung seines Berufes, auf Verbreitung von Bildung und Gesittung Wert legend, nimmt er vielen anderen kaufmännischen Betrieben gegenüber eine bescheidene Stellung ein. Gleichwohl darf er auch in rein kaufmännischer Betrachtung einige Geltung beanspruchen. Sind schon die eigenen Umsätze bei dem bedeutenden Umfange des deutschen Buchhandels keineswegs gering, so ist er auch als Führer einer grossen und wichtigen Gewerbegruppe, des gesamten Buchgewerbes, an dessen Umsätzen aufs ernstlichste beteiligt. Tausende von Geschäften, von Künstlern und Arbeitern, die bei der Herstellung des deutschen Buch- und Kunstverlages mitzuwirken haben, finden im Buchhandel ihre Grundlage und materielle Existenz. Der deutsche Buchhandel aber geht in diesem Wirken allen anderen Kulturländern voran.

Er beschränkt sich nicht auf den geographischen Begriff des Deutschen Reiches. Neben diesem umfasst er auch Österreich-Ungarn und die deutsche Schweiz. Daneben finden sich seine Angehörigen über die ganze Erde verbreitet, und wo irgend in einer Stadt des fernen Auslandes eine grössere Zahl Deutscher wohnt, da ist auch gewiss der deutsche Buchhändler vertreten, wie denn z. B. Amerika 125 deutsche Buchhandlungsfirmen zählt, die in regem Verkehre mit Leipzig stehen und enge Beziehungen zum heimatlichen Buchhandel unterhalten. — Die deutschen Buchhandlungen des In- und Auslandes verteilen sich nach Ländern und Städten wie folgt:

Deutsches Reich	1201 Städte	mit	6101 Firmen
Luxemburg	3	"	9 "
Österreich-Ungarn	239	"	772 "
übrige europäische Staaten	187	"	860 "
Amerika	12	"	125 "
Afrika	1	"	8 "
Asien	7	"	9 "
Australien	5	"	6 "

In den Gesamtbegriff des deutschen Buchhandels ist auch der Musikalienhandel, der Kunsthandel und Landkartenhandel eingeschlossen. Die Teilung seiner Arbeit ist durch die drei Hauptgruppen **Verlag, Kommission, Sortiment** gekennzeichnet. Der Verlag produziert, das Sortiment verbreitet, die Kommission vermittelt den Verkehr dieser beiden. Abarten des Sortiments sind die **Kolportage**, das **Reise-(Abzahlungs)geschäft** und das **Antiquargeschäft**, Geschäftszweige, die sich in neuerer Zeit kräftig entwickelt haben und das eigentliche Sortiment zu überflügeln drohen.

Der buchhändlerische Verkehr in Deutschland, der sich in früheren Jahrhunderten auf die Messen beschränkte und seine Grundlage im Tauschgeschäfte fand, hatte zunächst seinen Stützpunkt in **Frankfurt am Main**, der alten, von Karl dem Grossen gegründeten Kaiserpfalz, die lange Jahrhunderte hindurch als mächtig emporgeblühte Stadt der Haupthandelsplatz des damaligen Deutschlands war und mit seinen Messen einem grossartigen Verkehre diente. Dies änderte sich für den Buchhandel mit dem Zeitalter der Reformation Luthers. Luthers Lehre fand leidenschaftlichere Anhänger, entschiedenere hochgestellte Beschützer im nördlichen Deutschland, als im Süden und konnte dort festeren Fuss fassen. Der Norden Deutschlands war es auch, der dem plötzlich erwachten grossen Lesebedürfnis jener Zeit durch seine gesteigerte Druckthätigkeit entgegenkam, und so verschob sich alsbald der Schwerpunkt des buchhändlerischen Verkehrs nach **Leipzig**, wo er sich heute noch befindet.

Aus dem bis zu Anfang dieses Jahrhunderts auf die Messen beschränkten Buchhandelsverkehr entwickelte sich um jene Zeit der sehr bedeutende **Kommissionshandel** Leipzigs, der eine charakteristische Eigentümlichkeit des deutschen Buchhandels ist. Er beruht darauf, dass jede deutsche Buchhandlung ihren Vertreter in Leipzig hat, der ihren Geschäftsverkehr vermittelt und sich auch sonst die gewissenhafte Vertretung ihrer Interessen angelegen sein lässt. Der Leipziger Kommissionär empfängt von seinem Kommittenten dessen an die Verleger überschriebene Bestellzettel, befördert sie an die Verleger oder die Kommissionäre der auswärts von Leipzig wohnenden Verleger, er sorgt nach Möglichkeit für den prompten Eingang der Bestellungen, sammelt die einkommenden

Sendungen und befördert sie in regelmässigen Fracht- oder Postsendungen an seinen Kommittenten. Er vermittelt alle dem letzteren obliegenden Zahlungen und vertritt in dieser Richtung fast vollkommen den kaufmännischen Bankier. Erst die neueste Zeit hat mit Einrichtung der Reichsbank und deren gut entwickeltem Giroverkehr dieser Seite des Kommissionsgeschäftes Abbruch gethan. — Jeder Buchhändler liefert frei von Fracht und Spesen nach Leipzig; die Leipziger Sendungen gehen dagegen stets unfrankiert hinaus. Viele auswärtige Verleger halten ihren Verlag in Leipzig vorrätig, so dass die einkommenden Bestellungen der Sortimenter ohne Verzug in Leipzig erledigt werden können. Das Leipziger Kommissionsgeschäft vertritt 7321 Kommittenten. Nebenkommissionsplätze für den Verkehr innerhalb beschränkterer Landesgebiete sind Stuttgart, Berlin, Wien, Budapest, Prag, Zürich.

Der weitaus grösste Teil aller inneren buchhändlerischen Korrespondenz im Deutschen Reich, Österreich-Ungarn und der Schweiz geht durch Vermittelung der Leipziger Kommissionäre an die 1842 vom ›Verein der Buchhändler zu Leipzig‹ gegründete ›Bestellanstalt für buchhändlerische Geschäftspapiere‹, die sich im deutschen Buchhändlerhause befindet, und wird von dieser durch Vermittelung des betreffenden Kommissionärs an die buchhändlerischen Adressaten befördert. Von der Bedeutung dieser Anstalt kann man sich eine Vorstellung machen, wenn man erfährt, dass 11 Sortierer mit dem Ordnen der Papiere täglich von früh bis spät abends beschäftigt sind, und dass die Zahl der durch sie besorgten Verlangzettel, Zirkulare u. s. w. in einem Jahre mehr als 30 Millionen Stück beträgt.

Noch eine besondere Geschäftsrichtung, die sich vorwiegend in Leipzig entwickelt hat, sei hier erwähnt: das Barsortiment. Das Barsortiment hält die gangbaren Artikel des deutschen Buchhandels stets in grosser Zahl gebunden vorrätig und liefert sie zum Original-Nettopreise des Verlegers. Es ist damit einem entschiedenen Bedürfnisse der Bücherfreunde und des Buchhandels entgegengekommen. Ein grossartiger Aufschwung dieser Geschäfte war die natürliche Folge. Auch die ausländische Litteratur wird dem deutschen Buchhandel durch grosse und gut eingerichtete Leipziger Geschäfte vermittelt.

Durch die Zentralisation des deutschen Buchhandels in Leipzig ist es möglich geworden, dass jeder Sortimentsbuchhändler mit jedem Verleger direkten Verkehr unterhalten kann. Durch Vermittelung Leipzigs empfängt der Sortimenter nicht nur seinen auf feste Rechnung oder gegen bare Zahlung bestellten Bedarf, sondern auch die gesamten neuen Erscheinungen des Verlags, letztere meist in Kommission à condition). Durch Ansichtssendungen an seine Kunden, deren litterarische Bedürfnisse er ziemlich genau kennt, erzielt der Sortimenter von diesen

1*

Neuigkeiten meist guten Absatz und sorgt jedenfalls dafür, dass sie denen bekannt werden, die sich dafür interessieren. Die gesamte litterarische Arbeit Deutschlands zieht Vorteil aus dieser Vertriebsart und verdankt ihr zum Teil den grossen Vorsprung ihrer Produktivität vor anderen Ländern. Die gesamte Verlagsproduktion des deutschen Buchhandels bezifferte sich im Jahre 1892 auf 22135 neue Erscheinungen und neue Auflagen. Das beständig fortschreitende Wachstum dieser Produktion veranschaulichen die folgenden Ziffern: 1871: 10661; 1881: 15271; 1891: 21279. In gleicher aufsteigender Richtung bewegt sich die Zahl der Buchhandlungen. Während das »Adressbuch des deutschen Buchhandels« im Jahre 1871 nur 3836 Firmen verzeichnete, führt es 1893 deren 7893 an, deren grösste Zahl sich mit dem Sortimentsbuchhandel und dem gemischten Verkauf aus den verschiedenen Gebieten der Verlagserzeugung, zum Teil auch nebenbei mit dem Antiquariat und dem Schreibmaterialienhandel befasst. Auf allen diesen Gebieten, dem Buch- und Zeitschriftenverlag, dem Sortiment, Kolportagebuchhandel und Antiquariat, dem Kunsthandel, der Kartographie, dem Musikalienhandel u. s. w. zeigt sich im ganzen eine beständig fortschreitende kräftige Entwickelung, deren materieller Genuss nur leider dem einzelnen Geschäft durch die naturgemäss mit ihr gewachsene Konkurrenz verkümmert wird. Ein Blick in die Ausstellung selbst wird aber auch eine beachtenswerte Vervollkommnung in der technischen Herstellung der Verlagswerke erweisen und auch nach dieser Richtung einen anerkennenswerten Fortschritt bezeugen können.

Der Musikalienhandel wird vorwiegend vom buchhändlerischen Sortiment als Nebenzweig betrieben. Mit ihm beschäftigen sich im ganzen 5302 Firmen, von denen nur gegen 500 reine Musikalienhandlungen sind. Die Gesamterzeugung des deutschen Musikalienverlags betrug 1891: 8600 Werke, eine Ziffer, die die Produktion aller anderen Länder übersteigt. Der deutsche Musikverlag, der gegenwärtig von etwa 250 Musikverlagshandlungen betrieben wird, hat von vornherein gleichzeitig zwei Richtungen verfolgt, den Originalverlag neuer Tonwerke unter grundsätzlicher Beseitigung des Nachdrucks, sowie schon seit Ende vorigen Jahrhunderts die planmässige Veranstaltung einheitlicher Klassiker-Ausgaben in monumentalen wie volkstümlichen billigen Ausgaben. Diese Klassiker-Ausgaben, auf dem gesunden Boden des deutschen Originalverlages erwachsen und durch Jahrzehnte lange sorgfältige kritische Arbeit allmählich zu ihrer gegenwärtigen Bedeutung erhoben, haben sich seit mehr als einem Menschenalter den Weltmarkt erobert.

Die Kartographie hat in den letzten Jahrzehnten in Deutschland einen hohen Aufschwung genommen. Es sei hier besonders auf die Leistungen der geographischen Institute zu Berlin, Gotha, Leipzig, Weimar und Glogau, auf die zahlreichen Illustrationen zu den Mitteilungen der verschiedenen geographischen Gesellschaften hingewiesen, um die Überzeugung zu befestigen, dass die deutsche Kartographie nach allen Richtungen fortschreitet. Nicht nur der Gelehrte, der Forscher, auch der Geschäftsmann und die Schule finden Befriedigung für ihre mannigfaltigen Bedürfnisse.

Die deutsche Bibliographie steht auf einer hohen Stufe. Im ›Börsenblatt für den deutschen Buchhandel‹, das vom Börsenverein der deutschen Buchhändler herausgegeben wird, verzeichnet sie täglich die Neuigkeiten des deutschen Buch- und Landkartenverlages, in mehrwöchigen Zeiträumen auch diejenigen des Musikalien- und Kunsthandels. Kataloge über die Erscheinungen der Woche, des Monats, des Viertel- und Halbjahres, sodann grössere Kataloge über fünfjährige Zeiträume, nach verschiedenen Systemen geordnet, folgen der Verlagserzeugung und geben auf jede Frage Bescheid. Fachkataloge aus allen Wissensgebieten erscheinen in grosser Zahl und erleichtern dem Buchhändler und Gelehrten ihre Aufgabe durch sorgfältige und gewissenhafte Bearbeitung.

Als Mittelpunkt für die genossenschaftlichen Bestrebungen des deutschen Buchhandels gilt der im Jahre 1825 gegründete »Börsenverein der deutschen Buchhändler zu Leipzig«. Dieser Verein der angesehensten buchhändlerischen Firmen erstreckt seine Wirksamkeit vornehmlich auf das Deutsche Reich, Österreich-Ungarn und die deutsche Schweiz, aber auch auf die ganze übrige zivilisierte Welt, soweit sich irgendwo mit dem deutschen Buchhandel verkehrende Firmen finden. Anfang 1892 zählte er 2490 Mitglieder, welche 2672 Firmen vertraten, davon 2213 im Deutschen Reiche, 179 in Österreich-Ungarn, 118 in der Schweiz, 6 in Belgien, 4 in Dänemark, 20 in Frankreich, 1 in Griechenland, 15 in Grossbritannien, 8 in Holland, 16 in Italien, 4 in Norwegen, 1 in Rumänien, 31 in Russland, 6 in Schweden, 2 in der Türkei, 15 in Amerika. Im März 1893 betrug die Mitgliederzahl 2511.

Nach seinen am 25. September 1887 beschlossenen neuen Satzungen hat der Börsenverein der deutschen Buchhändler zum besonderen Zweck: die Pflege und Förderung des Wohles sowie die Vertretung der Interessen des deutschen Buchhandels und seiner Angehörigen im weitesten Umfange, insbesondere aber die Schaffung und Unterhaltung von Anstalten und Einrichtungen behufs Erleichterung des gegenseitigen Geschäftsverkehrs und der Abrechnungen, die Feststellung allgemein gültiger geschäftlicher Bestimmungen im Verkehr der Buchhändler untereinander, sowie der Buchhändler mit dem Publikum in Bezug auf die Einhaltung der Bücherladenpreise, bezw. den von letzteren zu gewährenden Rabatt, endlich die Pflege des Unterstützungswesens für Angehörige des Buchhandels.

Der Börsenverein wurde im Laufe der Zeit von grosser Bedeutung für Ordnung und Sicherung des buchhändlerischen Verkehrs in seinem Gebiete. Ein besonderes Verdienst erwarb er sich durch seine erfolgreiche Bekämpfung des Nachdrucks und seine fortdauernde Teilnahme an der einschlägigen Gesetzgebung. In neuerer Zeit ist er mit einer buchhändlerischen Verkehrsordnung hervorgetreten, die manche bisher schwankende Verkehrsgebräuche in feste Regeln zwang. Ein weiteres Ergebnis seiner Arbeit ist die kürzlich von ihm aufgestellte Verlagsordnung, die den Verkehr zwischen dem Urheber eines Geisteswerks und dem Verleger in geordnete Bahnen lenkt und zunächst als wertvolle und praktisch zu erprobende Vorarbeit für die erwartete staatliche Gesetzgebung betrachtet werden muss. Das grösste Verdienst aber erwarb sich der Börsenverein in neuerer Zeit durch die Strenge, mit der er überall im deutschen Buchhandel das Prinzip des Ladenpreises aufrecht erhält, dadurch dass er einen wirksamen Schutz aufrichtete gegen die Schleuderkonkurrenz, deren zerstörenden Bestrebungen er mit der thatkräftigen Selbsthilfe des vereinigten deutschen Buchhandels entgegentrat.

31 kleinere Vereine, die sich auf bestimmte Kreise oder Städte oder besondere geschäftliche Richtungen beschränken, sind mit ihm als seine Organe verbunden und sorgen innerhalb ihrer Gebiete für Durchführung seiner Bestrebungen. Zwei andere Vereine, die hier genannt zu werden verdienen, der »Unterstützungsverein deutscher Buchhändler und Buchhandlungsgehilfen« und der »Allgemeine deutsche Buchhandlungsgehilfen-Verband« sorgen unter thatkräftiger Mitwirkung des ganzen deutschen Buchhandels in umfassender Weise für die Linderung eintretender Not unter den Berufsgenossen und deren hinterbliebenen Familien.

Da das Heim des Börsenvereins, die 1836 in Leipzig erbaute Buchhändlerbörse, räumlich nicht mehr ausreichte, so wurde 1888—88 ein neues Gebäude, das deutsche Buchhändlerhaus, mit einem Kostenaufwand von 1 Million Mark in Leipzig errichtet. In ihm befinden sich die Büreaus der Verwaltung des Börsenvereins: die Geschäftsstelle, die Redaktion, Expedition und Druckerei des Börsenblattes, die Redaktion des »Adressbuchs des deutschen Buchhandels« (begründet von O. A. SCHULZ, seit 1888 Eigentum des Börsenvereins), die Bibliothek des Börsenvereins, die Bestellanstalt für Buchhändler-Geschäftspapiere, ferner der Centralverein für das gesamte Buchgewerbe mit seinen wöchentlich wechselnden Ausstellungen und der Jahresausstellung der wichtigsten Neuheiten des vergangenen Geschäftsjahres und seinem Buchgewerbemuseum (vgl. S. 11). Alljährlich zur Zeit der Buchhändlermesse wird am Sonntage Cantate die ordentliche Hauptversammlung, in der die Angelegenheiten des Buchhandels berathen werden, im Buchhändlerhause abgehalten, während an den nachfolgenden Tagen die Ausgleichung der Rechnungen über die im vorhergehenden Jahre gemachten Geschäfte dort vorgenommen wird.

II. Der Buchdruck.

Das deutsche Buchdruckgewerbe erscheint in der buchgewerblichen Ausstellung des Deutschen Reiches als der wenn auch getreue, so doch immer in einer gewissen Abhängigkeit stehende Schaffner des Buchhandels; seine Erzeugnisse stellen sich nur zum kleineren Teile als selbständige dar, zum grössten Teile erscheinen sie eben als Produkte des Buchhandels. In der Wirklichkeit verhält sich das aber nicht so. Ist auch der Buchhandel der hervorragendste Auftraggeber des Buchdruckgewerbes und können auch die für die Jahre 1800, 1850, 1871, 1881, 1891 gegebenen Produktionsziffern des deutschen Verlagsbuchhandels unbedenklich als Merkzeichen für den Entwickelungsstand des Buchdruckgewerbes in den genannten Jahren angesehen werden, so ist doch der Buchhandel nur einer der Auftraggeber des Buchdruckgewerbes, denn die andern Auftraggeber — Handel und Verkehr, Staat und Gesellschaft — wahrlich nicht nachstehen. Das deutsche Buchdruckgewerbe wird also durch den Buchhandel allein nicht vollkommen vertreten, denn in keinem andern Gewerbe drückt sich die geistige und materielle Entwickelung eines Landes so umfassend und zugleich so ins Kleine gehend aus, wie im Buchdruckgewerbe. Und wie sich das Deutsche Reich neben den andern grossen Kulturstaaten heute gleichberechtigt sehen lassen kann, so darf auch das Buchdruckgewerbe des Deutschen Reiches mit dem der anderen Kulturstaaten getrost in die Schranken treten. Die Nachfolger Gutenbergs in Deutschland haben das von den Vätern Ererbte wohl gepflegt und gemehrt, und sie leisten jetzt in den meisten Fällen nicht nur den Erzeugnissen anderer Länder Ebenbürtiges, sondern nehmen in verschiedenen Fächern eine erste Stelle ein.

Der Umfang des deutschen Buchdruckgewerbes lässt sich nur schwer in genau abgemessene Grenzen bringen. Es beschränkt sich heute eben nicht mehr wie früher auf den Satz und Druck von beweglichen Lettern oder einfachen Hochdruckbildformen, sondern es nimmt zu gar vielen Druckwerken fast die gesamten graphischen Reproduktionsverfahren in Anspruch. Eine grosse Anzahl von Druckelablissements sind deshalb auch keine blossen Buchdruckereien mehr, sondern

II. Buchdruck.

graphische Institute, in denen neben dem Buchdruck auch Schriftgiesserei und graphische Verfahren in erfolgreichem Zusammenarbeiten thätig sind. Verlässliche, wenn auch jetzt nicht ganz neue, Anhaltspunkte über diesen Umfang gab das 1890er Adressbuch der Buch- und Steindruckereien von KARL KLIMSCH in Frankfurt a. M. — nebenbei bemerkt der Einzige, der die buchgewerbliche Statistik methodisch und lediglich als Selbstzweck mit Erfolg seit Jahren betreibt.

Nach demselben bestanden 1889 in Deutschland in 1901 Druckorten
   4243 Buchdruckereien und
   1067 Buch- und Steindruckereien,
 zusammen 5310 Druckereien.

Dieselben arbeiteten mit
   253 Rotationsmaschinen,
   28 vierfachen Schnellpressen,
   534 Doppel-Schnellpressen,
   7282 einfachen Schnellpressen,
   262 Zweifarbenmaschinen,
   966 Cylinder-Tretpressen,
   2808 Tiegeldruckpressen,
   1679 Bostonpressen,
   2360 Handpressen,
 zusammen 16172 Druckmaschinen und Handpressen.

Hierzu kommen (schätzungsweise) 9000 Hilfsmaschinen und etwa 2000 Kraftmaschinen mit über 12000 Pferdekräften, so dass also das deutsche Buchdruckgewerbe mit rund 27200 Maschinen arbeitete.

Beschäftigt wurden:
In der Setzerei:
   1647 Faktore,
   1028 Korrektoren,
   21077 Setzer,
   240 Setzerinnen,
   8309 Lehrlinge,
 zusammen 35301 Personen.

In der Buchdruckerei:
   4523 Maschinenmeister,
   1527 »Schweizerdegen« oder Maschinenmeister, die ausser dem Drucken auch das Setzen verstehen,
   374 Handpressendrucker,
   2039 Lehrlinge,
   1615 Einleger,
   5132 Einlegerinnen,
 zusammen 15110 Personen.

II. Buchdruck.

Ebenfalls schätzungsweise sind noch zu rechnen 20000 Kontoristen. Duchbinder und nichtgelernte Hilfsarbeiter und -Arbeiterinnen, so dass sich Ende 1889 die Gesamtzahl der im Duchdruckgewerbe beschäftigten Personen auf rund 70000 (ohne die etwa 7000 Arbeitgeber) stellte. Seitdem hat sich der Bestand der Druckereien um mehr als 500 und in entsprechendem Verhältnis auch der Personal- und Maschinenbestand gemehrt. Am stärksten vertreten ist das Duchdruckgewerbe in Berlin, denn das 1893er Berliner Adressbuch zählt 602 Duchdruckereien auf.

Aus anderen Staaten stehen uns verlässliche Ziffern zum Vergleich nicht zur Verfügung; doch dürfte das Duchdruckgewerbe Deutschlands dem Umfange nach nur von dem Englands und Nordamerikas übertroffen werden, was seine Begründung nicht nur in der Bevölkerungsziffer, sondern auch in der hervorragenden Welt-Verkehrsstellung der beiden letztgenannten Länder findet.

Hinsichtlich der Leistungsfähigkeit und Produktivität steht das deutsche Duchdruckgewerbe durchweg auf der Höhe der Zeit. Die Inhaber der mittleren und grösseren Druckereien sind meist kapitalkräftig und lassen sich, von regem Interesse für den Fortschritt des Gewerbes beseelt, angelegen sein, von den neuesten Erfindungen und Erfahrungen für ihre Geschäfte Nutzen zu ziehen. Die Schriftgiessereien und Messinglinienfabriken stellen ständig ein technisch vollendetes Satzmaterial in fast übergrosser Mannigfaltigkeit zur Verfügung. Die buchgewerbliche Maschinenindustrie wetteifert in der Vervollkommnung der Druckmaschinen und ist bemüht, den Druckereien die Fortschritte der Elektrotechnik und des Kraftmaschinenbaues zugänglich zu machen. Die bekannte Vortrefflichkeit des deutschen Unterrichtswesens setzt das Buchdruckgewerbe in den Stand, ein Arbeiterpersonal aufzuweisen, dessen Durchschnittsbildung eine ziemlich hohe ist, und das Duchdruckgewerbe selbst, Arbeitgeber wie Arbeitnehmer, arbeitet redlich, um diesen Arbeiterstand zu vervollkommnen. Alle diese Momente sind der Leistungsfähigkeit des Gewerbes förderlich und geeignet, es im Wettbewerb mit dem Ausland zu unterstützen. In der That sind denn auch die deutschen Buchdruckereien in hervorragender Weise für den ausländischen wissenschaftlichen Verlag, vornehmlich den Frankreichs, Englands, Russlands, Italiens und des Skandinavischen Nordens thätig, und im Drucke der Orientalia und alten Sprachen nimmt Deutschland mit die erste Stelle ein.

Versuchen wir diese allgemeinen Bemerkungen über die Leistungsfähigkeit des deutschen Duchdruckgewerbes im einzelnen zu begründen, so müssen wir in erster Linie auf den Werkdruck verweisen. Wie schon aus der Verlagsstatistik hervorgeht, welche z. B. 15271 für d. J. 1881, 21279 für d. J. 1891 neu in Deutschland erschienene Werke aufweist, steht der deutsche Werkdruck auf einer aussergewöhnlichen Höhe der

II. Buchdruck.

quantitativen Leistungsfähigkeit. Es kommen aber zu diesen Ziffern noch die zahlreichen Wiederdrucke und die Drucke von nicht in Deutschland erschienenen Werken, die sich ziffernmässig nicht nachweisen lassen; Deutschland dürfte mithin in der Zahl der Werkdrucke wohl von keinem andern Lande übertroffen werden. Die Qualität der Werkdrucke bestimmt in erster Linie der Verleger, nicht der Buchdrucker, indem er das zu verwendende Papier sowie die Höhe der auf die Ausstattung zu bewilligenden Kosten angibt. Wo die Mittel für qualitativ hohe Leistungen geboten sind, da erfüllt der deutsche Werkdruck auch schwer zu befriedigende Ansprüche, und die Prachtwerke, sowie die wissenschaftlichen und Musiknotendruckwerke, welche aus den Druckereien in Leipzig, Stuttgart, Berlin und selbst aus vielen kleineren Provinzstädten hervorgehen, können sich vollkommen mit gleichen Erscheinungen des Auslandes messen.

Speziell der Illustrationsdruck hat in Deutschland nicht nur als Masse, sondern auch der Güte nach eine bedeutende Höhe erreicht. Die Illustration wird immer mehr herangezogen nicht nur zur Zierde der Werke und Zeitschriften, sondern vornehmlich zur Ergänzung und Erläuterung des gedruckten Wortes, und die Anforderungen, welche mit Bezug hierauf an die Leistungsfähigkeit der Druckfarben, Druckmaschinen und der Arbeiter gestellt werden, sind noch immer im steten Wachsen. Sie werden aber erfüllt, das beweisen die grossen illustrierten Ausgaben der Klassiker Goethe, Schiller, Shakespeare, die grossen Bibel-Ausgaben, die zahlreichen Reise- und naturwissenschaftlichen Werke, die »Meisterwerke der Holzschneidekunst« und vieles andere. Das beweisen die zahlreichen vorzüglichen illustrierten Zeitschriften: »Leipziger Illustrierte Zeitung«, »Moderne Kunst«, »Über Land und Meer«, »Daheim«, Gartenlaube«, »Münchener fliegende Blätter« und viele andere.

Der fortschreitenden Kunst genügt aber schon die Illustration in schwarz auf weiss nicht mehr, sie will auch durch die Farben wirken und die Dinge in ihrem wirklichen Wesen vor das Auge bringen. So erringt sich denn der farbige Illustrationsdruck soweit die Buchdruckpresse in Frage kommt den Farbenholzschnittdruck und den farbigen Autotypiedruck umfassend) immer mehr Boden. Die Chromotypographie steht der Chromolithographie in der künstlerischen Wiedergabe wie in der Zahl der zu einzelnen Bildern verwendeten Platten nicht nach, in der quantitativen Leistungsfähigkeit ist sie jener aber überlegen und deshalb, ihr gegenüber, zu bedeutender Konkurrenz befähigt. Der typographische Farbendruck findet nicht nur zu Kunstblättern und Buchillustrationen ausgedehnte Verwendung, sondern er wendet sich auch immer mehr mit Erfolg der Zeitschrift-Illustration zu, wobei bedeutende Auflagen in Frage kommen. Was in dieser in Deutschland geleistet wird, dafür bietet die

Berliner »Moderne Kunst« dem prüfenden Auge einen vollgültigen Beweis. Mit wenig Mitteln wird da Treffliches geleistet, und die Weihnachtsnummern dieses Blattes haben im vergangenen Jahre die der Londoner Blätter überflügelt, die einzelner vortrefflicher Pariser Blätter beinahe erreicht. Einen neuen Aufschwung dürfte der typographische Farbendruck durch das Dr. Eugen Albertsche (»Albertochromie«) und das E. Vogel-Kratzsche Dreiplattenverfahren gewinnen.

Der Wertpapierdruck, welcher ausser dem Buchdruck noch verschiedene graphische Verfahren in Anspruch nimmt, wird jetzt in Deutschland vornehmlich von der Reichsdruckerei geübt. Sie allein liefert das deutsche Reichspapiergeld und die Reichspostwertzeichen, welche beide, gegenüber der früheren Mannigfaltigkeit, an graphischem Interesse zwar verloren, durch die erzielte Einheitlichkeit aber gewonnen haben. Die Privatdruckereien in Leipzig und Frankfurt a. M., welche die Noten der vielen zur Notenausgabe berechtigten Banken lieferten, sind dadurch in ihrer Thätigkeit vielfach gehemmt und hauptsächlich auf die Arbeiten für ausländische Staaten verwiesen und stellen für diese, namentlich für die südamerikanischen und asiatischen Staaten Papiergeld, Briefmarken u. dgl. in mustergültiger Weise her, sowohl was die graphische Ausführung als was die Sicherheit gegen Nachahmungen betrifft.

Der deutsche Accidenzdruck, zu welchem Druckzweige wir alle Drucksachen ausser dem Werk-, Illustrations- und Zeitungsdruck rechnen, dürfte in seiner Ausdehnung dem Werkdruck nicht nur gleichkommen, sondern ihm überlegen sein. In den grossen Kulturstaaten kann man den Kulturfortschritt der grossen Volksmasse nicht mehr nach dem Verbrauch an Seife messen, sondern es ist viel richtiger, ihn nach dem Verbrauch von, kurz gesagt, Accidenzdrucksachen zu bemessen. Legen wir diesen Massstab an das deutsche Volk an, so finden wir, dass es in der Kultur mit an der ersten Stelle marschiert. Der Verbrauch an geschäftlichen, gesellschaftlichen und Familien-Drucksachen ist in Deutschland ein ungeheurer. Wir wollen jedoch hier nicht die Masse des Accidenzdruckes Deutschlands, die er mit demjenigen anderer Staaten, z. B. England und den Vereinigten Staaten, gemein hat, betrachten, sondern vielmehr seine Güte prüfen, hinsichtlich welcher er nicht nur gegen das Ausland nicht zurücksteht, sondern in verschiedenen Richtungen sogar manches voraus haben dürfte.

Der feine Accidenzdruck zieht nicht nur den Setzer und Drucker, sondern auch Zeichner, Stempelschneider und Schriftgiesser in seinen Dienst; er nimmt fast alle graphischen Verfahren zu Hilfe und namentlich vom typographischen Farbendruck in ausgedehntester Weise Gebrauch. In künstlerischer Durchbildung hat der deutsche Accidenzsatz in den letzten Jahren bedeutend gewonnen und teilweise das Ausland überflügelt, was von berufenen Fachleuten Englands und Amerikas unverhohlen anerkannt worden ist. Hierzu haben verschiedene Umstände mitgewirkt. Künstler und Kunstgelehrte haben es sich im Verein mit tüchtigen Fachleuten angelegen sein lassen, die Stilgesetze der verschiedenen Kunstrichtungen auf das dem Buchdrucker zu Gebote stehende Schriften- und Flachornamentmaterial in Anwendung zu bringen. Die fachtechnischen Gesellschaften haben die Bildung des Kunstsinnes eifrig gepflegt und das von Künstlern und Kunstgelehrten Gefundene zu verallgemeinern und durch den Austausch von Druckmustern unter sich wie unter den ausübenden Accidenzsetzern und Druckern zu befestigen gesucht. Die Schriftgiessereien sind unablässig bemüht gewesen, unter Mithilfe künstlerischer Kräfte dem Buchdrucker stilgerechtes, formvollendetes Zier- und Schriftmaterial zu liefern, und dem Accidenzsetzer leicht zu bearbeitendes Material für den Tonplattendruck zu liefern, und zwar mit dem Erfolge, dass die Ornamente der Schriftgiessereien wie auch die Tonplatten eines Leipziger Hauses auch auf den Accidenzsatz des Auslandes umgestaltend eingewirkt haben. In Bezug auf stilgerechte Durchbildung dürfte der deutsche Accidenzsatz jedenfalls die erste Stelle einnehmen, und dabei bleibt er in der Regel praktisch, denn Linien- und sonstige Ornamentkünsteleien, wie sie andere Länder nicht selten aufweisen, kommen in Deutschland kaum mehr vor. Hier überlässt man derlei Sachen dem Zeichenkünstler oder Lithographen.

Wie aus den in der Kollektiv-Ausstellung in Rahmen ausgehängten Blättern aus den letzten Bänden des »Muster-Austausches des Deutschen Buchdrucker-Vereins« zu ersehen ist, bleibt im deutschen Accidenzsatz zur Zeit in stilistischer Beziehung die Renaissance, unter massvoller Verwendung von Gold und Farben, vorherrschend. Neben ihr ringt die sogenannte freie Manier mit Erfolg nach Boden. Ihre Freiheit ist nicht mit Stillosigkeit zu verwechseln. Sie hat ihren Schwerpunkt in zwangloser Verwendung der Vignette, macht also der Bilder liebenden Zeit eine Konzession und dürfte deshalb eine Zukunft haben. Aus den Bänden des genannten Muster-Austausches ist aber auch weiter die charakteristische und erfreuliche Thatsache zu ersehen, dass es in Deutschland nicht nur die grossen und reich ausgestatteten Druckereien sind, welche den feinen Accidenzdruck pflegen, sondern dass sehr viele kleinere Druckereien in kleineren Provinzorten Liebe zur Kunst und opferfreudiges Kunstverständnis zeigen. Eine Anzahl Accidenzdruckereien in der Provinz sowohl wie in den Hauptdruckorten haben bei dieser Pflege des Accidenzdruckes noch insofern ihre besondere Rechnung gefunden, als sie die Herstellung von Blankovordrucken für die verschiedensten Zwecke zu einem ausgebreiteten und erfolgreichen Gewerbszweige gemacht haben.

II. Buchdruck.

Der Zeitungs- und Zeitschriftendruck in Deutschland befindet sich hinsichtlich der Zahl der Blätter auf einer Höhe, welche dem Deutschen Reiche den zweiten Platz in der Reihe der Staaten, unmittelbar hinter den Vereinigten Staaten von Nordamerika, anweist. In Bezug auf Umfang und Grösse der Auflagen stehen die deutschen Zeitungen zwar hinter den Riesenblättern von Newyork, London und Paris zurück, doch gleicht sich dies dadurch wieder etwas aus, dass in Deutschland infolge der grösseren Dezentralisation des politischen, Handels- und gesellschaftlichen Verkehrs die Zahl der Tagesblätter und der täglich mehrmals erscheinenden Blätter eine grössere ist als selbst in den Vereinigten Staaten.

Die amtliche »Preisliste der durch das Kaiserliche Post-Zeitungsamt zu Berlin und die Kaiserlichen Postanstalten des Reichs-Postgebietes im Jahre 1893 zu beziehenden Zeitungen, Zeitschriften u. s. w.« zählt im Hauptkataloge (ohne die Nachträge) 6664 im Deutschen Reiche erscheinende Blätter auf. Davon sind 6522 in deutscher Sprache, 142 in anderen Sprachen. Was die Art der Herausgabe anbelangt, so kommen 4 Zeitungen 19mal, 9 Zeitungen 18mal, 1 Zeitung 14mal, 17 Zeitungen 13mal, 55 Zeitungen 12mal, 1 Zeitung 11mal wöchentlich heraus. Die Zahl der Tagesblätter beziffert sich mit 1205, davon erscheinen 91 auch Montags (werden also Sonntags hergestellt), während die übrigen nur 6mal wöchentlich erscheinen. Sehr bedeutend ist ferner die Zahl der 3 und 4mal wöchentlich erscheinenden politischen Blätter.

In technischer Beziehung kann sich die deutsche Tagespresse, von Ausnahmen abgesehen, mit derjenigen Englands und Nordamerikas nicht messen. Einesteils beruht dies darauf, dass die Tagespresse dieser Länder mit weit grösseren finanziellen Mitteln und für ein grösseres Lesepublikum arbeitet, anderenteils darauf, dass der gleichzeitige Gebrauch von deutschen (Fraktur-) und lateinischen (Antiqua-) Schriftzeichen in Deutschland zu mancherlei Geschmacklosigkeiten verleitet. Was die Güte des zum Zeitungsdruck verwendeten Papiers betrifft, steht Deutschland weit zurück.

Die ausserordentliche Entwickelung der politischen Presse hat einen eigenen Geschäfts-, wir möchten fast sagen Fabrikationszweig, zur Blüte gelangen lassen, nämlich die Massenherstellung von illustrierten Unterhaltungsbeilagen für die provinziellen Tages- und Wochenblätter seitens einer Anzahl Häuser. Die Herstellung von sogenannten kopflosen Zeitungen, das sind Zeitungen, welche den Lokalblattherausgebern von grossen litterarischen Instituten mit einem Vordruck politischen, belehrenden und unterhaltenden Inhalts geliefert und am Orte mit der Titelseite, lokalen Nachrichten und Anzeigen versehen werden, ist weniger von Belang und die in Amerika übliche Lieferung von fertigen Druckplatten (*patent-sides*) an die kleineren Zeitungen ist in Deutschland nicht gebräuchlich.

Schliesslich müssen wir auch noch kurz der Fortbildungsmittel gedenken, welche dem deutschen Buchdruckgewerbe seine technische Leistungsfähigkeit erringen und festhalten helfen. Für die Fortbildung der Lehrlinge sorgen ausser den staatlichen Fortbildungs- und Gewerbeschulen in den grösseren Druckorten Fachschulen, in welchen an den allgemeinen Unterrichtskursus ein fachtechnischer angeschlossen ist. Solche Fachschulen bestehen zur Zeit in Berlin, Dresden, Hamburg und Leipzig. Die technische Fortbildung des Gehilfenstandes pflegen die an allen grösseren Druckorten bestehenden technischen (typographischen) Gesellschaften durch Vorträge, Mustersammlungen, Bibliotheken u. s. w. Einen Kursus im höheren typographischen Zeichnen hat die kgl. Kunstakademie und Kunstgewerbeschule in Leipzig errichtet, die jetzt Lehrstühle aller graphischen Verfahren und Versuchsstationen hat. Den technischen Zwecken und Interessen der gesamten graphischen Gewerbe dient der Zentralverein für das gesamte Buchgewerbe mit dem von ihm errichteten, in seiner Art einzig dastehenden Deutschen Buchgewerbemuseum, sowie mit seinem das ganze Jahr über thätigen Ausstellungsapparat. Den wichtigsten Bestandteil des Buchgewerbemuseums bildet die weltberühmte KLEMMsche Inkunabeln-Sammlung, welche die kgl. sächsische Regierung für 100 000 Mark erwarb und dem Zentralverein als »Grundstock für das Museum« übergab. Die Bestände des Museums werden unter opferfreudigster Anteilnahme der gesamten Buchgewerbe stündig vermehrt. Der Ausstellungsapparat bringt alljährlich die Neuigkeitsausstellung des Buchhandels, wöchentlich wechselnde Spezialausstellungen und grössere Ausstellungen bei besonderen sich bietenden Gelegenheiten. Neben diesen meist kollegialen Fortbildungsanstalten wirkt eine reichhaltige und gediegene Fachlitteratur und eine gut geleitete technische Fachpresse. Auch ist vom besten Einflusse auf den gewerblichen Kunstsinn und Geschmack der oben erwähnte vom Deutschen Buchdrucker-Verein veranstaltete »Internationale graphische Muster-Austausch« gewesen, von dem bis jetzt vier reichhaltige Jahrgänge erschienen sind und an dem sich auch das Ausland lebhaft beteiligt.

III. Schriftgiesserei, Galvanoplastik, Stereotypie, Messinglinien- und Holztypenfabrikation.

Die grossen Betriebe in der Schriftgiesserei sind in Deutschland meist mit Messinglinienfabrikation, Galvanoplastik und Stereotypie verbunden; doch gibt es in den drei letzteren Berufszweigen auch eine Anzahl Betriebe, welche den einen oder andern Zweig ausschliesslich pflegen.

Es ist schon bei der Besprechung des Buchdruckgewerbes darauf hingewiesen worden, dass die deutschen Schriftgiessereien und Messinglinienfabriken sich ein wesentliches Verdienst um die Hebung des Buchdruckgewerbes erworben haben. Dieses Verdienst muss an dieser Stelle nochmals betont werden.

Zunächst sind die Giessereien auf die Vervollkommnung des Schriftschnittes bedacht gewesen, und es sind von ihnen in dieser Richtung infolge der Verbesserungen in der Technik grosse Fortschritte gemacht worden, wie das Vergleichen der Proben der einzelnen Häuser aus verschiedenen Zeitabschnitten leicht erkennen lässt. Ferner sind sie auf die Vielseitigkeit des Schriftmaterials, namentlich der Accidenz- und Auszeichnungsschriften, sowie der Schriften für merkantile Gewerbe bedacht gewesen und sind es noch. Läuft auch hin und wieder des Guten zu viel mit unter, so hat sich doch die deutsche Schriftgiesserei im allgemeinen von jenen Formenungeheuerlichkeiten frei gehalten, welche die amerikanische Schriftgiesserei nicht selten zu Tage fördert. In der Schaffung von Schriftneuheiten erscheint die deutsche Schriftgiesserei mithin weniger produktiv als die amerikanische, aber sie ist hierin massvoller als jene. Die Franzosen und Engländer stehen in der Schaffenskraft weit hinter den Deutschen und Amerikanern zurück. Ein in dem eigenen Vorteil liegendes Verdienst der deutschen Schriftgiesser ist auch, dass sie, gleich den Franzosen, möglichste Einheit in der Schrifthöhe und im Schriftkegel angestrebt haben. In England und Amerika herrscht in diesem Punkte noch grosse Willkür.

Mit Kraft und Geschick ist die deutsche Schriftgiesserei in den Wettstreit mit der Giesserei anderer Länder eingetreten, um mit Unterstützung künstlerischer Kräfte dem Buchdruckgewerbe vollendetes Ziermaterial in grosser Mannigfaltigkeit und Verwendbarkeit zu liefern, und zwar mit dem Erfolge, dass die vollendeten Formen ihrer figurenreichen Einfassungs-Serien, ihrer Vignetten, Leisten und ihres sonstigen ornamentalen Schmuckes in allen Weltteilen Beifall und Absatz finden. Namen zu nennen, müssen wir unterlassen; verweisen jedoch auf die Probenbände, auf deren Herstellung die Giessereien die grösste Sorgfalt verwenden.

III. Schriftgiessereien, Galvanoplastik, Stereotypie etc.

Über den Umfang des deutschen Schriftgiessergewerbes geben wir aus der »Statistik der deutschen Buchdrucker-Berufsgenossenschaft« (1889) einige Daten. Hiernach umfasste dasselbe 83 Betriebe mit 2152 Beschäftigten. Diese Betriebe arbeiten mit den neuesten Maschinen, insbesondere bürgern sich die, von der Maschine weg eine gebrauchsfertige Schrift liefernden Komplettgiessmaschinen immer mehr ein. Die »Statistik« erwähnt 90 Komplettgiessmaschinen; 926 Doppelgiessmaschinen und 371 Hilfsmaschinen aller Art.

Die Messinglinienfabriken liefern dem Buchdruckgewerbe ausser dem kuranten Linienmaterial gleichfalls formenschönes Einfassungs- und sonstiges Ziermaterial, das sich ebenso durch Mannigfaltigkeit wie durch grosse Haltbarkeit auszeichnet. Insbesondere gelten die gebohrten Einfassungen für ein wertvolles Material zum farbigen Druck. Die Ausfuhr in diesen Erzeugnissen ist eine lebhafte. Nach der mehrerwähnten Statistik umfasste die Messinglinienfabrikation 9 Betriebe, die mit 136 Personen und 129 Maschinen arbeiteten.

Die Galvanoplastik erstreckt ihre Thätigkeit auf die Reproduktion von Druckflächen für den Hoch- und Tiefdruck, wie auf das Verkupfern, Verstählen, Vernickeln von Druckflächen, und arbeitet nach den neuesten Erfahrungen und mit den neuesten Maschinen. Betriebe zählt die »Statistik« in diesem Zweige 42 auf, die mit 41 Dynamomaschinen und 101 sonstigen Maschinen arbeiteten. Jetzt dürfte die Galvanoplastik eine weit grössere Ausdehnung besitzen; denn man findet heute in vielen grösseren Buchdruckereien galvanoplastische Anstalten, die nur für den eigenen Bedarf des Hauses arbeiten.

Die Stereotypie hat in Deutschland infolge der Einführung zweckmässiger Apparate für den Kleinbedarf eine solche Verbreitung gefunden, dass fast keine mittlere Druckerei mehr ohne Stereotypie-Anlage ist. Somit haben die Spezialgeschäfte, die sich ausschliesslich nur mit der Lieferung von Stereotypiematerialien befassen, eine gute Existenz. Die Angaben der »Statistik« über den Umfang dieses Gewerbszweiges, welche 229 Betriebe mit 556 Personen aufzählen, treffen daher heute nicht mehr zu. Überhaupt möchten wir bei der Gelegenheit bemerken, dass die wiederholt erwähnte »Statistik«, die im Jahre 1887 aufgenommen und im Jahre 1889 veröffentlicht wurde, in allen Zweigen durch die Verhältnisse weit überholt worden ist.

Anwendung findet fast nur die Papierstereotypie. Die umständliche Gipsstereotypie wird nur noch zu besonderen Zwecken benutzt. Hinsichtlich der Behandlung und des Trocknens der Matrizen sind manche Fortschritte (Kaltstereotypie) gemacht worden, die namentlich dem Zeitungsdruck zu gute kommen, und ausserdem die zu stereotypierende Schrift ausserordentlich schonen.

Die Holztypenfabrikation wird in einer Anzahl Geschäfte mit grossem Erfolge betrieben und liefert gern verwendetes Text- und Einfassungs-Material für den Plakatdruck. Der Schnitt der Schriften und Einfassungen lässt an Schönheit und Genauigkeit nichts zu wünschen und in der Behandlung des Holzes sind Fortschritte gemacht worden, welche dessen Widerstandsfähigkeit gegen Temperatur- und Feuchtigkeitseinflüsse erhöhen und mithin dem Material grössere Dauerhaftigkeit verliehen haben. In neuerer Zeit sind Plakatschriften aus Messing aufgekommen. Dieselben sind zwar wesentlich theurer als die Holzschriften, hinsichtlich der Dauerhaftigkeit diesen aber bedeutend überlegen.

IV. Graphische Kunstverfahren.

Die Holzschneidekunst (Xylographie) hat in der verjüngten Gestalt die ihr durch den Engländer Bewick gegeben wurde, der an Stelle des von Alters her gebräuchlichen, mit dem Messer ausgeführten Langholzschnittes den mit dem Grabstichel bewirkten Hirnholzstich einführte, auch in Deutschland seit dem ersten Drittel dieses Jahrhunderts eifrige Pflege gefunden, und heute wetteifern die deutschen Holzschneider mit ihren französischen, englischen und amerikanischen Kollegen in der Hervorbringung künstlerischer Leistungen, worin sie durch die meisterhaft ausgebildete Drucktechnik unterstützt werden.

Obwohl dem Holzschnitt in den photomechanischen Reproduktionsverfahren mächtige Nebenbuhler entstanden sind und obwohl ihm diese auch schon bedeutend an Boden entzogen haben, wird es ihnen doch schwerlich gelingen, ihn zu verdrängen. Er ist und bleibt das vorzüglichste und zweckdienlichste Verfahren zur Herstellung von Bildern für den Hochdruck auf der Buchdruckpresse und wird in der Kraft des Ausdrucks wie in der Weichheit der Linien und Töne von den photomechanischen Verfahren nicht erreicht.

Die Technik des Holzschnitts zerfällt in zwei Hauptarten, den Faksimileschnitt und den Tonschnitt. Der erstere hält sich, wie schon der Name andeutet, genau an die Linien der Zeichnung, es müssen für ihn also die verschiedenen Helligkeitskontraste schon in der Zeichnung genau durch Linien verschiedener Stärke und Strichlage gegeben sein. Anders der Tonschnitt. Dieser gestattet eine freiere Behandlung der Zeichnung, der Zeichner kann mit gewischten Tönen arbeiten, auch kann direkt nach Photographien geschnitten werden. Sache des Holzschneiders ist es dann, die Töne durch Strich- oder Punktlagen von verschiedener

IV. Graphische Kunstverfahren.

Stärke zum Ausdruck zu bringen. Der Tonschnitt stellt also höhere Anforderungen an das selbständige Können des Holzschneiders, er liefert verlockende Bilder und gestattet zugleich eine raschere Produktion als der Faksimileschnitt, was namentlich den den Tagesereignissen folgenden illustrierten Zeitungen zu Gute kommt, ja ihr Bestehen erst ermöglicht hat. Was in Deutschland in der Holzschneidekunst geleistet wird, davon legt ein grosser Teil der Ausstellungsobjekte des Verlagsbuchhandels Zeugnis ab.

Der Kupferstich und der Stahlstich haben an die photomechanischen Illustrationsverfahren viel Terrain abgeben müssen. Doch wird sich namentlich der Kupferstich als Feld wirklicher künstlerischer Thätigkeit behaupten, auch ist er zur Herstellung guter geographischer Kartenwerke nicht zu entbehren. In Deutschland wird der Kupferstich von einer grösseren Zahl von einzelnen Künstlern mit Liebe und Erfolg gepflegt. Namentlich aber hat sich neuerdings die Radierkunst in ganz bedeutender Weise verbreitet.

Das kartographische Verfahren. Wie die verschiedenen Zweige der Wissenschaften der Erd- und Himmelskunde im Deutschen Reiche zu hoher Blüte gelangt sind, so hat sich auch die Kartographie in Deutschland zu einer, im In- und Auslande anerkannten Leistungsfähigkeit entwickelt, und sie ist hierin ebenso durch die Fortschritte der Wissenschaften, wie durch Vervollkommnung der photomechanischen Verfahren unterstützt worden. Eine Anzahl grosser Häuser beschäftigt sich fast ausschliesslich mit der Herstellung von Karten, Plänen und Globen, und die Produktion in diesen Gegenständen ist eine ebenso grossartige wie mannigfaltige. In bedeutenden Massen und zu wohlfeilen Preisen werden die Atlanten und Karten für Schulzwecke und den Gebrauch der Volkskreise hergestellt, so dass man schon für wenige Zehnpfenniger einen dem Zwecke vollkommen genügenden Schulatlas, eine umfangreichere Landkarte oder einen grösseren Stadtplan erwerben kann. Die peinlichste Sorgfalt wird auf die Herstellung der Wandkarten, der grossen Atlanten für wissenschaftliche und Handelszwecke und auf die Generalstabskarten verwendet, und da die dabei herangezogenen graphischen Verfahren zeitraubend und kostspielig sind, so ist auch der Preis dieser Kartenwerke ein entsprechend hoher. Kleinere Atlanten, wie die von ANDREE, STIELER, KIEPERT u. a. haben auch im Punkte der Wohlfeilheit kaum ihres Gleichen.

Weite Ausdehnung hat die Produktion von Erd- und Himmelsgloben, Tellurien und dergl. gewonnen. Diese Globen, bei deren Herstellung sich Kartographie und Feinmechanik in die Hände arbeiten, werden in den mannigfaltigsten Ausstattungen und Grössen — bis zu den feinsten wissenschaftlichen Apparaten — und dem entsprechend auch zu den verschiedensten Preisen geliefert.

Auf einer beachtenswerten Stufe steht ferner die Produktion von plastischen Landkarten für Lehrzwecke. Das anastatische Druckverfahren, eine ältere, von dem Schlesier Rudolf Appel erfundene Kunst, ist in neuerer Zeit wieder in Aufnahme gekommen, da es gestattet, Defekte von Werken, vergriffene Bände ganzer Serien und dergleichen auf die billigste Weise und in befriedigender Ausführung nachzudrucken. Dem Wesen nach besteht das Verfahren darin, dass die Farbe der zu vervielfältigenden Druckseite derart aufgefrischt wird, dass der Druck im Wege des Umdrucks auf den lithographischen Stein oder eine polierte Zinkplatte übertragen und dann im gewöhnlichen Druckverfahren vervielfältigt werden kann.

Dass im anastatischen Drucke ganz Bedeutendes geleistet wird, davon legen die Ausstellungsobjekte einiger Firmen Zeugnis ab.

V. Photomechanische Verfahren.

Der nachstehende Artikel des Herrn D. SCHULTZ-HENCKE geht etwas über den Rahmen hinaus, innerhalb welchem die übrigen orientierenden Artikel der Einleitung sich bewegen. Er trägt mehr den Charakter des technisch-wissenschaftlich Belehrenden als den einer, statistische Daten und Ziffern darbietenden, Übersicht des Standes eines der geschäftlichen Zweige des Buchgewerbes. Kein Besitzer des Führers durch die Buchgewerbliche Kollektiv-Ausstellung, sei es, dass ihm die ungemein durchsichtige und fesselnde Darstellungsweise des Verfassers bereits bekannt ist, oder, was wohl mit den meisten Lesern in Chicago der Fall, sie erst kennen lernt, dürfte damit unzufrieden sein. Die erwähnte Abweichung rührt davon her, dass es in der Absicht des Central-Vereins für das gesammte Buchgewerbe lag, Herrn D. SCHULTZ-HENCKE zu veranlassen, in ähnlicher Weise, wenn auch nach einem grösseren Massstabe, eine Veranschaulichung der technischen Vorgänge in den verschiedenen Stadien der Herstellung von Kunstblättern, der vielen Abarten des photomechanischen Verfahrens, zu veranstalten, wie es der Genannte mit grossem Glück in dem Buchgewerbe-Museum des Central-Vereins bereits gethan hat. Die Durchführung dieses Vorsatzes musste indess aus verschiedenen Gründen unterbleiben, die näher auszuführen hier nicht der Ort ist; einen derselben streift Herr D. SCHULTZ-HENCKE selbst in den Schlussworten seines Artikels. Dass die Vorführung der fertigen Kunstblätter selbst darunter nicht zu leiden gehabt hat, wird der Reichtum an photomechanischen Erzeugnissen ersten Ranges in dem »Deutschen Hause« zeigen. —

V. Photomechanische Verfahren.

Als die Zeitgenossen Daguerres die Erzeugnisse seiner Lichtbildkunst zum ersten Male erblickten, wurden sehr bald die weitgehendsten Erwartungen an die neue Kunst gestellt und ein Jeder fühlte, dass hier eine Erfindung vorlag, der es vorbehalten war, die Welt zu erobern. Wenn wir heute auf den Entwickelungsgang der Photographie zurückblicken, so wissen wir, dass die damals gehegte, hochgespannte Hoffnung in vollster Weise in Erfüllung gegangen ist; denn die Photographie hat sich nicht allein als Kunst an sich in überraschendster Weise bis fast zur höchsten Vervollkommnung entwickelt, sondern mehr noch, sie ist eine treue Helferin in fast allen Zweigen menschlicher Thätigkeit geworden, der zu entraten nicht mehr möglich ist.

Schon in die Jugendjahre der Photographie fallen die ersten Versuche, die Resultate der Lichtbildkunst für das Duchgewerbe nutzbar zu machen, ja man kann sagen, die mit lichtempfindlichen Asphalt gemachten Versuche eines Nicephore Niepse, welche derselbe vor seiner Vereinigung mit Daguerre anstellte, sind als die Vorläufer der Photographie zu betrachten, wie man ja auch in neuerer Zeit geneigt ist, Nicephore Niepce als den eigentlichen Erfinder der Photographie anzusehen.

In der That war es der Asphalt, dessen man sich im weiteren Ausbau dieser Versuche zur Erzeugung von Druckplatten bediente, und auch heute noch findet derselbe in vielen photomechanischen Anstalten eine Verwendung.

Asphalt ist lichtempfindlich, was sich dadurch zu erkennen giebt, dass derselbe durch Belichtung seine Löslichkeit in gewissen Lösungsmitteln, wie Terpentinöl, Chloroform, Benzol verliert. Diese Eigenschaft kann in folgender Weise für den Hochdruck nutzbar gemacht werden. Wird eine Zinkplatte mit einer Lösung von syrischem Asphalt in Benzol übergossen, ablaufen gelassen und zum Trocknen hingestellt, so bleibt nach dem Verdunsten des Benzols eine dünne, dunkel citronengelbe Asphaltschicht auf der Oberfläche des Zinks zurück. Auf diese wird ein photographisches Negativ, die Reproduktion einer Strichzeichnung darstellend, gelegt, bei der die dunklen Linien des Originals hell durchsichtig und der helle Grund des Originals schwarz, undurchsichtig erscheint. Wird das Ganze an das Tageslicht gebracht, so dringt das Licht nur durch die hellen Linienstellen und macht unter diesen den Asphalt unlöslich, während unter dem undurchsichtigen Grunde die Asphaltschicht löslich bleibt. Behandelt man letztere hierauf mit einem Lösungsmittel für Asphalt, Terpentinöl etc., so bleibt ein Linienbild, aus Asphalt bestehend, auf der Zinkplatte zurück. Bringt man nun die Zinkplatte, nachdem man die Rückseite derselben durch eine Lackschicht geschützt hat, in verdünnte Salpetersäure, so wird in dieser die freie Oberfläche des Zinks angefressen, während unter den Asphaltlinien das Zink intakt bleibt, so dass bei genügend langer Einwirkung

V. Photomechanische Verfahren. 21

der Säure die Zeichnung als hohes Relief zurückbleibt und nun als Buchdruckplatte Verwendung finden kann.

Dieses Asphaltverfahren litt nur an dem einen Übelstande, dass die Lichtempfindlichkeit des Asphalts eine geringe ist, welche oft ein tagelanges »Kopieren« voraussetzt, den Prozess also zu einem langwierigen macht. Um denselben leistungsfähiger zu machen, wurde der Asphalt durch ein anderes lichtempfindliches Material ersetzt, durch Chromgelatine und Chromeiweiss.

Gelatine quillt in kaltem Wasser auf, d. h. sie vermag Wasser in bestimmter Menge aufzusaugen. Erwärmt man solche aufgequollene, wasserhaltige Gelatine, so schmilzt sie, sie ist also in warmem Wasser löslich, und wird zu einer solchen Lösung die gelbrote Auflösung des doppeltchromsauren Kalis gesetzt, so erhält man als Resultat Chromgelatine.

Beim Erkalten erstarrt sowohl Gelatine- wie auch Chromgelatinelösung zu einer festen Gallerte und beide können durch Erwärmen wieder in Flüssigkeit verwandelt werden. Letztere Eigenschaft verliert aber die Chromgelatine, wenn sie vor dem Erwärmen längere Zeit der Wirkung des Tageslichtes ausgesetzt war, sie wird durch Licht unlöslich und ist eine stattgehabte Veränderung derselben schon durch den Übergang ihrer gelbroten Farbe in ein tiefes Braun während der Belichtung erkennbar. Die gleiche Eigenschaft bezüglich des Unlöslichwerdens im Licht besitzt Chromeiweiss, welches dann auch vorwiegend als lichtempfindliches Material zur Erzeugung von Hochdruckplatten verwandt und hierbei wegen seiner bedeutend grösseren Lichtempfindlichkeit dem Asphalt vorgezogen wird.

Überzieht man eine Zinkplatte mit Chromeiweisslösung in der gleichen Weise, wie mit Asphaltlösung, so bleibt nach dem Trocknen eine hellgelbe Chromeiweissschicht auf der Zinkplatte zurück, auf welcher, wenn sie unter einem Negativ belichtet wird, nur wenig von einer Zeichnung zu sehen ist. Nunmehr wird die Platte mit fetter Schwärze leicht eingewalzt oder tamponiert, sodann auf einige Zeit in Wasser gelegt und hierauf mit einem Baumwollenbausch in kreisförmigen Strichen unter gelindem Druck übergangen. Während des Verweilens im Wasser wurde die vom Lichte nicht angegriffene Eiweissschicht aufgelockert und lässt sich nun durch Reiben mit dem Baumwollenbausch leicht entfernen, während die unlöslich gewordenen Linienstellen durch Reibung nicht angegriffen werden und stehen bleiben. Das Resultat ist ein durch die auflagernde fette Schwärze klebriges Chromeiweissbild, welches durch Einstäuben mit feinem Asphaltpulver und Anschmelzen des letzteren über einer Flamme in ein Asphaltbild verwandelt werden kann. Hierdurch ist also dasselbe erreicht, als wenn direkt auf einer Asphaltschicht kopiert worden wäre, und lässt sich auch dieses Asphaltbild in derselben Weise wie das vorherbesprochene durch Hochätzen in eine Buchdruckplatte verwandeln. Statt Chromeiweiss direkt auf Zink zu übertragen,

V. Photomechanische Verfahren.

kann auch ein anderes indirektes Verfahren angewendet werden, welches
für die photographische Aufnahme insofern von Wert ist, als bei ihm kein
sog. umgekehrtes Negativ, wie jene beiden Verfahren verlangen, vonnöten ist.

Das Chromeiweiss wird auf ein mit koagulierter Gelatine als Unterguss
versehenes Papier aufgetragen und wird auf diesem in gleicher Weise wie
auf die Zinkplatte kopiert, durch Einwalzen auf dasselbe fette Schwärze
übertragen und das klebrige Schwärzebild durch Behandlung mit Wasser
und einem Wattebausch entwickelt. Nach dem Trocknen wird das Bild auf
eine Zinkplatte gelegt, beides durch eine Satinierpresse unter schwachem
Druck hindurchgezogen, worauf das Papier von der Zinkplatte abgezogen
werden kann und das Bild auf der Zinkplatte zurückbleibt, also das Gleiche
erreicht wird, als wenn das vorherbeschriebene direkte Kopieren stattgefunden hätte.

Alle diese Verfahren werden unter dem Namen Zinkhochdruck,
Zinkographie, Zinkotypie, Chemigraphie etc. ausgeübt.

Wir haben bis jetzt nur von der Wiedergabe von Strichzeichnungen
gesprochen und zwar mit Recht, denn wollte man eines der vorher erwähnten Verfahren ohne Weiteres zur Reproduktion eines Halbtonbildes verwenden, würde das Resultat aus gewissen, hier nicht zu erörternden Gründen, ein negatives sein.

Die Aufgabe, besagte Verfahren für die Wiedergabe von Halbtonbildern
tauglich zu machen, fällt der photographischen Aufnahme zu, denn es gilt
bei diesen, die geschlossenen Töne des Halbtonbildes zu brechen, d. h. in
Punkte oder Linien zu verwandeln. Letzteres geschieht, indem während
der Aufnahme zwischen Objekt und lichtempfindliche Platte eine transparente Netz- oder Kornplatte gesetzt und das Bild durch diese hindurch
aufgenommen wird. Die Wiege des Verfahrens stand in Deutschland und
ist MEISENBACH der Erfinder desselben, der ihm auch den jetzt noch allgemein gebräuchlichen Namen Autotypie gegeben hat.

Das oben erwähnte Chromeiweisspapier führt gewöhnlich den Namen
photolithographisches Übertragungspapier und ist hierdurch schon seine
weitere Anwendung angedeutet.

Statt das auf ihm entwickelte fette Schwärzebild auf Zink zu übertragen, kann dieses in ähnlicher Weise auch auf den lithographischen Stein
geschehen, wobei als Resultat sich dasselbe ergibt, als wenn der Lithograph
mit fettem Stift oder fetter Tusche auf den Stein gezeichnet hätte.

Diese als Photolithographie bezeichnete Anwendung des lichtempfindlichen Chromeiweisses führt unmittelbar in das Gebiet des photomechanischen Flachdrucks, als dessen eigentlicher Vertreter der
Lichtdruck zu bezeichnen ist. Von nun an, in den noch übrigen zu besprechenden Verfahren, wird die Chromgelatine das herrschende licht-

V. Photomechanische Verfahren. 23

empfindliche Material, und unterscheiden sich die Verfahren nur dadurch, dass bei einigen der Verlust des Wasseraufsaugungsvermögens der Chromgelatine durch Licht, bei anderen das Unlöslichwerden derselben die Basis bildet.

Wird eine einseitig mattierte, dickere Spiegelglasplatte mit Chromgelatine übergossen, vorher aber, um ein besseres Anhaften der Gelatine zu veranlassen, mit einem Unterguss, aus Wasserglas und Bier bestehend, versehen, so kann nach dem Trocknen der Chromgelatineschicht in geeigneten Trockenöfen auf dieselbe unter einem photographischen Negative kopiert werden, wobei ein schwachbraunes Bild auf gelbem Grunde entsteht. Wenn wir durch obige Auseinandersetzung wissen, dass Chromgelatine durch Licht unter Braunfärbung ihre Quellbarkeit, also ihr Wasseraufsaugungsvermögen verliert, so müssen auf der kopierten Platte, wenn dieselbe mit Wasser behandelt wird, die Bildstellen trocken bleiben, während der gelbe Grund das Wasser aufsaugt. Wird nun die Platte mit fetter Schwärze eingewalzt, so nehmen nur die Bildstellen die Schwärze an, während der feuchte Grund dieselbe abstösst. Das Resultat ist ein Bild in fetter Schwärze, welches auf der Steindruckpresse sowohl, wie auf den eigens hierzu konstruierten Lichtdruckschnellpressen in einer leider aber durch die Haltbarkeit der Gelatineschicht beschränkten Auflage abgedruckt werden kann. Beim Glasdruck, der auf gleichem Prinzip beruht, wird die Chromgelatineschicht direkt auf die Schicht des photographischen Negativs aufgegossen und von der Rückseite desselben aus kopiert, wodurch die Herstellung einer besonderen Druckplatte erspart wird. Da die Schicht bei diesem Verfahren aber aus bestimmten Gründen noch weniger haltbar ist, als die Lichtdruckschicht, so findet dasselbe nur eine beschränkte Anwendung, und fast nur als Ersatz für das photolithographische Übertragungsverfahren. In der kaiserlichen Reichsdruckerei in Berlin werden die beim kaiserlichen Patentamt eingereichten Zeichnungen mit Hilfe dieses Verfahrens in letztgedachtem Sinne vervielfältigt. Wenn wir jetzt zu denjenigen Verfahren übergehen, welche auf dem Unlöslichwerden der Chromgelatine basieren, so kommen wir in das Gebiet des photomechanischen Tiefdrucks.

Wird Papier mit Chromgelatine überzogen und auf dieselbe unter einem Negativ kopiert, so entsteht, wie wir schon wissen, unter Unlöslichwerden der vom Licht getroffenen Chromogelatine ein braunes Bild auf gelbem Grunde. Behandelt man nun die Kopie mit warmem Wasser, so lösen sich die nicht veränderten Teile der Gelatine auf und das Bild bleibt als ein Gelatinerelief zurück, in welchem die Schatten des Originals sich als dickste Schicht, die Halbschatten desselben als mehr oder weniger dicke Schicht und endlich die Weissen des Originals durch die Papierunterlage selbst darstellen. Dieses Relief kann in einer hydraulischen Presse in Blei abgeklatscht werden, so dass ein Basrelief entsteht, von welchem durch Ausgiessen mit gefärbter Gelatine und Übertragen derselben auf Papier ein Bild gewonnen werden kann. Dieser Prozess wurde vor einem Vierteljahrhundert von der Firma Bruckmann in München ausgeübt, führte zu Ehren seines Erfinders den Namen Woodburytypie und sollte der Ausgangspunkt für ein wichtiges Tiefdruckverfahren werden. Wird das Chromgelatinerelief durch Einstäuben mit Graphit für Elektrizität leitend gemacht und von demselben auf galvanischem Wege ein Abklatsch in Kupfer hergestellt, so ist das Resultat eine Tiefdruckplatte, welche ohne Weiteres abgedruckt werden kann, wenn für eine rauhe Oberfläche der Kupferplatte gesorgt worden ist, was aber in geeigneter Weise schon bei Herstellung des Gelatinereliefs vorgesehen wird. Dieser Prozess, der von Goupil in Paris in die Praxis eingeführt wurde, wird unter dem Namen Photogravure ausgeübt. Das Gelatinerelief kann, wenn das zu reproduzierende Original eine Strichzeichnung darstellt, noch in anderer Weise in eine Tiefdruckplatte umgewandelt werden, wenn man dasselbe auf eine versilberte Kupferplatte überträgt und von dieser einen galvanoplastischen Abklatsch herstellt. Die erhabenen Linienstellen des Reliefs erscheinen in dem Abklatsch als Vertiefungen, sodass als Endergebnis sich eine Druckplatte ergibt, wie sie der Kupferstecher durch Eingraben mit der Nadel resp. Tiefätzen erzeugt. Die Heimat des Heliographie benannten Verfahrens ist Wien, wo dasselbe im militärgeographischen Institut zur Erzeugung von besseren Kartenwerken angewandt wird, und werden auch die Karten des preussischen Generalstabes in der kaiserlichen Reichsdruckerei in Berlin auf demselben Wege hergestellt.

Als letztes wichtigstes und edelstes Tiefdruckverfahren ist jedoch die Heliogravüre zu nennen, deren Druckplatten in folgender Weise hergestellt werden. Eine fein polierte Kupferplatte wird in einem hohen Kasten mit Asphaltpulver eingestäubt, das letztere durch Erwärmen der Platte angeschmolzen und auf diese so gekörnte Platte das durch Kopieren unter einem Diapositiv gewonnene unlösliche Gelatinebild übertragen. Legt man nun die Kupferplatte in Eisenchloridlösung, welche Kupfer durch chemische Umsetzung aufzulösen vermag, so frisst diese in erster Linie das Kupfer an den Stellen an, wo dasselbe im Bilde frei zu Tage tritt, sodann, unter stufenweiser Durchdringung der Gelatineschicht, an den übrigen Stellen. Als Resultat ergibt sich eine Tiefdruckplatte, welche, auf der Kupferdruckpresse abgedruckt, die vollendetsten, auf einer Presse zu erzeugenden Kunstdrucke ergibt.

Wenn wir nun gehört haben, dass die Wiege der drei bedeutendsten photomechanischen Verfahren: des Lichtdrucks, der Autotypie und der Heliogravüre auf deutschem Boden gestanden hat, so ist es nicht zu verwundern, dass dieselben auch in Deutschland die grösste Förderung und Ausbreitung erfahren haben. Der Lichtdruck findet seine hauptsächliche Vertretung in Berlin, Leipzig, Dresden, München, während Autotypie und Heliogravüre vorwiegend in Berlin und München heimisch sind. Leider ist es nicht möglich, einen vergleichenden Überblick über die produktive Thätigkeit Deutschlands auf dem Gebiete des photomechanischen Pressendrucks zu geben, da noch bis in die neueste Zeit auch unsere bedeutenderen Anstalten, um das »Geheimnis« der von ihnen ausgeübten Verfahren zu bewahren, bestrebt sind, ihre Thätigkeit unter vollständigem Ausschluss der Öffentlichkeit zu vollziehen.

VI. Buchbinderei.

Wie der deutsche Buchhandel hat auch die deutsche Grossbuchbinderei ihren Hauptsitz in Leipzig. Nächst Leipzig findet man die umfangreichsten Buchbindereien in Stuttgart; dann folgt Berlin. In anderen deutschen Grossstädten, wie Hamburg, München, kommen sie nur vereinzelt vor.

Die Grossbuchbindereien Leipzigs sind nicht bloss Fabriken im eigentlichen Sinne des Wortes, in denen der Betrieb durch Dampfkraft und die Beleuchtung durch Elektrizität erfolgt, sondern sie sind auch kunstgewerbliche Werkstätten und ihre Erzeugnisse können auch guten Arbeiten angesehener ausländischer Kunstbuchbindereien an die Seite gestellt werden.

Was den Umfang der Grossbuchbindereibetriebe in den deutschen Hauptstädten betrifft, so haben die Berliner Buchbindereien bis zu 100 Arbeitskräfte, die Stuttgarter bis zu 150, die Leipziger dagegen bis zu 300 aufzuweisen. Die Zahl der von diesen Betrieben verwendeten Hilfsmaschinen ist eine sehr beträchtliche und übersteigt bei den grossen Leipziger Buchbindereien 160. Unter ihnen nehmen die Maschinen zur Ausschmückung des Buchdeckels, die Vergolde- und Prägepressen, die erste Stelle ein, und ihre Anzahl beträgt bis zu 10 Stück.

Diesem Umfange der Buchbindereibetriebe entsprechen der jährliche Verbrauch an Materialien sowie die jährlich gezahlten Arbeitslöhne. So z. B. verwendete eine Leipziger Buchbinderei im Jahre 1891 an Materialien für 5000 M. Leim, 29000 M. Leder, 32000 M. Papier, 36000 M. Pappen, 17000 M. Kaliko, 18000 M. echtes Blattgold, und an Arbeitslöhnen zahlte sie 210000 M. Eine andere Leipziger Buchbinderei stellte im Jahre 1891 850000 vollständige Einbände und 100000 Einbanddecken her und verausgabte dabei für Material 250000 M. und für Arbeitslöhne 200000 M.

VI. Buchbinderei.

Einzelne dieser grossen Geschäfte bestehen seit 25 Jahren, andere seit 50 Jahren und länger. Ihr Kundenkreis umfasst nicht nur den deutschen Buchhandel, sondern greift auch auf den des Auslandes über. Die **Fabrikation von Geschäftsbüchern** hat ihren Hauptsitz in der Stadt Hannover. Sie ist auch in der preussischen Rheinprovinz stark vertreten, ausserdem findet man diesen Geschäftszweig noch in Hamburg, Berlin und einigen anderen Grossstädten. Die Hauptgeschäfte dieses Zweiges sind bekannte Welthäuser, die ihre Vertreter an allen Haupthandelsplätzen der fünf Erdteile haben. Sie treten hierbei mit Engländern und Amerikanern erfolgreich in Wettbewerb. Mit den umfangreichen Geschäftsbücherfabriken sind meist Buchdruckerei, Steindruckerei und Liniier- und Rastrieranstalt verbunden.

Eine andere Unterabteilung der Buchbinderei ist die Fabrikation von **Portefeuilles und Photographie-Albums**. Sie hat ihre Hauptsitze in Berlin und Offenbach a. M. und ihren Hauptabsatz im Auslande.

Als einer dritten Abteilung der Buchbinderei ist noch der **Kartonagefabrikation** zu gedenken. Dieselbe ist hauptsächlich in Berlin, den sächsischen, thüringischen und rheinischen Industrieorten sesshaft und besorgt die Herstellung von Luxuskartonagen, sowie von Kartonagen für industrielle Zwecke. In diesem Industriezweig werden sehr viele weibliche Arbeitskräfte verwendet.

Die bedeutenden **Gravier-Anstalten** stehen zu der Buchbinderei insofern in engster Beziehung, als sie sich fast ausschliesslich mit der Anfertigung von Prägeplatten sowie von Messingdruckschriften und Messingornamenten zur Ausschmückung des Bucheinbandes beschäftigen. Die hauptsächlichsten Sitze dieses Industriezweiges, der auf einer sehr hohen Stufe der Entwickelung steht, sind Leipzig, Berlin, Stuttgart und Hamburg. Ein grosses und ergiebiges Arbeitsfeld ist den Gravieranstalten aus den so beliebten Farbendrucken auf Kaliko-Buchdecken erwachsen. Für diese Farbendrucke liefern sie die Prägeplatten, die teils in Messing graviert, teils in Zink geätzt sind. Zur Herstellung einer reich ausgestatteten Buchdecke sind nicht selten bis zu 20 verschiedene Prägeplatten erforderlich, da eine jede zur Verwendung kommende Farbe, ein jedes aufzulegende Metall eine besondere Platte erfordert.

Messing-Handdruckschriften wurden früher fast ausschliesslich in Paris gefertigt. Jetzt stellen die deutschen Gravieranstalten ein eben so gutes Fabrikat her wie die Pariser, das noch den Vorzug der Billigkeit hat. Heute bezieht kein deutscher Buchbinder mehr Messingschriften vom Auslande.

Dagegen arbeiten die deutschen Gravieranstalten, namentlich die Leipziger und Hamburger, sehr viel für das Ausland; ihre Hauptabnehmer sind England und Südamerika.

VII. Buchgewerbliche Maschinen- und Farben-Fabrikation.

Obwohl die buchgewerbliche Maschinen-Industrie mit der buchgewerblichen Kollektiv-Ausstellung nur insofern in einem Zusammenhange steht, als ihre Erzeugnisse zur Herstellung der Ausstellungsobjekte mit geholfen haben und obwohl dem entsprechend die buchgewerblichen Maschinen auch nicht in der buchgewerblichen, sondern in der Maschinen-Ausstellung und auch da nur in äusserst mässigem Umfange Platz gefunden haben, müssen wir ihr zum Schluss doch einige Worte widmen, umsomehr, als der Erfinder der Schnellpresse, FRIEDRICH KÖNIG, ein Deutscher war und seine Erfindung, obwohl auf englischem Boden zuerst verwirklicht, doch in Deutschland von ihm selbst die fruchtbringendste Weiterpflege fand. Hier erstand unter seinen und seines Freundes BAUER Händen die erste ausschliesslich dem Bau von Druckmaschinen gewidmete Anstalt, die noch heute gross und mustergültig dasteht, und alle die Männer, die später in die Fusstapfen dieser Pfadfinder auf dem Gebiete des typographischen Maschinenbaues getreten sind, haben ihr Bestes gethan, eine Fabrikation so zu vervollkommnen, dass sie mit Ehren den Kampf mit den Erzeugnissen anderer Nationen bestehen kann.

Die buchgewerbliche Maschinen-Industrie in Deutschland hat heute einen ganz bedeutenden Umfang erreicht. Das KLINSCHNSche Adressbuch für 1890 zählt 87 Maschinenfabriken auf, unter welchen sich eine stattliche Reihe von Etablissements ersten Ranges befindet, die mit Hunderten von Werkzeugmaschinen und mit Hunderten von Arbeitern arbeiten. Über die Gesamtproduktion stehen uns Ziffern nicht zu Gebote, auf den Umfang derselben kann man aber aus der Thatsache schliessen, dass fast jedes namhafte Haus jährlich mehrere Tausend Maschinen aller Art produziert. Die Industrie deckt nicht nur zum weit überwiegenden Teile den einheimischen Bedarf, sondern es geht auch ein grosser Teil ihrer Produktion ins Ausland, namentlich nach Russland, den skandinavischen Ländern, Italien, Spanien, den Niederlanden und Südamerika. Eine Anzahl Fabriken haben Abnehmer so ziemlich auf dem ganzen Erdkreis.

Die deutschen Maschinen zeichnen sich durch sorgfältige Arbeit und bei aller Leistungsfähigkeit und Dauerhaftigkeit durch Eleganz in der Konstruktion aus.

Unter den Buchdruckmaschinen sind in erster Linie die Rotationsmaschinen zu nennen. Dieselben werden in Deutschland, entsprechend dem Bedarf der Tagespresse, in grosser Zahl und Mannigfaltigkeit der Grösse und Konstruktion gebaut. Wir finden da die von zwei Papierrollen gleichzeitig druckenden Zwillings-Rotationsmaschinen für grosse

Zeitungen, mit Falz- und mit Klebevorrichtungen, einfache Rotationsmaschinen für bestimmte und für veränderliche Formate, Rotationsmaschinen für den Zwei- und Mehrfarbendruck, für den Illustrationsdruck mit leerlaufender Papierrolle bis herab zu den kleinen Maschinen für den Billetdruck, die ebenfalls für mehrere Farben eingerichtet sind und die Billets selbstthätig numerieren und in Packete abteilen.

Die Schnellpressen für Buch- und Steindruck werden in allen Konstruktionen und Grössen für Kraft- und Handbetrieb gebaut. Dasselbe gilt von den Maschinen für den Kleinbetrieb und Accidenzdruck, den Tiegel- und den Cylinderdruck-Tretpressen, den Kartendruckmaschinen u. s. w. Alle die verschiedenen Konstruktionen auch nur mit den Namen anzuführen, würde zu weit führen. Wir bemerken nur, dass die deutsche Industrie mit Erfolg bemüht ist, mit den Bedürfnissen der Zeit fortzuschreiten und aus eigener Initiative das Maschinenmaterial zu vervollkommnen. Manche wertvolle Neuerung ist deutschem Erfindungsgeiste zu danken; so ist man z. B. in Deutschland schon ziemlich weit in dem Streben gekommen, das mit Übelständen verbundene Punktieren durch zweckdienliche, genau arbeitende Anlagevorrichtungen zu ersetzen.

Grosse Ausdehnung hat der Bau von Apparaten und Maschinen für die Stereotypie Flach- und Rundstereotypie angenommen, da die Ausbreitung der letzteren von Tag zu Tag zugenommen hat. Dagegen ist der Bau von Setzmaschinen in Deutschland noch nicht über Versuche hinausgekommen.

Die Maschinen der Schriftgiesserei, Galvanoplastik, Messinglinienfabrikation werden zum allergrössten Teile in Deutschland selbst erzeugt, insbesondere werden auch die Komplettgiessmaschinen und die dynamischen Maschinen hier gebaut.

Da die Buchbinderei, namentlich die Grossbuchbinderei, soweit dies möglich mit Maschinen betrieben wird, ist auch die Fabrikation von Buchbindermaschinen für den in- und ausländischen Markt zu ganz bedeutendem Umfange herangewachsen. Die für diesen Zweig jährlich fabrizierten Maschinen zählen nach vielen Tausenden, und einzelne sehr leistungsfähige Firmen arbeiten fast ausschliesslich in diesem Artikel. An der Verbesserung dieser Maschinen wird unablässig gearbeitet, und kein Jahr vergeht, das nicht einige mehr oder minder wichtige Neuerungen gebracht hätte.

Ebenso verhält es sich mit den sonstigen Papierbearbeitungsmaschinen und den Heftmaschinen, die allen oder doch mehreren Gewerben gemeinsam dienen, wie z. B. Papierschneidemaschinen, Pack- und Glättpressen, Kalander, Satiniermaschinen u. s. w. Die Produktion in diesen Artikeln, die zuweilen recht kostspielig sind, ist eine ebenso umfängliche als gediegene.

Gedenken wir schliesslich auch noch derjenigen Fabriken, die sich mit der Herstellung der kleineren Utensilien für den Satz (Winkelhaken, Manuskripthalter, Schiffe, Hobel- und Schneidapparate u. s. w.) und für Druck (Schliesszeuge, Anlegeapparate, Punkturen u. s. w.), sowie von anderem kleinen Werkzeug beschäftigen, so glauben wir ein kurzes übersichtliches Bild auch der deutschen buchgewerblichen Maschinenindustrie gegeben zu haben. Leider hat sich diese Industrie an der Weltausstellung aus Gründen, auf die wir hier nicht einzugehen beabsichtigen, nur sehr schwach beteiligt.

———

Die Fabrikation von Druckfarben und Druckwalzenmasse hat sich in Deutschland zu eigenen starken Industriezweigen entwickelt. Die Walzenmassefabrikation kommt meist mit der Farbenfabrikation vergeschwistert vor, doch gibt es auch verschiedene ansehnliche Häuser, die sich nur mit der Herstellung von Buchdruckwalzenmasse beschäftigen.

Das KLIMSCHsche Adressbuch zählt in Deutschland 28 Druckfarbenfabriken auf, von diesen sind einige Welthäuser, die mit grossem Personal und ausgedehnten Maschinen- und Russbrennereianlagen arbeiten. Zwei dieser Welthäuser besitzen bedeutende Zweigfabriken auf dem amerikanischen Kontinente.

Diese Anstalten fabrizieren grösstenteils selbst die zur Herstellung der Druckfarben erforderlichen Rohstoffe mit Ausnahme der zur Firniserzeugung erforderlichen Öle und einer Anzahl Pigmente. In gewaltigen Siedeanlagen werden die durch Lagern geklärten Öle, meist mit Hilfe überhitzten Dampfes, in Firnisse der verschiedensten Art umgewandelt. In ausgedehnten Anlagen gewinnt man die verschiedenen Russe (Ölruss, Gasruss u. s. w.), die behufs Entfernung aller theerartigen Destillationsprodukte kalziniert werden. Firnis und Russ werden dann in grossen mit Rührwerken versehenen Bottichen gemischt und in Walzenreibmaschinen auf das feinste gemahlen. Die so gewonnenen schwarzen Druckfarben variieren im Preise von 60 Pf. bis 15 Mark das Kilo, und von ihrer Güte hängt zum grossen Teile die Schönheit der Drucke ab. Die bunten Druckfarben bereitet man in ähnlicher Weise aus Pigmenten und Firnis, zum Teil werden sie aber auch in trockenem Zustande in Form von Pulver, Hütchen u. s. w. hergestellt behufs späterer Verreibung mit Firnis in der Druckerei selbst. Ihre Preise erreichen bei einzelnen Farbstoffen eine namhafte Höhe. Die Buntfarbenfabrikation hat eine bedeutende Ausdehnung angenommen, denn es werden alle gewünschten Nüancen der Farbe und der Lasur von den Fabriken selbst geliefert, so dass das schwierige Mischen und Ausprobieren in den Druckereien grösstenteils in Wegfall kommen kann.

Über die Leistungsfähigkeit der deutschen Farbenfabrikation liegen uns Ziffern nicht vor; man kann sich aber eine Vorstellung davon machen, wenn man erfährt, dass allein eine Leipziger Fabrik im Jahre 1890 1,200000 kg Farbenfabrikate lieferte.

Die Walzenmassefabriken verarbeiten als Hauptrohstoff vornehmlich Gelatine nach verschiedenen geheim gehaltenen Rezepten. Sie liefern die Masse gussfertig an die Druckereien. Die in Amerika und England eingeführte Lieferung von fertig gegossenen Walzen ist in Deutschland nicht üblich. Haupterfordernis einer handelsfähigen Walzenmasse ist, dass sie den klimatischen und lokalen Verschiedenheiten des Wärme- und Feuchtigkeitsgehalts der Luft Widerstand leistet. Diese Eigenschaft besitzen die meisten deutschen Fabrikate, und es ist deshalb auch der Export, namentlich nach überseeischen Ländern, ein bedeutender.

VIII. Papier-Industrie.

Mit der Papierindustrie geht es genau wie mit der Buchdruckerei. Weder die erste noch die zweite lebt von dem Buchhandel allein, der letztgenannte ist jedoch der bei weitem bedeutendste sichere Kunde beider Industrien, die sich deshalb in Ausstellungen auch am natürlichsten dem Buchgewerbe anschliessen. So war es auch vom Beginne ab mit der Papierindustrie auf der Chicago-Ausstellung bestimmt, und das Reichskommissariat hält noch daran fest, indem es die Besprechung der Papierindustrie in dem offiziellen Katalog der Einleitung zu dem Buchgewerbe eingeordnet hat.

Indess entstanden unter den Vertretern der Papierindustrie Meinungsverschiedenheiten, wie und überhaupt ob ausgestellt werden sollte. Die Folge war, dass aus der Papierindustrie eine Ausstellerin *in partibus infidelium* wurde, indem, so weit uns bekannt, die Papier-Fabrikation nur durch die Zellstofffabrik Waldhof bei Mannheim) vertreten ist und zwar in einem Annex zum »Deutschen Hause«, unter dessen Dach das Buchgewerbe seinen Platz fand. Dasselbe reicht gern der Einsiedlerin der Papierindustrie die Hand und hat ihr zu Ehren die Papierindustrie als Abteilung VIII in die Einleitung zu seinem Führer aufgenommen, indem wir uns erlaubten, die sachkundigen und präzisen Angaben des Herrn CARL HOFMANN in seinem Artikel »Papier-Industrie« des offiziellen Katalogs zu benutzen mit Weglassung einiger wenigen Stellen, die das Buchgewerbe nicht direkt berühren. —

VIII. Papier-Industrie.   31

Das Bedürfnis, die immer mehr und mehr fehlenden Lumpen zu ersetzen, führte schon in den 60er Jahren in Deutschland zur Errichtung einer Reihe von Strohstoffanlagen, d. h. von Fabriken, in denen Stroh auf chemischem Wege in weissen Stoff verwandelt wird. Um dieselbe Zeit verbreitete sich auch die KELLER-VOLTERsche Holzschleiferei. Diese deutschen Erfindungen brachten eine Umwandlung der ganzen Papierfabrikation hervor und ermöglichten, dass Druck- und Schreibpapiere jetzt viel billiger hergestellt werden, als es früher geschehen konnte.

Die wichtigste Erfindung der Neuzeit auf diesem Gebiete ist jedoch die des Sulfitverfahrens, wobei Holz mit doppeltschwefligsaurem Kalk gekocht und dadurch sofort in brauchbaren weissen Stoff umgewandelt wird. An der Erfindung dieses Verfahrens sind Angehörige mehrerer Nationen beteiligt, das grösste Verdienst gebührt jedoch dem deutschen Professor Dr. MITSCHERLICH, weil er das Verfahren brauchbar gestaltete. Die Überlegenheit dieser Art der Behandlung des Holzes beruht darin, dass damit eine grössere Ausbeute an Stoff aus Holz erhalten wird als beim Kochen mit Natron, sowie dass dieser Stoff helle Farbe hat und sich ohne grossen Aufwand weiss bleichen lässt.

Bei der Ausbeutung des obigen Verfahrens steht das Deutsche Reich in erster Linie. Es besass 1891 501 Maschinenpapierfabriken und 311 Pappenfabriken und Papiermühlen, und im ganzen 975 Papiermaschinen; ausserdem 530 Holzschleifereien, 38 Strohstoffanlagen und 63 Zellstofffabriken. Diese Anlagen liefern in beinahe allen Sorten mehr Fabrikat, als das eigne Land aufnehmen kann, und sind deshalb auf Ausfuhr angewiesen.

Die Verarbeitung von Papier teilt sich in eine grosse Menge einzelner Zweige, deren grösste die Fabrikation von Luxuspapier, Buntpapier, Tapeten, Briefumschlägen, Papierausstattungen, Spitzenpapier, Düten und Geschäftsbüchern sind. Die Papierverarbeitungs-Berufsgenossenschaft, welche im wesentlichen aus den genannten Betrieben besteht, soweit dieselben überhaupt als Fabriken gelten können, umfasst allein mehr als 60 000 Arbeiter, wobei viele tausend Buchbindereien und andere Betriebe, die weniger als 10 Arbeiter beschäftigen, nicht mitgerechnet sind.

Die deutsche Buntpapierfabrikation ist die bedeutendste aller Länder, und es gibt kein Land, welches nicht grössere Mengen von Buntpapier, einschliesslich Chromo- und Metallpapier, aus Deutschland bezieht.

Die Lithographie, in Verbindung mit den photomechanischen Verfahren, dient der Luxuspapierfabrikation als Grundlage und liefert farbige Bilder aller Arten und Formate, von grossen Öldrucken bis herab zu Wunsch- und Tischkarten. Es gibt in Berlin, Leipzig, Nürnberg u. s. w. eine Reihe von Luxuspapierfabriken, die 300—1200 Arbeiter beschäftigen und viele Verlagsgegenstände in 17 Sprachen drucken, weil ihre

Erzeugnisse nach allen Ländern Verbreitung finden. Auch deutsche Geschäftsbücher und ausgestattete Briefpapiere finden Anerkennung und Abnehmer in allen Weltteilen.

Dass die zur Ausstattung aller solcher Fabriken notwendigen Maschinen im Lande selbst angefertigt und überallhin ausgeführt werden, ebenso wie die dazu erforderlichen Rohstoffe, besonders Farben, wurde bereits in der Abteilung Buchgewerbliche Maschinen-Industrie (S. 27) erwähnt.

Im Jahre 1891 betrug die Ausfuhr von Papier, Pappen, Papier- und Pappwaren, sowie Schreibwaren 88 Millionen, die Einfuhr nach Deutschland 14 Millionen; der Überschuss der Ausfuhr über die Einfuhr belief sich somit auf 74 Millionen Mark. Diese Zahlen sprechen deutlich für die Leistungen der deutschen Papier-Industrie.

FÜHRER

DURCH DIE

BUCHGEWERBLICHE AUSSTELLUNG

IM

DEUTSCHEN HAUSE ZU CHICAGO.

FÜHRER
DURCH DIE
BUCHGEWERBLICHE AUSSTELLUNG
IM
DEUTSCHEN HAUSE ZU CHICAGO.

ABEL & MÜLLER in LEIPZIG.

Die Firma, im Jahre 1890 gegründet, beschäftigt sich besonders mit der Herstellung und dem Vertrieb guter Jugendschriften und illustrierter Werke. Das ausgestellte Werk über Amerika ist als Festschrift zur 400jährigen Jubelfeier erschienen und bildet als solche eine der trefflichsten Gaben. Der Verfasser, RUDOLF CRONAU, der auch als Maler einen bedeutenden Ruf geniesst, hat sehr viele Landschaften und Baudenkmäler auf seinen Reisen in Amerika selbst aufgenommen.

Cronau, R., Amerika. Die Geschichte seiner Entdeckung von der ältesten bis auf die neueste Zeit. 2 Bde. Mit über 400 Illustr., Karten u. Plänen. 1892. In Orig.-L. geb. M. 31.

Dr. E. ALBERT & Co. in MÜNCHEN-STRAUBING.
Münchener Kunst- und Verlags-Anstalt.

Gegründet 1883 und seit 1889 im Besitz einer Kommanditgesellschaft, deren technischer Leiter Dr. E. ALBERT ist, während die kaufmännische Leitung R. LOEBELL besorgt. Atelier für Photographie, Lichtdruck, Heliogravüre, Typogravüre, Photolithographie, Chemigraphie, Kupfer-, Stein- und Buchdruckerei. Spezialität: Typogravüren, Hochdruckclichés nach den neuesten Errungenschaften der Technik, mit einer Druckfähigkeit, die der des Holzschnittes gleichkommt, bei Verringerung der Zurichtungsarbeit auf ein geringstes Mass. Bekanntlich war der Vater des Herrn Dr. E. ALBERT, der hochverdiente JOSEPH ALBERT d. Ä., der Erfinder des Lichtdruckes (Albertypie), ebenfalls der erste, der das Prinzip des dreifarbigen photographischen Druckes (Naturfarbendruck) praktisch anwendete, ohne es jedoch zur Vollkommenheit zu bringen. Wie das erste Verfahren unter der jetzigen Leitung der Anstalt einen hohen Grad von Vollendung bereits erreicht hat, so ist es kaum zu bezweifeln, dass dies auch mit dem zweiten, mit aller Energie aufgenommenen Verfahren der Fall sein wird und dass neue weite Bahnen für den farbigen Lichtdruck sich öffnen werden.

Granella, A. v., Bretagne. Geb. M. 10. Moderner Musenalmanach für 1893. Geb. M. 6.

AKTIEN-GESELLSCHAFT „NEUE BÖRSEN-HALLE" in HAMBURG.

Besteht seit dem Jahre 1860. Verlag verschiedener Hamburger Lokalblätter wie »Hamburgischer Correspondent«, »Hamburgische Börsenhalle« u. s. w. Neuerdings auch Buchverlag.

Hamburgs Handel und Verkehr für 1891 bis 1891;. M. 7.50.

Die Hamburger Hafenanlagen. Chromolithographie. In Rahmen. M. 25.

C. F. AMELANG's VERLAG in LEIPZIG.

Gegründet 1806. Der Amelangsche Verlag ‚Besitzer C. u. A. VOERSTER‘ hat sich seit einer langen Reihe von Jahren durch seine Erzeugnisse einen weitgehenden Ruf begründet. Die von der Firma veröffentlichten und zum grössten Teil auf der Ausstellung vertretenen Prachtwerke, Anthologien und Bücher für das deutsche Haus, zeichnen sich durch Gediegenheit und geschmackvolle Ausstattung aus. Ausserdem unterhält die Firma einen sehr guten Schul- und Lehrbücher-Verlag.

Album deutscher Lyrik. Geb. M. 10.
Archenholz, v., Geschichte des 7 jährigen Krieges. 13. Aufl. M. 8.
Eichendorff, J. Freiherr v., Sämtliche poetische Werke. 4 Bde. Geb. M. 20; — Aus dem Leben eines Taugenichts. Geb. Prachtausgabe. M. 20; Miniatur-Ausg. M. 1.50.
Gerok, G., Bilder aus dem christlichen Leben. Geb. M. 16.
Hammer, J., Leben und Heimat in Gott. Geb. M. 4; in Ganzleder geb. M. 9.

Polko, Elise, Dichtergrüsse. 14. Aufl. Geb. M. 6; in Ganzleder geb. M. 9.
Shakespeare, Sommernachtstraum. Illustriert v. E. KANOLDT u. W. VOLZ. Eleg. geb. in Ganzleder. M. 33.
Stifter, Adalb., Ausgewählte Werke (Studien. — Bunte Steine. — Erzählungen,. 4 Bde. Geb. M. 18. — Miniatur-Ausgaben einzelner Werke Stifters.
Storm, Th., Immensee. Illustrierte Prachtausgabe. Geb. M. 20.
Sturm, J., Stille Andachtsstunden. Geb. M. 5; in Pergament geb. M. 9.

AMTHOR'sche VERLAGSBUCHHANDLUNG in LEIPZIG.

Die Firma wurde 1866 in Gera von ED. AMTHOR gegründet, siedelte im Jahre 1889 nach Leipzig über und ging in den Besitz von GUST. BURKHARDT in Crimmitschau über. Die unter dem Titel »Amthors alpine Reisebücher« bekannten Führer durch das bayerische Hochland und Tirol erfreuen sich bei den Alpentouristen einer allgemeinen Beliebtheit.

Amthor, Ed., Führer durch Tyrol, das bayerische Hochland, Salzburg und Vorarlberg. 7. Aufl. 4. Th. Mit 28 Karten und Panoramen. Geb. M. 4.

Bronner, F. J., Vier Perlen des bayerischen Hochlandes. Geb. M. 2.
Führer durch die bayerischen Königsschlösser. Ausgabe B. 3. Aufl. Geb. M. 2.

M. APIAN-BENNEWITZ in LEIPZIG.

»Stationers-Halle«, gegründet 1862. Papierwaren-Fabrik, Kunst-Verlag und Export. Fabrikation von Luxuspapieren, Chromos und Reliefs.

Probenbücher und Muster in Auswahl aus den verschiedenen Fabrikationszweigen.

A. ASHER & Co. In BERLIN.

Buchhandlung für deutsche und ausländische Litteratur. Verlag streng wissenschaftlicher Werke. Die Handlung wurde 1830 von ADOLF ASHER gegründet und befand sich seit 1853 im Besitz verschiedener Inhaber. Die jetzigen Inhaber der Firma sind ADOLF BEHREND und EUGEN GOLDSTÜCKER. Die Zweigniederlassung in London firmiert ASHER & Co., *Foreign Booksellers and Publishers*.

Fenger, L., Dorische Polychromie. Untersuchungen über die Anwendung der Farbe auf dem Dorischen Tempel. Bd. I nebst Atlas von 8 Tafeln in Mappe. M. 64.

Jahres-Verzeichnis der an den Deutschen Universitäten erschienenen Schriften. 6 Bde. u. Sachregister zu I—V. M. 54.60.

Joest, W., Tätowieren, Narbenzeichen und Körperbemalen. Ein Beitrag zur vergleichenden Ethnologie. Mit 11 Tafeln. Geb. M. 16.

Müller, J., Die wissenschaftlichen Vereine und Gesellschaften Deutschlands im 19. Jahrhundert. Bibliographie ihrer Veröffentlichungen seit ihrer Begründung bis auf die Gegenwart. 4°. M. 86.

Nachrichten, Amtliche, des Reichs-Versicherungsamts. 4°. 1.—6. Jahrgang. 1885 bis 1890. à M. 6; — 7. Jahrgang 1891. Mit Beilage. M 6.

Nachrichten über deutsche Altertumsfunde. Herausg. von der Berliner Gesellschaft für Anthropologie, Ethnologie und Urgeschichte unter Redaktion von R. VIRCHOW und A. VOSS. (Ergänzungsblätter zur Zeitschrift für Ethnologie.) 2. Jahrgang 1891. M. 3.

Diese Zeitschrift erscheint 6mal jährlich.

Olympia, Die Ergebnisse der von dem Deutschen Reich veranstalteten Ausgrabung. Im Auftrage des Kgl. Preuss. Ministers der geistlichen Unterrichts- und Medizinal-Angelegenheiten herausg. von ERNST CURTIUS und FRIEDRICH ADLER. Bd. IV: Die Bronzen und die übrigen kleineren Funde von Olympia. bearbeitet von ADOLF FURTWÄNGLER. Mit 74 Tafeln. In Mappe. M. 240; — Bd. II, 1: Die Baudenkmäler, bearbeitet von FRIEDRICH ADLER, RICHARD BORRMANN, WILHELM DÖRPFELD, FRIEDRICH GRAEBER, PAUL GRAEF. Erste Hälfte. Mit 12 Kupferstichen. In Mappe. M. 150.

Das Werk wird im Ganzen 5 Text-Bände zu gr. 4°. 5 Tafel-Bände in gross Folio und eine Mappe mit Karten und Plänen in gross Folio umfassen und vollständig 1800 M. kosten.

Peñafiel, Ant., Monumentos del arte Mexicano antiguo. Ornamentacion, Mitologia, Tributos y Monumentos. Text in spanischer, französischer und englischer Sprache. 2 Bde. enthaltend 318 Tafeln. Gr. Fol. In Mappen. M. 240.

Polarforschung, die Internationale, 1882 bis 1883. Die Beobachtungsergebnisse der Deutschen Stationen. Herausg. von NEUMAYER u. BÖRGEN. 2 Bde. gr. 4°. Kart. M. 100; — Die Deutschen Expeditionen und ihre Ergebnisse. Herausg. von G. NEUMAYER. 2 Bde. gr. 8°. M. 36.

Reiss, W., und A. Stübel, Das Todtenfeld von Ancon in Peru. Ein Beitrag zur Kultur und Industrie des Inca-Reiches. Nach den Ergebnissen eigener Ausgrabungen. 141 Tafeln in Farbendruck mit Text. 3 Bde. Gr. Fol. In Mappen. M. 430.

Stübel, A. Skizzen aus Ecuador. Illustrierter Katalog ausgestellter Bilder. Mit Illustr. 4°. M. 6; — Lepidopteren, gesammelt auf einer Reise durch Colombia, Ecuador, Peru, Brasilien, Argentinien und Bolivien in den Jahren 1868—1877. Bearbeitet von F. WEYMER und P. MAASSEN. Mit 9 kolor. Tafeln. gr. 4°. 1890. Geb. M. 30; — Geologische Studien in der Republik Colombia. I. Petrographie. 1. d. vulkanischen Gesteine, bearbeitet von RICHARD KÖCH. Mit 2 Tafeln. gr. 4°. Geb. M. 20; — Das Hochgebirge der Republik Ecuador. I. Petrographische Untersuchungen d. West-Cordilleren. Bearbeitet im mineralogisch-petrographischen Institut der Universität Berlin. Lieferung 1. Mit 2 Tafeln. Gr. 4°. Geh. M. 10.

Sammlung bibliothekwissenschaftlicher Arbeiten, herausg. von KARL DZIATZKO. Heft I—IV. M. 22.

Teppichmuster, Altnorwegische. Herausg. von der Direktion des Kunstgewerbe-Museums zu Christiania. Text (Deutsch, Norwegisch, Englisch) von H. GROSCH. Mit 9 farbigen Tafeln. Gr. Fol. In Mappe. M. 24.

Todtenbuch, Das ägyptische, der XVIII. bis XX. Dynastie. Aus verschiedenen Urkunden zusammengestellt und herausg. von ED. NAVILLE. 2 Bde. Kart. M. 240.

Zeitschrift für Ethnologie. Organ der Berliner Gesellschaft für Anthropologie, Ethnologie und Urgeschichte. Redig. A. BASTIAN, R. HARTMANN, R. VIRCHOW, A. VOSS. Bd. XXIII. M. 24.

Diese Zeitschrift erscheint 6mal jährlich.

Virchow, R., Crania ethnica Americana. Sammlung auserlesener amerikanischer Schädeltypen. Mit 26 Taf. Fol. Kart. M. 86.
Zeitschrift des Vereins für Volkskunde. Neue Folge der Zeitschrift für Völker-
psychologie und Sprachwissenschaft, begründet von M. Lazarus und H. Steinthal, herausg. von Karl Weinhold. (II. B. Jahrgang. 1891 u. 1892 à M. 16. Diese Zeitschrift erscheint 4mal jährl.

MAX BABENZIEN in RATHENOW.

Buchdruckerei und Verlagsbuchhandlung. Gegründet 1833. Beschäftigt sich hauptsächlich mit dem Verlag militärwissenschaftlicher Litteratur.

Knötel, H., Uniformenkunde. Lose Blätter zur Geschichte der Entwickelung der militärischen Tracht in Deutschland. Bd. I–III. In Mappen. M. 57.
— Kriegswaffen I–IV. M. 74.

Revue, Internationale. Jahrg. 4 (Bde.) M. 10. Tanera, Durch ein Jahrhundert. 8 Bde. Kart. M. 6.
Vogt, H., Die europäischen Heere. Geb. M. 19,50.

J. C. BACH's VERLAG in LEIPZIG.

Gegründet 1833. Besitzer Fr. Flo. Köhler in Gera. Verlag der nachstehend genannten Trachtenwerke, die Prachtwerke im wahrsten Sinne des Wortes sind.

Kretschmar, A., Deutsche Volkstrachten. 2. Aufl. Mit vielen Chromolithographien. 4°. Orig.-Halbfranzband. M. 86.
Kretschmer und Rohrbach, Die Trachten
der Völker vom Beginn der Geschichte bis zum 19. Jahrhundert. 2. Aufl. Mit vielen Chromolithographien. Orig.-Halbfranzband. M. 75.

KARL BAEDEKER in LEIPZIG.

Die Firma, 1827 in Koblenz begründet und 1872 nach Leipzig übersiedelt, befasst sich fast ausschliesslich mit der Herausgabe von Reisehandbüchern. Diese sind in Hunderttausenden von Exemplaren verbreitet und erfreuen sich als zuverlässige Ratgeber für Geschäfts- und Vergnügungsreisende einer grossen Beliebtheit. Die einzelnen Bände und Abteilungen behandeln eingehend die verschiedenen Teile Deutschlands und Österreichs, Ägypten, Frankreich, Griechenland, Grossbritannien und Irland, Italien, Norwegen und Schweden, Palästina und Syrien, Russland und die Schweiz. Die meisten dieser Führer sind in das Englische und Französische übersetzt worden, und die Ausländer geben sehr oft den Baedekerschen Reisehandbüchern vor anderen den Vorzug. Einige Sprachführer und ein viersprachiges Konversationsbuch erschienen als Ergänzungen zu dieser Sammlung.

Baedeker's Reisehandbücher. Sämtliche erschienene Bände. Deutsche Ausgaben.
— Englische Ausgaben. — Französische
Ausgaben. Einzeln verkäuflich. Verschieden im Preise.
— Sprachführer und Konversationsbücher.

G. D. BAEDEKER in ESSEN.

Gegründet 1797 durch GOTTSCHALCK DIEDRICH BAEDEKER, ging die Firma nach dessen Tode in den Besitz von EDUARD und JULIUS BAEDEKER über. Nach dem Ableben von EDUARD BAEDEKER trat im Jahre 1879 sein Sohn GUSTAV als Mitbesitzer in das Geschäft ein; diesem gesellte sich 1891 DIEDRICH BAEDEKER als Teilhaber zu. — Der Verlag erstreckte sich von Anfang an auf pädagogische und technologische Litteratur. Erwähnt sei noch der Verlag der »Rheinisch-Westfälischen Zeitung« und der berg- und hüttenmännischen Zeitschrift »Glückauf«.

Baedeker, D., Alfred Krupp und die Entwickelung der Gussstahlfabrik zu Essen. Mit Abbildungen. 1889. Geb. M. 9.
Koppe, K., Anfangsgründe der Physik. 16. Aufl. 1891. Geb. M. 5,10.

Leeder, K., Wandkarten der östlichen und westlichen Halbkugel. 5. Aufl. Aufgezogen, mit Rollstäben. à M. 11.
Erk und Greef, Sängerhain. — Liederkranz. Haesten. Fibel etc.

JULIUS BAEDEKER's VERLAG in LEIPZIG.

Die Firma wurde Ende 1843 in Elberfeld gegründet und bereits 1846 nach Iserlohn in Westfalen verlegt. Seit dem Jahre 1887 befindet sich der Verlag in Leipzig im Besitze von HUGO und JULIUS BAEDEKER, welche demselben durch Erwerb einer Anzahl ausgezeichneter Werke einen weitgehenden guten Ruf verschafften.

Baedeker, F. W. J., Die Eier der europäischen Vögel, nach der Natur gemalt. 2 Bde. Geb. M. 66.
Berger, L., Der alte Harkort. Westfälisches Lebens- und Zeitbild. Geb. M. 7.
Bund, L., Lieder der Heimat. Vorzügliche Anthologie. M. 12.
Coutelle, G., Pharus am Meere des Lebens. Anthologie für Geist und Herz. Geb. M. 7; — Neue Folge. Geb. M. 7; — Illustrierte Prachtausgabe. Geb. M. 12.

Davidis, H., Kirchen- und Blumengarten für Hausfrauen. Geb. M. 4.
Lange, F. A., Geschichte des Materialismus und Kritik seiner Bedeutung in der Gegenwart. 2 Bde. Geb. M. 11; — Wohlfeile Ausgabe in 1 Bd. Geb. M. 11,50.
Roeber, F., Eine Anzahl dramatischer Dichtungen.
Bunge, Amtliche Übersichtskarte des Ruhr-Steinkohlenbeckens. Auf Leinwand gezogen M. 25.

JOSEPH BAER & Co. in FRANKFURT a. M.

Das Haus BAER & CO. wurde um das Jahr 1785 von JOSEPH BAER unter verschiedenen Schwierigkeiten, die die damaligen Frankfurter Verhältnisse boten, gegründet, wurde stets von Mitgliedern derselben Familie geleitet und hat sich auf dem vom Gründer eingeschlagenen Wege von den kleinsten Anfängen zu einer Weltfirma emporgeschwungen. In der Hauptsache unterhält die Firma ein seit langen Jahren berühmt gewordenes Antiquariat von etwa 300 000 Bänden und ist auch auf diesem Gebiete für Deutschland bahnbrechend gewesen. Der jetzige Besitzer SIMON LEOPOLD BAER erweiterte das Geschäft um eine Verlagsabteilung mit streng wissenschaftlicher Richtung und verlegt als Vertreter verschiedener Gelehrten-Gesellschaften und Bibliotheken deren Publikationen in Kommission.

Festgabe zum Jubiläum der vierzigjährigen Regierung S. Kgl. Hoheit des Grossherzogs Friedrich von Baden in Ehrfurcht dargebracht von der Technischen Hochschule in Karlsruhe. Gr. 4°. Mit 26 photolithogr. Tafeln. M. 19.
Quesnay. Oeuvres économiques et philosoph. publiées par Aug. Oncken. M. 20.

FR. BASSERMANN'sche VERLAGSBUCHHANDLUNG in MÜNCHEN.

Die Bassermannsche Verlagsbuchhandlung ist aus der 1843 in Mannheim entstandenen Firma BASSERMANN & MATHY hervorgegangen. Im Jahre 1854 trat MATHY aus dem Geschäfte aus, und BASSERMANN führte dasselbe allein unter seinem Namen fort. 1865 wurde die Handlung nach Heidelberg und 1878 nach München verlegt. Die Firma hat sich im Laufe der Zeit auf verschiedenen Gebieten bethätigt. Gegenwärtig werden hauptsächlich Belletristik, illustrierte Humoristika und Prachtwerke gepflegt. Von den humoristischen Verlagsartikeln haben die illustrierten Schriften von WILHELM BUSCH einen ganz grossartigen Erfolg erzielt.

Busch, W., Humoristischer Hausschatz. Sammlung der beliebtesten Schriften mit 1500 Bildern von W. Busch. 4°. Geb. M. 10.

Dreher, H., Die Schnauzeit. Humoristisches Jagdbuch in oberbayrischer Mundart. Mit 28 Illustrationen. Gr. 4°. Geb.

M. 12; — Der Jahschrou. Gedichte in oberbayr. Mundart. Mit 22 Illustrationen Münchener Künstler. Geb. M. 12.

Göppinger, H. R., Vorlagen zum Porzellanmalen. In Mappe. M. 12.

Badfahr-Humor. 2. u. 3. Jahrgang. 4°. Geb. à M. 6,50.

BAUER'sche GIESSEREI in FRANKFURT a. M.

Inhaber: EDUARD KRAMER und GUSTAV FUCHS. Schriftgiesserei, Schriftschneiderei, Galvanoplastik, mechanische Werkstatt und Maschinenbau-Anstalt. Für die »Universal«-Komplettgiessmaschine eigenes Patent. Gegründet von J. CH. BAUER 1828. Spezialität: Herstellung kuranter Brod- und Titelschriften. Besitzt 30 000 Original-Stahlstempel. Die Firma ist bekannt durch erste Einführung der amerikanischen Letterngiessmaschine in Deutschland, später war sie die erste, die mit dem Bau der Komplettgiessmaschinen — eigene Patente — in eigener Werkstatt begann. Sie besitzt eine Filial-Giesserei mit 14 Giess- und vielen Hilfsmaschinen in Barzelona in Spanien.

Oberer Teil einer Komplett-Typen-Giess- und Fertigmach-Maschine.
Komplettes Musterbuch, enthaltend Proben der in der Anstalt gefertigten

Schriften, Neuheiten in Rahmen, darunter die zu Ehren der Kolumbischen Welt-Ausstellung geschnittene Kolumbusschrift.

BAUMGÄRTNER's BUCHHANDLUNG in LEIPZIG.

Gegründet 1792. Die Firma hat sich seit etwa zwei Jahrzehnten ausschliesslich dem Gebiete der technologischen Litteratur zugewandt und hat in dieser Richtung einige sehr bedeutende Werke gezeitigt, von denen das nachstehend genannte auf der Ausstellung vertretene Prachtwerk Zeugnis ablegen soll.

Köhler, H., Polychrome Meisterwerke der monumentalen Kunst in Italien. Zwölf perspektivische Ansichten in Farben-

druck. Text in vier Sprachen. Imperial-Folio. Geb. M. 220.

H. BECHHOLD in FRANKFURT a. M.

Gegründet 1850. Die Firma betreibt den Verlag populär-wissenschaftlicher und pädagogischer Litteratur und hat sich besonders durch die zahlreichen Schriften J. Vatters um die Förderung des Taubstummen-Unterrichts verdient gemacht.

Bechhold's Handlexikon der Naturwissenschaften und Medizin, bearbeitet von Yelin, Schauf, Loewenthal und Bechhold. In ca. 10 Lieferungen. à M. —,80.

Vatter, J., Fibeln, Lese- und Lehrbücher für den Unterricht der Taubstummen. In verschiedenen Stufen und Formen und zu verschiedenen Preisen.

RUD. BECHTOLD & Co. in WIESBADEN.

Gegründet im Jahre 1876, unterhält das Haus Bechtold & Co. neben seinem Verlag eine leistungsfähige Buch- und Steindruckerei und ein Geschäftsbücherlager. Der Verlag vertreibt einen Teil der in der eigenen Druckerei hergestellten Werke, die in ihrer Mehrzahl dem Gebiete der Geschenk- und Romanlitteratur angehören.

Rheinalbum. (Mainz bis Köln.) In Wort und Bild. Herausg. von M. Zingler. In

Moiré-Seide geb. M. 10. Dasselbe in Leinwand zu M. 10 zu haben.)

E. BECKER-MERKER in HEILBRONN.

Verlagsbuchhandlung, gegründet 1891, beschäftigt sich mit der Herausgabe von Werken über Mystik und Somnambulismus.

Briefe aus dem Himmel. M. 2,40; Geb. Reisen in den Mond (1862). M. 2,50. M. 3,80; Volks-Ausgabe M. 2,40.

M. B. BELAIEFF, MUSIKVERLAG in LEIPZIG.

Die Firma ist vertreten durch eine grosse Auswahl von Werken russischer Komponisten, wie: Alpheraky, Antipow, Artzibouscheff, Blumenfeld, Dorodinu, Glazonow, Kopylow, Liadow, Rimsky-Korsakow, Sokolow, Stcherdatcheff, Wihtol u. a.

E. F. W. BERG in BERLIN.

Verlagsbuchhandlung. Expedition der nachstehenden Fach-Zeitschriften.

Sattler-Zeitung. Deutsche. Illustrierte Zeitschrift und Handelsblatt. Jährl. M. 9. Seiler-Zeitung. Deutsche. Fachschrift und Handelsblatt. Jährlich M. 5.

Tapezierer-Zeitung. Deutsch. Illustrierte Fachzeitschrift. Jährlich M. 10. Kollektionen zusammengestellt aus Fachzeitschriften zu verschiedenen Preisen.

ARNOLD BERGSTRAESSER in DARMSTADT.

Die Verlagsbuchhandlung von ARNOLD BERGSTRAESSER ist 1881 aus der im Jahre 1831 begründeten Firma J. P. DIEHL's Verlag hervorgegangen. Das »Handbuch der Architektur« bildet einen Hauptverlagsartikel, ohne dass sich die Handlung auf das Gebiet der Architektur beschränkt hätte.

Handbuch der Architektur, herausg. in Verbindung mit Fachgenossen von Baudirektor Prof. Dr. DURM, Geh. Regierungsrat Prof. ENDE und den Geh. Bauräten Prof. Dr. SCHMITT und WAGNER. 4 Teile in verschiedenen Abteilungen. Jeder Teil ist einzeln verkäuflich.

Das Heidelberger Schloss, 60 Blatt Lichtdrucke und 124 Seiten Text, herausg. von JUL. KOCH und F. SEITZ. Halblederband mit Lederrücken. Die prachtvollen Tafeln haben eine Höhe von 70 cm, bei 48 cm Breite. Der Text ist durch Pläne und Zeichnungen illustriert. M. 135.

THEODOR BERTLING in DANZIG.

Die Firma wurde im Jahre 1845 begründet und hat sich seit lange schon besonders um die westpreussische Landeskunde und die Geschichte der Stadt Danzig durch Herausgabe einer Reihe wichtiger Werke verdient gemacht.

Abhandlungen zur Landeskunde von Westpreussen. Herausgegeben von der Provinzial-Kommission zur Verwaltung der westpreussischen Provinzial-Museen. Heft I—III à Heft M. 6.

Bau- und Kunstdenkmäler der Provinz Westpreussen. Herausgegeben im Auftrage des westpreussischen Provinzial-tages. Heft I—VIII 1887—92. Mit 652 Abb. in dem Text und 49 Tafeln. à Heft M 8.

JULIUS BLOEM in DRESDEN.

Fachzeitschriften- und Fachkalender-Verlag, gegründet 1876 in Stuttgart, seit 1882 in Dresden.

Schmidt, P. Th., Des Schlossers Skizzenmappe, Sammlung leicht ausführbarer Entwürfe. Hundert Tafeln, zum

Teil in lithographischem Farbendruck. Nebst Bezugsquellenverzeichnis. 1891. M. 12.30.

BOAS & HESSE in BERLIN.

Die Firma BOAS & HESSE (vormals M. BOAS und BOAS & KORNFELD) ist 1883 begründet worden und betreibt mit Erfolg als Spezialität den Verlag von wissenschaftlichen Werken aus dem Gebiete der Medizin und Naturwissenschaften.

Lohfeldt, E., Medicinisches Taschenwörterbuch der deutschen, englischen und französischen Sprache. Geb. M. 6.

Sandmann, G., Tafel des menschlichen Gehörganges. Farbendruck. 81×108 cm. Nebst erklärendem Text. M. 18.

RICH. BONG, KUNSTVERLAG und XYLOGR. ANSTALT in BERLIN.

Herr Bong ist Verleger der rühmlichst bekannten illustrierten Zeitschrift »Moderne Kunst«, zugleich Mitbesitzer der Firma: Deutsches Verlagshaus Bong & Co. (vergl. dies. Die Moderne Kunst hat grossen Aufsehen durch ihre vorzüglichen Illustrationen erworben, unter welchen sich eine bedeutende Zahl von Holzschnitten befinden, die bis jetzt nicht übertroffen wurden und kaum zu übertreffen sind.

Moderne Kunst. Illustrierte Monatsschrift. Meisterholzschnitte nach Gemälden und Skulpturen berühmter Meister der Gegenwart und vielen zum grossen Teil farb.

Illustrationen in dem Texte. Monatlich erscheint ein Heft und zweimal jährlich ein Extraheft. Berlin. Kplt. Eleg. geb. M. 18.

BONIFACIUS-DRUCKEREI (J. W. Schröder) in PADERBORN.

Die Firma, im Jahre 1870 gegründet, befindet sich seit 1880 im eigenen Hause und hat sich dort zu zwei verschiedenen Malen bedeutend vergrössert. Die Verlagsabteilung vertritt als Spezialität: Römisch-katholische Theologie (Predigtwerke, Gebet-, Betrachtungs- und Erbauungsbücher, Katholische Gedichtwerke, Erzählungsschriften, Sozial-politische Schriften, Antisemitika, u. s. w. und zwei Zeitschriften: »Leo« (Sonntagsblatt), »Der Postbote« (Politisches Wochenblatt). Ausser dem Verlag unterhält die Firma eine Buchdruckerei, eine Sortimentsbuchhandlung, ein Antiquariat und eine Devotionalienhandlung.

Albers, B., Blütenkränze auf die Festtage Gottes und seiner Heiligen. 3 Bde. Geb. M. 16,50.
Bibel, P. B., Theologia moralis. 3 Bde. Geb. M. 26.
Goffine, R., Hauspostille. Katholisches

Unterrichts- und Erbauungsbuch. Geb. M. 8, eleg. geb. M. 9,50.
Hammer, F., Der Rosenkranz. Fundgrube für Prediger und Katecheten. Erbauungsbuch für katholische Christen. 2 Bde. Geb. M. 18.

BÖRSENVEREIN DER DEUTSCHEN BUCHHÄNDLER zu LEIPZIG.

Diese für den deutschen Buchhandel nicht hoch genug zu schätzende und segensreiche Institution ist in der Einleitung ausführlich charakterisiert, und verweisen wir deshalb hier auf das in dem Artikel »Buchhandel« Seite 1 erwähnte. Aus dem Verlag des Börsenvereins sind folgende Drucksachen ausgestellt (das Börsenblatt besonders ist geeignet, einen Einblick in die grossartigen Betriebe des Vereins zu öffnen):

Börsenblatt für den deutschen Buchhandel. 1898. 4 Bde. Geb.
Adressbuch des deutschen Buchhandels. 1898. In 2 Bdn. Geb.
Publikationen des Börsenvereins 1—8. In 4 Bdn. Geb.
Archiv für Geschichte des deutschen Buchhandels. 1—16. 8 Bde. Geb.

Katalog der Bibliothek des Börsenvereins. 1885. Geb.
Geschichte des deutschen Buchhandels. I. Bd. Geb.
Katalog der Ostermess-Ausstellung. 1881. Prachtausgabe. Geb.
Das alte und neue Buchhändlerheim. Festschrift. Geb.

EDWIN BORMANN's SELBSTVERLAG in LEIPZIG.

EDWIN BORMANN ist einer der beliebtesten und vielseitigsten Schriftsteller der Gegenwart. Ausser seinen Lokal- und Dialektdichtungen, die einen bedeutenden Erfolg erzielten, entstammen seiner bewährten Feder noch eine Anzahl Schriften in hochdeutscher Sprache, in denen Ernst und Scherz in sehr gelungener Weise wechseln. Seine Papierausstattungen erfreuen sich allgemeinster Beliebtheit.

Bormann, Ed., Liederhort. Humoristisches Prachtwerk. Geb. M. 10; — Klinginsland. Geb. M. 4,50; — Schelmenlieder. Geb. M. 2; — Das Büchlein von der schwarzen Kunst. Geb. M. 2; — Reineke Fuchs. Kinderbuch. Geb. M. 4,50; — Mei Leihnig low' ich mir. Geb. M. 2; — Leibz'ger Allerlei.

Geb. M. 2; — Von Cameruo bis zum Schwandeiche. Geb. M. 2; — De Säck'sche Schweiz. Geb. M. 2; — Das Buch von Klabberstorche. Geb. M. 2,50; — Papierausstattungen: Schwalben-Briefe und Postkarten, Säck'sche Allerwelts-Postkarten, u. s. w.

C. BOYSEN's VERLAG in HAMBURG.

Dieser Verlag ist im Jahre 1867 von CHRISTIAN BOYSEN begründet worden und hat, aus kleinen Anfängen hervorgegangen, neuerdings durch den Vertrieb der beliebten C. W. ALLERSschen Prachtwerke und anderer Veröffentlichungen ähnlicher Richtung viel von sich reden gemacht.

Allers, C. W., Club Eintracht. Zeichnungen aus dem Hamburger Volksleben. Geb. M. 30.
— Silherne Hochzeit. 44 Lichtdruckbilder. In Mappe. M. 30.

Haase, H., Malerische Ecken und Winkel Hamburgs. 13 Zeichnungen. In Mappe. M. 10.
Müller-Hamburg. K., Soldatenleben. Bilder aus der Garnison. Geb. M. 10.

FRIEDRICH BRANDSTETTER in LEIPZIG.

Begründet am 1. Januar 1839 von W. EINHORN in Leipzig, ging dieser Verlag 1844 (unter der Firma: EINHORNS Verlagsexpedition) in den Besitz von FRIEDRICH BRANDSTETTER über, welcher von 1847 ab unter seinem Namen firmierte und das Geschäft durch Ankauf von FERD. SECHTLINGs Verlag in Leipzig, G. DÖDECKEs Verlag in Hamburg und einen Teil von J. L. SCHRAGs Verlag in Nürnberg erheblich erweiterte. Seit 1878 befindet sich die Firma im Besitz von RICH. BRANDSTETTER. Besonders berücksichtigt wurden bei den Unternehmungen: Pädagogik, Geschichte und Geographie, Festgeschenklitteratur.

Blätter und Blüten deutscher Poesie und Kunst. Geb. M. 12.
Bell, J. J., Nomina geographica, 2. Auflage. M. 32.
Grube, A. W., Geographische Charakterbilder in abgerundeten Gemälden aus der Länder- und Völkerkunde. 3 Bde. Geb. M. 17; — Charakterbilder aus Geschichte und Sage. 3 Teile. Geb. M. 10,50.
Lüben und Nacke, Einführung in die deutsche Litteratur. 3 Bde. Geb. M. 19.

Masius, H., Naturstudien. 2 Bde. Geb. M. 12.
Scherer, H., Wegweiser zur Fortbildung deutscher Lehrer in der wissenschaftlichen u. praktischen Volksschulpädagogik. 2 Bde. Geb. M. 12,80.
Jahresbericht, Pädagogischer, von 1891, herausg. von A. RICHTER. M. 10.
Schulmann, Der praktische, Archiv für Materialien zum Unterricht in der Real-, Bürger- u. Volksschule. Herausg. von A. RICHTER. Bd. XLI (1892). M. 10.

BREITKOPF & HÄRTEL in LEIPZIG.

Begründet 1719. Zweiggeschäfte in Brüssel, London und New York. Das Geschäft ward von BERNHARD CHRISTOPH BREITKOPF aus Clausthal (geb. 1695, gest. 1777) durch Übernahme der 1664 von JOH. GEORGI errichteten, dann an J. C. MÜLLER übergegangenen Druckerei 1719 in Leipzig begründet, von BERNH. CHRIST. BREITKOPFs Sohn, JOHANN GOTTLOB IMMANUEL BREITKOPF, dem typographischen Reformator (geb. 1719, gest. 1794) und dem Enkel CHRISTOPH GOTTLOB BREITKOPF (geb. 1750, gest. 1800) weitergeführt. Seit 1795 leitete GOTTFRIED CHRISTOPH HÄRTEL aus Schneeberg (geb. 1763, gest. 1827) erst als Teilhaber, seit 1800 von BREITKOPF zum Universalerben eingesetzt, als Alleinbesitzer die Firma und hob in rascher, wohlgeordneter Thätigkeit das von da ab BREITKOPF & HÄRTEL zeichnende Geschäft. Nach GOTTFR. CHR. HÄRTELs Tode führten seine Söhne, DR. HERMANN HÄRTEL (geb. 1803) bis zu seinem Tode 1875 und Stadtältester RAYMUND HÄRTEL (geb. 1810) bis zu seinem Austritt 1880 die Firma weiter. Die gegenwärtigen Leiter sind zwei dem Geschäft seit 1860 und 1869 angehörende Enkel GOTTFR. CHR. HÄRTELs, Stadtrat WILHELM VOLKMANN aus Halle und DR. OSCAR VON HASE aus Jena.

Das Geschäft, welches zur Zeit ohne Flur- und Treppenhäuser einen Flächenraum von 8500 qm einnimmt, betreibt mit über 500 Arbeitern Buch- und Musikalienhandel, sowie mit 35 Schnell- und 30 Handpressen bei einem Schriftmaterial von über 225000 Kilo Buch-, Noten- und Steindruck nebst den dazu gehörigen, mit mannigfachen Maschinen geförderten Hilfsgewerben der Schriftgiesserei, Stereotypie, Galvanoplastik, Notenstecherei, Lithographie und Buchbinderei. Alle Verlagswerke werden in den eigenen Anstalten des Geschäfts hergestellt.

Musikalien-Verlag, Katalog 1416 Seiten stark, enthält 50,000 sorgfältig auswählte Werke der gediegenen und gefälligen Musik. Es sind darin in grosser Vollständigkeit die klassischen Werke, sowie in reicher Auswahl die gefeiertsten Kompositionen unserer heutigen Tonsetzer vertreten.

Erste und einzige Gesamtausgaben der Musikalischen Klassiker:
Bachs Werke, 42 Jahrgänge, 54 Bde. Brosch. M.636, in Orig.-Ed. M.735; — Für den praktischen Gebrauch. I. Für Gesang, in Lieferungen zu M.1. II. Für Orchester, Bogenpreis M. —,50. III. Klavierwerke, Bogenpreis M. —,50.
Beethovens Werke, 25 Serien, 38 Bde. Brosch. M. 627; in Orig.-Bd. M. 708. Jedes Werk einzeln, der Bogen M. —,30; — Für Unterricht und praktischen Gebrauch. 19 Bde. Brosch. M. 200, oder 100 Liefgn. zu je M.1. Supplement: Für Klavier zu vier Händen. 6 Bde. Brosch. M. 74, oder 70 Liefgn. zu je M.1. Orig.-Bd. 25 Bde. M. 220.
Chopins Werke, 14 Bde. Brosch. M. 97, in Orig.-Bd. M. 125; jedes Werk einzeln der Bogen M. —,50.
Friedrichs des Grossen Musikal. Werke, 4 Bde. Brosch. M. 49, in Orig.-Bd. M. 60.

Glucks Hauptopern, 6 Bde. In Pappband je M. 72.
Grétrys Werke, 28 Bde. Brosch. M. 396, in Orig.-Hd. M. 482.
Händels Werke (Ausgabe der Händelgesellschaft), 97 Bde. In Orig.-Bd. M.1041.
Lanners Werke, 8 Bde. Brosch. M. 34, oder in 86 Liefgn. zu M. 1, in Orig.-Bd. M. 52.
Mendelssohns Werke, 19 Serien, 40 Bde. Brosch. M. 432, in Orig.-Bd. M. 518; jedes Werk einzeln der Bogen M. —,30.
Mozarts Werke, 24 Serien, 65 Bde. Brosch. M. 1000, in Orig.-Bd. M 1116; jedes Werk einzeln der Bogen M. —,30.
Palestrinas Werke, 33 Bde. Brosch. M. 336, in Orig.-Bd. M. 396.
Schuberts Werke, 21 Serien. Brosch. M. 500, Orig.-Bd. je M. 2; jedes Werk einzeln der Bogen M. —,30.
Schumanns Werke, 14 Serien, 32 Bde. Brosch. M. 466, in Orig.-Bd. M. 535; jedes Werk einzeln der Bogen M. —,30.
Schützens Werke, 16 Bde. Brosch. M. 216, in Orig.-Bd. M. 272.
Strauss' Werke, 7 Bde. Brosch. M. 39,60, oder in 99 Liefgn. zu je M. 1, in Orig.-Bd. M. 58,80; jedes Werk einzeln der Bogen M. —,30.
Wagners Opern, Partitur. In Pappband je M. 120, in Orig.-Bd. je M. 132.

Musikgeschichtliche Sammelwerke:
1. Denkmäler deutscher Tonkunst. Jeder Band M. 15, in Orig.-Bd. M. 17.
2. Gesellschaft für Musikforschung. Die Monatshefte für Musikgeschichte in Oktavformat, jährl. gegen 80 Bogen zum Abonnementspreis von M. 9. Jahrgang I—XXIV. 1869—1892. Die Publikationen älterer praktischer und theoretischer Musikwerke, vorzugsweise des XV. und XVI. Jahrhunderts. Jahrgang I—XXI. 1873 bis 1893. Subskriptionspreis M. 267; jeder Band einzeln M. 5 bis M. 20.
3. Musikalische Werke der Kaiser Ferdinand III., Leopold I. und Joseph I. In 20 numerierten Exemplaren gedruckt Nr. 1—20 in grossem Format auf Büttenpapier. Ausgabe auf Büttenpapier M. 50; gewöhnliche Ausgabe M. 30. Vertrieb ausserhalb Österreichs).

Grosse Rahmenwerke für den praktischen Gebrauch:

Volksausgabe Breitkopf & Härtel. 1500 Bde. Billigste, korrekte und wohlausgestattete Bibliothek der musikalischen Klassiker u. modernen Meister der Musik.

Orchesterbibliothek, Die wichtigsten Orchesterwerke in broschirten Stimmenheften mit Umschlag. 1000 Nummern, 18,500 Hefte, je M. —,80.
Chorbibliothek, Die wichtigsten Gesangwerke und Lieder in broschirten Stimmenheften, 550 Nummern, 1850 Hefte zu je M. —,15 bis M. —,30.
Textbibliothek, Texte zu Opern, Oratorien und grösseren Gesangwerken, 250 Nummern, je M. —,10 bis M. —,80.
Deutscher Liederverlag. Die Lieder älterer und neuerer Tonsetzer. 3000 Folichefte und Nummern. Hefte je M. 1, Nummern je M. —,60.
Notenschreibpapier. In Buchdruck. Alle gebräuchlichen Liniaturen in 5 Papiersorten. A = Weiss kräftig, B = Bläulich kräftig, C = Weiss schwer, D = Bläulich schwer, E = Weiss mittelschwer.
Buchverlag, Begründet 1719, fortgeführt bis zur Gegenwart. Schöne Litteratur. Wissenschaftliche Werke, Musikalische Schriften. Kunst.
Porträts von Musikern und Gelehrten.

BRAUN & SCHNEIDER in MÜNCHEN.

Am 1. Januar 1893 waren es 50 Jahre, dass die Verlagsfirma BRAUN & SCHNEIDER in München gegründet wurde. Insbesondere die noch im gleichen Jahre begonnenen »Fliegenden Blätter« und die sich später anreihenden »Münchener Bilderbogen« waren es, die den Ruhm der Münchener Kunst in alle Welt trugen. Auch durch viele andere künstlerische und litterarische Veröffentlichungen ist die Firma auf den heutigen Tag an der Spitze des humoristischen Buch- und Kunstverlags geblieben. Leider war es den umsichtigen Begründern des Geschäfts, den Herren CASPAR BRAUN und FRIEDRICH SCHNEIDER, nicht beschieden, das Jubiläum selbst mitzufeiern. FRIEDRICH SCHNEIDER wurde schon 1864 abgerufen, CASPAR BRAUN überlebte seinen Freund um 13 Jahre, er starb 1877. Heute stehen die Herren JULIUS SCHNEIDER und CASPAR BRAUN an der Spitze des umfangreichen Geschäfts.

Fliegende Blätter, Bd. I—LXI. Geb. Jeder Band M. 8.30; — Bd. LXII—XCVII (1892) Geb. Jeder Band M. 8,50.
Gedanken-Splitter, Gesammelt aus den »Fliegenden Blättern«. 9 Bde. Geb. M. 7.
Münchener Bilderbogen, Bogen 1—1050. (In 3 Bde. geb. M. 135,60.) Jeder Bogen M. —,10.
Oberländer-Album, Bd I—VIII. Geb. à M. 5.
Petermann's Jagdbuch, Bd. I—VII. In 1 Band geb. M. 14.
Unsere Frauen, Ein lustiges Hausbuch

für Jedermann. 1 Teile in 1 Band. Geb.
Haider, M., Die Jagd in Bildern. Geb. M. 7.
Jugendblätter für Unterhaltung und Belehrung. Jahrgang 1891. Geb. M. 5,50.
Rottenhöfer, J., Neue vollständige theoretisch-praktische Anweisung in der feineren Kochkunst. 7. Aufl. Geb. M. 14.
Spitzweg-Mappe, Hervorragende Gemälde des Meisters in Kupferdruck-Reproduction. Gr. Fol. M. 50.
Vogel, H., Waldbilder. 16 Blätter in Heliogravure. In Mappe M. 36.

OTTO BRANDNER in DRESDEN.

Verlag religiöser Schriften, gegründet 1870 in Stettin, hat seit 1886 seinen Sitz in Dresden. Ausser einigen kleineren religiösen Schriften sind eine Reihe von vorzüglich ausgestatteten Prachtwerken, zu Geschenken in christlichen Familien wohlgeeignet, aus diesem Verlag hervorgegangen.

Farrar, F. W., Das Leben Jesu, der Gemeinde dargestellt. Deutsch. v. J. Walther. Geb. M. 16.
Händler, F. O., Der Apostel Paulus. 9 Bilder aus seinem Leben. Imp.-4⁰. Geb. M. 16.

Monod, A., Das Weib. Illustr. von P. Mohn. Gr.-4⁰. Geb. M. 16.
Pfannschmidt, C. G., Kirchliche Festgrüsse. 16 Kompositionen in Kupferdruck. Mit begleitenden Gedichten. Imp.-4⁰. Geb. M. 15.

F. A. BROCKHAUS in LEIPZIG.

Die Firma F. A. Brockhaus ist eine Weltfirma, die auf dem Gebiete des Bücherverlags ebenso bedeutend ist wie auf demjenigen des eigentlichen Druckgewerbes. Das altberühmte Haus wurde im Jahre 1805 in Amsterdam durch FRIEDRICH ARNOLD BROCKHAUS gegründet und siedelte 1817 nach Leipzig über. BROCKHAUS hatte bereits bei Gelegenheit eines Besuches in Leipzig die erste, noch unvollständige Auflage eines 1796 von Dr. R. G. LÖDEL begonnenen »Konversationslexikons« gekauft, die er von 1809—11 beendete. Dieses Unternehmen bildete in der Folge seine hauptsächlichste Lebensaufgabe. Ein eifriges Streben und angestrengte Thätigkeit ermöglichten ihm, das unfertige und zunächst wenig genügende Werk im Laufe der Jahre zu grösster Vervollkommnung zu bringen, für welche die hier in der 13. Auflage vollendet, in der 14. (Jubelausgabe) begonnene Bearbeitung innerlich und äusserlich selbst spricht. Leider lernen wir hier am Platze die Erzeugnisse der grossartigen Verlagsthätigkeit der Firma, die sich auf alle Gebiete des menschlichen Wissens erstreckt, nicht näher kennen, da nur das erwähnte Werk ausgestellt ist. Die Druckerei zählt zu den besten und umfangreichsten Deutschlands und war eine der ersten, die sich dem illustrierten Druck mit Kraft widmeten vgl. J. J. WEBERS Ausstellung. Zahlreiche technische und artistische Ateliers schliessen sich der Druckerei an; auch betreibt das Haus im grossen Umfang das Kommissions- und Antiquariats-Geschäft. An der Spitze der Firma stehen jetzt: Dr. HEINRICH EDUARD BROCKHAUS, HEINR. RUDOLF BROCKHAUS, ALBERT EDUARD BROCKHAUS und RUDOLF HEINRICH BROCKHAUS jun.

Brockhaus, Konversationslexikon. Mit vielen Abbildungen und Karten, vollständig in 17 Bdn. 16 Bde. A—Z und 1 Registerband. Von der 14. Auflage (Jubiläumsausgabe) sind 3 Bde. erschienen. Das in Chicago ausgestellte Exemplar wurde aus den 3 Bdn. der 14. und 13 Bdn. der 13. Auflage zusammengestellt. Bd. I—V in 14. Aufl. und Bd. VI—XVII. in 13. Aufl.) Geb. M. 170.

BRÜHL'sche DRUCKEREI (FR. CHR. PIETSCH) in GIESSEN.

Ein Musterbuch, enthaltend Buchdruck-Arbeiten, hergestellt in der BRÜHL'schen Druckerei, gewährt einen Überblick über die Leistungsfähigkeit dieser Firma, die zugleich den Verlag des »Giessener Anzeigers« besorgt.

J. C. C. BRUNS' VERLAG in MINDEN i. WESTFALEN.

Verlagsbuchhandlung, gegründet am 1. Januar 1831, verbunden mit einer Buch- und Steindruckerei nebst Stereotypie. Die beiden ausgestellten Werke von A. Trinius enthalten eine Reihe anmutiger und wahrheitsgetreuer Schilderungen.

Trinius, A., Durch's Unstrutthal. Eine Wanderung von Naumburg a. d. Saale bis zum Kyffhäuser. Mit 46 Bildern. Geb. M. 7,75.

Trinius, A., Hamburger Schlendertage. Geb. M. 4,75.

DEUTSCHER BUCHDRUCKER-VEREIN in LEIPZIG.

Eingetragene Genossenschaft. Gegründet am 15. August 1869. Der Verein, welcher sich über das ganze Deutsche Reich erstreckt, in neun Kreise eingeteilt ist und seinen Sitz in Leipzig hat, bezweckt die Förderung der materiellen und geistigen Interessen des deutschen Buchdruckerstandes und der mit ihm verwandten in dem Vereine vertretenen Gewerbszweige, sowohl der Arbeitgeber als der von denselben beschäftigten Gehilfen und sonstigen Arbeiter. Zu diesem Zweck ist der Verein bestrebt, denselben den Regierungen, den gesetzgebenden Körperschaften, den Behörden und der Gesellschaft gegenüber zu vertreten; durch Einführung von Durchschnittspreisen einen soliden Verkehr mit dem Publikum aufrecht zu erhalten; Festigkeit in den Tarifverhältnissen zu den Gehilfen zu bringen, das Lehrlingswesen zu ordnen; Schiedsgerichte, Fachschulen, Unterstützungs- und Invalidenkassen zu errichten u. dgl. mehr. Organ des Vereins ist die im 6. Jahrgange stehende, wöchentlich erscheinende »Zeitschrift für Deutschlands Buchdrucker«. Das Büreau des Vereins befindet sich in Leipzig, Gutenbergstrasse 3.

In 6 Rahmen sind etwa 100 ausgewählte Blätter aus den Jahrgängen 1889, 1890, 1891 und 1892 des vom Vereine veranstalteten »Internationalen graphischen«	Muster-Austausches« (vergl. Einl. S. 13, die einen interessanten Einblick in die Leistungen des höheren Accidenzsatzes in Deutschland gewähren.

BUCHHANDLUNG des WAISENHAUSES in HALLE a. S.

Seit nahezu 200 Jahren ist diese Handlung unverändert fortgeführt worden, fast immer in der gleichen Richtung und den nämlichen Zielpunkten zusteuernd. Es ist ein eigentümlich festigender und in dieser Zeit schnellen und hastigen Erwerbes beruhigender Gedanke, dass die Arbeit von 6 Generationen die sichere Basis und die feste Stütze für die gegenwärtige bietet, wenn auch die wechselnde Konjunktur und das bessere oder mindere Geschick der Geschäftsleiter Schwankungen in den Resultaten herbeiführten. Die Buchhandlung des Waisenhauses ist ein Produkt aus der Zeit jenes werktätigen, aus der innersten Tiefe des Gemütes quellenden Pietismus, der sich gegen die verknöcherte Orthodoxie des 17. Jahrhunderts erhob. Die umfangreichen und zahlreichen Unternehmungen bewegen sich hauptsächlich auf den streng wissenschaftlichen Gebieten der Sprachwissenschaft (besonders Germanistik), Theologie, Philosophie, Pädagogik, Jurisprudenz, Litteraturwissenschaft. Eine tüchtige Buchdruckerei ist mit der Buchhandlung verbunden. Der durch seine vortrefflichen fachmännischen Schriften bekannte Aug. Schürmann leitet als Administrator das Geschäft in hervorragender Weise.

Caspari, C. P., Arabische Grammatik. M. 40.
Dernburg, H., Lehrbuch des Pandektischen
Privatrechts und der Privatrechtsnormen
des Reichs. 3 Bde. M. 48.
Mac, K., William Shakespeare. M 10.
Handbibliothek, Germanistische, heraus-
gegeben von Julius Zacher. Bd. I—VIII.
Die Preise der einzelnen Bände sind verschieden.
Hemacandra's Grammatik der Prâkrit-
sprachen. 2 Bde. M. 44.
Hertzberg, G. F., Griechische Geschichte.
Geb. 5.50.
Kurschat, F., Grammatik der littauischen
Sprache. M. 10.
Osterwald, K. W., Erzählungen aus der
alten deutschen Welt. 3 Bde. Geb. M. 11,50;
— Griechische Sagen. 3 Bde. Geh. M. 12.25.

Peter, C., Römische Geschichte in kür-
zerer Fassung. M. 4,50; — Zeitalter der
römischen Geschichte. M. 2.40; — Zeit-
tafeln der griechischen Geschichte. M.4,50.
Rödiger, A., Chrestomathia Syriaca.
M. 7,50.
Sach, A., Die deutsche Heimat. Land-
schaft und Volkstum. Geb. M. 9,50; —
Deutsches Leben in der Vergangenheit.
2 Bde. Geb. M. 15.
Sammlung germanistischer Hilfsmittel für
den praktischen Studienzweck. Bd. I—V.
Verschieden im Preise.
Wackernagel, W., Poetik, Rhetorik und
Stilistik. Geb. M. 10,60.
Zeitschrift f. deutsche Philologie Bd. XXV).
Jeder Band M. 12.

SCHLESISCHE BUCHDRUCKEREI, KUNST- u. VERLAGS-ANSTALT
(vorm. S. SCHOTTLÄNDER) in BRESLAU.

Buchdruckerei, Galvanoplastisches Institut. Schriftgiesserei. Chromolithographische
Kunst-Anstalt. Verlagsbuchhandlung. Dieses umfangreiche und vielseitige Geschäft wurde 1876 von S. Schottländer begründet, unter dessen Namen es auch
bis zum Übergang in den Besitz einer Aktiengesellschaft, der jetzigen Besitzerin,
am 19. November 1889, firmierte. Die Verlagsbuchhandlung widmete seit ihrem
Bestehen der Roman-Litteratur grosse Aufmerksamkeit, und es gebührt ihr das
Verdienst, besonders auch durch die belletristische Zeitschrift »Nord und Süd«
auf diesem Gebiete fördernd gewirkt zu haben. Einige typographisch besonders
schön ausgestattete Prachtwerke sind hervorzuheben. Von wissenschaftlichen
Gebieten wurden die Nationalökonomie, Hygiene, Theologie, Jurisprudenz, Kame-
ralia, Kultur- und Litteraturgeschichte und anderes gepflegt. Über die Leistungen
der übrigen Abteilungen dieses Hauses berichten die ausgelegten Musterbücher.

Musterbuch. 200 Seiten Inhalt mit ein-
geklebten Chromos und anderen Erzeugnissen der Firma.
Musterbuch mit Drucksachen.
Ariost, Rasender Roland. Illustriert von
Gust. Doré. Geb. in Ganz-Maroquin-
leder-Band M. 112.
Börner, F., Bericht über die Hygiene-
Ausstellung in Berlin 1884—1885. 3 Bde.
Geb. M. 32,50.
Jonas, E., Erinnerungsblätter an die Ver-
mählungsfeierlichkeiten Ihrer Kgl. Hoheiten des Kronprinzessin Victoria und
des Kronprinzen Gustav von Schweden
und Norwegen und die Silberne Hoch-
zeitsfeier Ihrer Kgl. Hoheiten der Gross-
herzogin Louise und des Grossherzogs
Friedrich von Baden. Mit Illustrationen.
Geb. M. 40.

Lesser, A., Atlas der gerichtlichen Medi-
zin. 2. Abteilung. Geb. M. 96.
Lübke, W., Kunstwerke und Künstler.
Geb. M. 12.
Minghetti, M., Rafael. Aus dem Italien.
übersetzt von S. Münz. Geb. M. 9,50.
Nord und Süd, Eine deutsche Monats-
schrift. Bd. I—LXIII. à Jahrgang M. 24.
Schweden, Das malerische. Schilderung
in Wort und Bild. M. 12. Geb. M. 15.
Sello, G., Potsdam und Sans-Souci. For-
schungen und Quellen zur Geschichte
von Burg, Stadt und Park. M. 10. Geh.
M. 13.

*Eine grosse Anzahl von Werken und Einzel-
schriften, Romanen und Kriminalgeschichten bedeutender
Schriftsteller wie: Anzengruber, Baudissin, Evers,
Gottschall, Jensen, Koch, Lindau, Loën,
Mauthner, Nordau, Eckstein, Schirmer,
Vely, Wachenhusen, Wickede und vieler anderer.*

C. C. BUCHNER's VERLAG in BAMBERG.

Die Firma wurde im Jahre 1850 durch C. C. Buchner gegründet und befindet sich jetzt im Besitz dessen Sohnes Fritz Buchner. Das Geschäft, ursprünglich philologischer, pädagogischer und juristischer Richtung, pflegt neuerdings auch Kultur- und Kunstgeschichte, Geschichte und Geographie u. s. w. Dem Gründer der Firma verdankt Deutschland eine der hervorragendsten Privat-Antiquitätensammlungen, deren Katalog mit ausgestellt ist.

Abhandlungen, Historische, aus dem Münchener Seminar. Bd. I—III. Geb. M. 84.
Bibliothek, Bayerische. Begründet und herausg. von K. v. Reinhardstoettner und K. Trautmann. Bd. I—XXX. Geb. M. 54,90.
Bayerns Gesetze. Bd. I—XXVIII nebst Ergänzungen und Repertorien. Geb. M. 151,50.
Caselli, G., Zehn Jahre in Aequatoria. 2 Bde. Geb. in Prachtband. M. 40; — Dasselbe, Italienische Ausgabe. 2 Bde. Geb. in Prachtband. M. 30.

Goetsbook's geographische Landschafts- und Städtebilder. Einzelne Blätter.
Heigel, K. Th., Essays aus neuerer Geschichte. Geb. M. 10
Katalog der Sammlung Buchner. Geb. M. 15.
Leist, F., Der königl. bayr. Hausritter-orden vom heil. Hubertus. M. 25.
Leitsbuch, F., Aus den Schätzen der Königl. Bibliothek zu Bamberg. In Mappe. M. 50.
Regententafeln, Bayerische. In Mappe. M. 200.
Lese- und Übungsbücher.

MARTIN BÖLZ in CHEMNITZ.

Die Firma, im Jahre 1873 gegründet, hat in den letzten Jahren durch ihr Bismarck-Gedenkbuch die Aufmerksamkeit auf sich gelenkt.

Kohl, Horst, Fürst Bismarck-Gedenkbuch. 2. Aufl. 1899. Fürstenausgabe M. 30. Auch | in gewöhnlicher Ausgabe, eleg. geb. zu M. 10. zu haben.

BIBLIOGRAPHISCHES BUREAU in BERLIN.

Besitzer Julius Steinschneider, umfasst 4 Abteilungen: I. Wissenschaftliche Informationen. II. Anfertigung von bibliographischen Sammelarbeiten. III. Herausgabe von Verlagsartikeln. IV. Übersetzungen in allen Sprachen.

Braddon, M. E., Wer war der Mörder? 2 Bde. M. 7,50.
Camel, P., Mischle Sindbad, Secundus Syntipas. M. 7,50.
Kobut, A., Aus dem Zauberlande Polyhymnias. Geb. M. 8.
Louvier, Sphinx locuta est. 2 Bde. M. 9.
Tolstoi, Graf Leo, Die Kreutzer-Sonate. Deutsche Ausgabe. M. 1. Englische Ausg. M. 1,50; Französische Ausg. M. 1,50; Russische Ausg. M. 8.
Zola, E., Acht Novellen. M. 1,50.

FRIEDRICH BURGER in MÜNCHEN.

Im Besitze des Herrn Friedrich Burger in München befindet sich ein prächtiges altes Gemälde, betitelt »Der segnende Heiland«, dessen Echtheit als eines DÜRERschen Gemäldes kaum angezweifelt werden dürfte. Der Besitzer hat von diesem Original nach seiner Idee Reproduktionen anfertigen lassen.

Dürer, Albr., Der segnende Heiland. Reproduktion in Heliogravüre, aufgen. nach der Originalgrösse. Ohne Rahmen: M. 35;
Dürer, Albr., Dasselbe. Reproduktion in Phototypie. Quartformat. Ohne Rahmen: M. 8,50.

v. CANSTEIN'sche BIBELANSTALT in HALLE a. S.

Diese Anstalt bildet eine besondere Abteilung der Buchhandlung des Waisenhauses (siehe Seite 48) und steht als solche unter gleicher Verwaltung. Im Jahre 1710 durch Baron CARL HILDEBRAND VON CANSTEIN gegründet, hat sie sich lediglich, ihrer Bestimmung alle Ehre machend, mit der Herstellung und dem Vertrieb billiger und guter Bibelausgaben in sorgfältiger Ausstattung beschäftigt. Die Summe der sämtlichen von der CANSTEINschen Bibelanstalt gedruckten Bibeln und Neuen Testamente beträgt weit über 7 Millionen Exemplare.

Bibeln in verschiedenen Formaten und Ausstattungen.

Bindsell und Niemeyer, Bibelübersetzung. 8 Bde. M. 97,35.

CENTRALVEREIN FÜR DAS GESAMTE BUCHGEWERBE in LEIPZIG.

Gegründet am 29. Okt. 1884. Der Zweck des Vereins ist, die Angehörigen der verschiedenartigsten Gebiete des Buchgewerbes zu gemeinsamer Förderung der künstlerischen Entwickelung dieses Gesamtgewerbes zusammenzufassen und zugleich die weiten Kreise der künstlerisch und wissenschaftlich Gebildeten in das Interesse an diesem wichtigen Gebiete der Kunstpflege zu ziehen, hauptsächlich durch das deutsche Buchgewerbe-Museum, durch buchgewerbliche Lehranstalten und Ausstellungen. Dem angestrengten und eifrigen Bemühen dieses Vereins ist das Zustandekommen der ›Buchgewerblichen Kollektiv-Ausstellung des Deutschen Reiches in Chicago‹ zu verdanken. — Das Vereinsbureau und das vom Verein gegründete und unterhaltene Deutsche Buchgewerbe-Museum befinden sich im Deutschen Buchhändlerhause in Leipzig. (Vergl. auch Einleitung S. 30).

Verschiedene Druckschriften, die auf die Verhältnisse des Vereins, das Buchgewerbemuseum und die Ausstellungen Bezug haben, HEINRICH KLEMM, Beschreibender Katalog des Bibliographischen Museums, I. Abth.: Das Bücherwesen vor Gutenberg, II. Abth.: Der Buchdruck mit beweglichen Typen. 399 S. 8°. Kart. M. 4.-; in Holz gebunden M. 6.-
Sammlung von Adressbüchern zur Förderung des geschäftlichen Verkehrs mit dem Deutschen Reiche von Aschersleben, Augustusburg, Bamberg, Bautzen, Berlin, 2 Bde., Birkenfeld, Bremen, Breslau, Crimmitschau, Danzig, Düren, Eberswalde, Elberfeld, Erlangen, Frankfurt a. M., Gera, Göttingen, Graudenz, Greiz, Halle a. S., Hamm (Westfalen), Hannover, Heidelberg, Helmstedt, Itzehoe, Kaiserslautern, Kiel, Königsberg (Preussen), Landau, Landshut, München, Münden, Neumünster, Nürnberg, Pirna, Posen, Neu-Ruppin, Neuwied, Paderborn, Plauen (Vogtland), Riesa, Saalfeld u. Gräfenthal, Spandau, Speier, Stettin, Stolp Pommern;, Strassburg (Elsass), Wismar, Zschopau (Sachsen).
Adressbücher für Handel, Gewerbe, Industrie, Verkehr, Grundbesitz, Messen, etc. etc.
Staatshandbücher: Königreich Preussen, Bayern, Sachsen, Württemberg, Grossherzogtum Baden, Sachsen-Weimar-Eisenach, Provinz Hannover, Sachsen, Schlesien, Reichsland Elsass-Lothringen.
Verzeichnis sämtlicher Postorte in Deutschland etc., herausgegeben von H. HEYFLER.

J. G. COTTA'sche BUCHHANDLUNG NACHFOLGER
In STUTTGART.

Der Name der Cotta'schen Buchhandlung ist in Deutschland und vielfach auch im Auslande als einer der glänzendsten des deutschen Buchhandels bekannt. JOHANN FRIEDRICH VON COTTA, der als der Urheber des Cotta'schen Ruhmes betrachtet werden muss, leitete die Handlung von 1787 bis 1832. Der Ursprung der Firma liegt aber weiter zurück. Sie ging aus der Handlung des »akademischen Buchführers« PHILIBERT BRUNN in Tübingen hervor und kam 1659 an die Familie COTTA, in der sie sich durch 230 Jahre erhielt. JOHANN FRIEDRICH COTTA war der Sohn des Urenkels des Begründers. Ein kräftiger, ins Große gesteigerter Zug belebte die Unternehmungen dieses weitblickenden Mannes und trug den Namen seines Hauses zu höchstem Ansehen. Er begann mit der Verlegung des Hauptsitzes der Handlung von Tübingen nach Stuttgart. Eines seiner Hauptunternehmen war die Gründung der »Allgemeinen Zeitung«, deren Sitz er später 1810) nach Augsburg verlegte. 1880 kam sie nach München, wo sie noch heute im COTTAschen Verlage besteht und sich des alten Ansehens erfreut. Wie diesem Blatte, so verstand JOHANN FRIEDRICH COTTA auch den vielen anderen von ihm ins Leben gerufenen periodischen Erscheinungen Mitarbeiter ersten Ranges zu gewinnen. Hervorzuheben seien namentlich das »Morgenblatt für gebildete Leser«, das »Ausland«, die »Württembergischen Jahrbücher«, Dinglers »Polytechnisches Journal« und eine Reihe von Taschenbüchern und Almanachs. Durch die »Horen«, die er 1795—97 mit Schiller und Goethe unternahm, kam er mit diesen in Verbindung und übernahm in der Folge den Verlag ihrer Werke. Die grossen Namen zogen andere nach sich. Wir nennen hier folgende: Auerbach, Brentano, Dingelstedt, Droste-Hülshoff, Eichendorff, Fouqué, Freiligrath, Geibel, Grillparzer, A. Grün, Gutzkow, Halm, Hebel, Hebbel, Herder, Heyse, Hölderlin, Immermann, Kerner, H. v. Kleist, Kinkel, Kobell, Lenau, Lingg, Matthisson, Karl Mayer, Mörike, Oehlenschläger, Platen, Pyrker, Jean Paul Richter, Roquette, Schenkendorf, C. W. und Fr. Schlegel, Schücking, Schwab, Simrock, Tieck, Uhland, Voss, Z. Werner, Wieland, Zedlitz. Aber nicht allein die schöne Litteratur ist in ihren berühmtesten Trägern vertreten; fast jedem Zweige der Wissenschaft und des öffentlichen Lebens wurde die gleiche Aufmerksamkeit zugewendet. Von Staatsmännern, Juristen, Nationalökonomen, Forst- und Landwirten, von Philologen, Litterar- und Kunsthistorikern, von Technikern, Mathematikern, Naturforschern, Medizinern, Theologen, auch Musikern finden wir die hervorragendsten Namen im COTTAschen Verlagskataloge. — Zu dem Stuttgarter Hauptgeschäft traten durch Neugründung und Ankauf andere Unternehmungen hinzu, so namentlich die »Litterarischartistische Anstalt« in München und die GÖSCHENsche Verlagshandlung, die aber später wieder in andere Hände übergingen. — JOHANN FRIEDRICH FREIHERR COTTA VON COTTENDORF starb nach einem reichgesegneten Leben 1832. Das Geschäft erhielt sich durch Erbgang in der Familie bis 1889, wo es an die Brüder Geh. Kommerzienrat ADOLF KRÖNER, langjährigen verdienten I. Vorsteher des Börsenvereins der deutschen Buchhändler, und PAUL KRÖNER überging, die 1891 besw. 1892 WILHELM SPEMANN und ALFRED KRÖNER als Teilhaber aufnahmen. Unter der neuen thatkräftigen Leitung wird das Geschäft im überkommenen vornehmen Stile, gleichzeitig aber im wiederhergestellten engen Anschluss an die führenden Geister der neuen Zeitrichtung weitergeführt.

Anzengruber, Ludwig. Gesammelte Werke. 1. Aufl. In 10 Bdn. Hrosch. M. 25. In 10 eleg. Einbänden M. 40.

Auerbach, Berthold, Schriften. 1. und 11. Serie. Taschen-Ausgabe. 20 Bde. Hrosch. M. 25. In 10 Leinenbänden M. 50; — Lorle, die Frau Professorin. Mit 72 Illustrationen in Holzschnitt nach Zeichnungen von W. Hasemann. Eleg. geb. m. Goldsch. M. 20.

Ausland, Das. Wochenschrift für Erd- und Völkerkunde, herausg. von Siegmund Günther. Jahrgang 1892 kplt. Brosch. M. 25.

Beust, Friedrich Ferdinand Graf v., Aus drei Viertel-Jahrhunderten. Erinnerungen ond Aufzeichnungen. 2 Bde. Gr.8°. Hrosch. M. 12.

Bismarck, Die politischen Reden des Fürsten Bismarck. Historisch-kritische Gesamt-Ausgabe von Horst Kohl. Gr. 8°. Erschienen Bd. I—III. Hrosch. à M. 8.

Bibliothek deutscher Geschichte. Die 13 erschienenen Abteilongen laut Spezifikation. In Halbfranz geb. à M. 10.

Cotta'sche Bibliothek der Weltlitteratur, die bis jetzt erschienenen 205 Bde. laut beiliegender Spezifikation. à M. 1.

Cotta'sche Volksbibliothek, die bis jetzt erschienenen 58 Bde. laut beiliegender Spezifikation. à M. —,50.

Dehio, G., und G. v. Bezold, Die kirchliche Baukunst des Abendlandes, historisch und systematisch dargestellt. Gr. 8°. In Lieferungen mit je einem Bilderatlas in Folio. Lieferung 1. Text 1885, VIII und 100S. Atlas: Tafel I—77 M. 25. Lieferung 2. Text 1887, 201—300 S. Atlas: Tafel 78 bis 116 M. 20. Lieferung 3. Text 1888, 361 bis 472 S. Atlas: Tafel 117—210 M. 48. Lieferung 4. Atlas: Tafel 211—282 M. 36. Lieferung 5. Text 1892, 473—720 S. Atlas: Tafel 283—366 M. 36.

Dingler's polytechnisches Journal. Unter Mitwirkung von Professor Dr. C. Engler in Karlsruhe herausg. von Ingenieur A. Hollenbabd in Stuttgart und a. o. Professor Dr. H. Kast an der techn. Hochschule in Karlsruhe. Jahrg. 1892. M. 30.

Fabricius, Cornel v., Filippo Brunelleschi, sein Leben und seine Werke. M. 20.

Finanzarchiv, Zeitschrift für das gesamte Finanzwesen. Herausg. von Dr. Georg Schanz. Jahrgang 1892 kplt M. 21.

Geibel, Emanuel, Gesammelte Werke. 2. Aufl. 8 Bde. Brosch. M. 16. In 4 Leinwandbänden. M. 25.

Goethe's sämtliche Werke. Mit Einleitungen von K. Goedeke. 36 Bde. Gr. 8°. Brosch. M. 51. In 16 Halbfranzbänden M. 76.

Gregorovius, Ferdinand, Geschichte der Stadt Rom im Mittelalter. Vom 5. Jahrhundert bis zum 16. Jahrhundert. 8 Bde.

Brosch. M. 83.50. In 8 geschmackvollen Leinenbänden M. 100; — Geschichte der Stadt Athen im Mittelalter. 2 Bde. Hrosch. M. 20. Eleg. geb. M. 24.

Grillparzer's sämtliche Werke in 16 Bdn. Mit Porträt des Dichters und Einleitungen von August Sauer. 1803. Hrosch. M. 20. Gebonden In 8 Leinenbänden M. 28.

Humboldt, Alexander v., Gesammelte Werke. Neue durchgesehene Auflage in 12 Bänden mit dem Porträt Humboldt's. Preis geh. M. 15. In 6 eleg. Bdn. M. 18.

Prölss, Johannes, Das junge Deutschland. Ein Buch deutscher Geistesgeschichte. Mit den Bildnissen v. Gutzkow u. Laube. Gr. 8°. Brosch. M. 14. Eleg. geb. M. 16.

Roscher, Wilhelm. Politik. Geschichtliche Naturlehre der Monarchie. Aristokratie und Demokratie. 8°. 2. Aufl. Brosch. M. 10. In Halbfranz geb. M. 12; — System der Volkswirtschaft. Ein Hand- und Lesebuch für Geschäftsmänner und Studierende. Bd. I—III und IV 1. Hälfte. Brosch. M. 45.

Schack, Graf Adolf Friedrich v., Gesammelte Werke. In 8 Bdn. 2. verbesserte und vermehrte Auflage mit dem Bildnis des Dichters nach einem Gemälde von Fanz v. Lenbach. In 8 eleg. Bdn. M. 86.75.

Sudermann, G., Frau Sorge. Roman. 19. Aufl. Geh. M. 3.50. Geb. 4,50; — Geschwister. 2 Novellen. 9. Aufl. Geb. M.3,50. Geb. M. 4,50; — Der Katzensteg. Roman. 17. Aufl. Geh. M. 3,50. Geb. M. 4.10; — Im Zwielicht. 14. Aufl. Geh. M. 2. Geb. M. 3; — Sodoms Ende. Drama. 12. Aufl. Geb. M. 2. Geb. M. 3; — Die Ehre. Schauspiel. 10. Aufl. Geh. M. 2. Geb. M. 3; — Johanns Hochzeit. 15. Aufl. Geb. M. 2. Geb. M. 3.

Vitzthum von Eckstädt, Carl Friedrich Graf, St. Petersburg und London in den Jahren 1858—1864. Aus den Denkwürdigkeiten des damaligen Kgl. sächs. ausserordentlichen Gesandten und bevollmächtigten Ministers am Kgl. grossbritannischen Hofe. 2 Bde. Brosch. M. 12. In 2 eleganten Einbänden M. 12; — London, Gastein und Sadowa, 1864—1866. Denkwürdigkeiten. Preis brosch. M. 13. Elegant geb. M. 15.

Wagner-Lexikon. Hauptbegriffe der Kunstu. Welt-Anschauung Richard Wagner's in wörtlichen Anführungen aus seinen Schriften zusammengestellt von Carl Fr. v. Glasenapp und Heinrich v. Stein. 1883. Lex.-8°. Hrosch. M. 15. Elegant in Halbfranz geb. M. 18.

Wolf, Julius, System der Sozialpolitik. Erster Band: Sozialismus und kapitalistische Gesellschaftsordnung. Kritische Würdigung beider als Grundlegung einer Sozialpolitik. Brosch. M. 12.

A. COPPENRATH's VERLAG in REGENSBURG.

Die Firma ist 1855 von ALFRED COPPENRATH gegründet worden und ging nach dessen Ableben im Jahre 1887 an HEINRICH PAWELEK, den derzeitigen Inhaber der Firma, über, welcher besonders als Musikverleger eine rege Thätigkeit entfaltet hat. Die in diesem Verlage erschienene Liedersammlung »Regensburger Liederkranz« erfreut sich allgemeiner Beliebtheit und hat eine grossartige Verbreitung erzielt. Ausserdem sind noch einige Haushaltungsbücher zu erwähnen.

Haller, M., Kompositionslehre. Geb. M. 7.80.
Kübler, A., Der Haushalt. Handbuch des Wissenswürdigsten für die Hausfrau. Geb. M. 3,50.
Regensburger Liederkranz, Sammlung ausgewählter vierstimmiger Lieder. Partitur. Geb. Bd. I M. 8,40; Bd. II M. 7,80; Bd. III M. 7,80.
Schandri, M., Regensburger Kochbuch. 1112 Orig.-Kochrezepte. Geb. M. 4,80.

CRAZ & GERLACH in FREIBERG in SACHSEN.

Freiberg, der Mittelpunkt des sächsischen Bergwesens, zeitigte bereits im Jahre 1783 ein Verlagsgeschäft unter der Firma CARL CRAZ, welches seit 1801 unter der Firma CRAZ & GERLACH fortgeführt, für die Litteratur des Berg- und Hüttenwesens jederzeit eine massgebende Stellung einnahm. Zur Ausstellung kam nur ein Werk.

Börner, H., Der Bergmann in seinem Berufe. Bilder aus den Freiberger Gruben, 36 Blatt Photolithographien. 1893. In Leinenband mit Goldschnitt. Querfolio M 14.

CREUTZ'sche BUCHHANDLUNG in MAGDEBURG.

Die CREUTZsche Buchhandlung in Magdeburg ist von JOHANN ADAM CREUTZ Ostern 1778 gegründet und ging am 1. August 1809 in den Besitz von dessen Schwiegersohn CARL GOTTFRIED KNETSCHMANN über. Nach dessen Tode (19. März 1850) übernahm dasselbe der letzteren jüngster Sohn REINOLD, der am 1. März 1883 wiederum seinen jüngsten Sohn MAX als Teilhaber aufnahm. Neben einem bis dahin gepflegten, vielseitigen Lokal-Verlage widmete sich das Geschäft vom letzteren Zeitpunkte ab insbesondere der Herausgabe von Werken für naturwissenschaftliche Liebhabereien, nachdem als Grundlage für die weiteren Bestrebungen in dieser Richtung die einschlägigen Werke aus dem RÜMPLERschen Verlage in Hannover und aus dem GERSCHELschen Verlage in Berlin erworben waren. Dahin gehören die vorzüglichen ornithologischen Schriften des Dr. KARL RUSS, und die periodischen Schriften »Die gefiederte Welt«, »Blätter für Aquarien- und Terrarienfreunde« und »Blätter für Pflanzenfreunde«.

Russ, K., Stubenvögel. Bd. I, III, IV. Geb. zus. M. 99; — Handbuch für Vogelliebhaber. 2 Bde. Geb. M. 15,50; — Bilder aus der Vogelstube. Geb. M. 3; — Die Prachtfinken. Karl. M. 8,50; — Das Huhn. Geb. M. 9,50; — Der Kanarienvogel. Geb. M. 8,80; — Sprechende Papageien. Geb. M. 7,85; — Allerlei sprechendes gefiedertes Volk. Geb. M. 4.
Russ, K., Prachtfinken. Karl. M. 4,80; — Vogelzuchtbuch. Geb. M. 7,85; — Webervögel und Widafinken. Geb. M. 8,50; — Wellensittich. Karl. M. 2.
Bau, A., Handbuch für Schmetterlingssammler. Mit zahlreichen Abbildungen. 1886. Geb. M. 6; — Handbuch für Käfersammler. Mit vielen Abbildungen. 1886. Geb. M. 7.

RUDOLF CRONAU in LEIPZIG.

RUDOLF CRONAU, im Jahre 1855 geboren, verwertete seine vorzüglichen Talente als Maler und Schriftsteller in einer Anzahl von Werken, die sich durch lebhafte Schilderung und grosse Sachkenntnis auszeichnen. Seine grösseren Reisen in Amerika haben ihn mit den Verhältnissen des Landes in jeder Weise vertraut gemacht und ihm reichlichen und interessanten Stoff zu seinen Reisebeschreibungen geboten. Eine höchst originelle Erscheinung ist sein »Buch der Reklame«, sehr bemerkenswert auch seine Arbeit über die Solinger Klingenindustrie.

Cronau, Rud., Amerika. Die Geschichte seiner Entdeckung von der ältesten bis auf die neueste Zeit. 2 Bde. Mit über 400 Illustrationen, Karten und Plänen. In Orig.-Leinen. Geb. M. 24; — Von Wunderland zu Wunderland. Landschafts- und Lebens-Bilder aus den Staaten u. Territorien der Union. 2 Teile in 1 Bd. Geb. M. 50; — Im wilden Westen. Eine Künstlerfahrt durch die Prairien und Felsengebirge der Union. Geb. M. 10; — Geschichte der Solinger Klingenindustrie. Geb. M. 15; — Das Buch der Reklame. Geb. M. 6.

FR. CRUSE's BUCHHANDLUNG (CARL GEORG) in HANNOVER.

Die Firma wurde im Jahre 1815 gegründet und befindet sich seit kurzem im alleinigen Besitz von CARL GEORG, der bereits seit 1884 Mitbesitzer der Firma war. Der jetzige Inhaber beschäftigt sich seit einer Reihe von Jahren mit grösseren bibliographischen Arbeiten und hat mit der Zusammenstellung des nachstehenden »Schlagwortkatalogs« einem wirklichen Bedürfnis abgeholfen.

Georg, G., und L. Ost, Schlagwortkatalog. Verzeichnis der Bücher und Landkarten in sachlicher Anordnung. 1883—1887. Gr. 8. 1878 S. 1889. Geb. M. 25. Das Werk verwirklicht den Wunsch einer allgemeinen sachlich geordneten Bibliographie.

BUCHHANDLUNG der DIAKONISSEN-ANSTALT in KAISERSWERTH a. Rh.

Dem Bestreben, die segensreiche Wirksamkeit katholischer Orden, vor allem der Barmherzigen Schwestern, auf protestantischen Boden zu verpflanzen, entsprang die im Jahre 1836 in Kaiserswerth a. Rh. vom Pfarrer FLIEDNER gegründete Anstalt, das Vorbild aller Diakonissenanstalten innerhalb und ausserhalb Deutschlands. Ursprünglich und hauptsächlich zur Krankenpflege bestimmt, hat die Anstalt auch die Kindererziehung, die Pflege der Gemütskranken und die Rettung gefallener weiblicher Personen in den Bereich ihrer Wirksamkeit gezogen. Es existieren bereits weit über 100 Stationen, und selbst in Konstantinopel, Smyrna, Alexandria, Beirut und Jerusalem sind Kranken- und Waisenhäuser gegründet worden.

Disselhoff, Kaiserswerth. The Deaconess Institution. Geb. M. 2,50; — Jubilate. Geb. M. 6,50; — Paulus. Geb. M. 8; — Ruth. Geb. M. 1,50; — Wegweiser zu Hamann. Geb. M. 3, und andere Schriften DISSELHOFF's. Diakonissen-Liederbuch. Geb. M. 8. Fliedner, Th., Liederbuch. Geb. M. 2.10.

F. A. DAHLSTRÖM in HAMBURG.

Hofphotograph, Lichtdruck, Kunstverlag. Gegründet 1889. Die Firma hat durch ihre Beziehungen zu C. W. Allers und die darauf basierende Veröffentlichung seiner künstlerischen Erzeugnisse ein wohlberechtigtes Interesse für sich wachgerufen.

Allers, C. W., Hinter den Coulissen des Circus Renz. 24 Blatt Lichtdruck. In Mappe. M. 20; — The Mikado. 21 Blatt Lichtdruck. In eleg. Mappe. M 20; — Hinter den Coulissen I. 24 Blatt Lichtdruck. In Mappe. M. 20; — Bunte Welt. Auswahl aus obigen 3 Werken. 42 Blatt Lichtdruck. In Mappe. M. 20; — Die Meininger. 42 Zeichnungen auf 26 Blatt Lichtdruck. In Mappe. M. 20.

DIETERICH'sche VERLAGSBUCHHANDLUNG in GÖTTINGEN.

Dieselbe wurde 1760 von JOHANN FRIEDRICH DIETERICH, der zugleich Besitzer der MERVIXschen Buchhandlung in Gotha war, begründet und mit einer eigenen Druckerei versehen. Die Druckerei ging später unter Beibehaltung der Firma in andere Hände über; die Buchhandlung verblieb bis 1848 im Besitz der DIETERICHschen Familien bezw. der Erben. Später haben die Besitzer mehrmals gewechselt, bis im Jahre 1887 J. HORSTMANN die Leitung der Firma übernahm und unter dem alten Namen weiterführte. Jurisprudenz, klassische Philologie und Orientalia wurden in diesem Verlage besonders betrieben.

Abhandlungen der kgl. Gesellschaft der Wissenschaften zu Göttingen. Bd. XXXVI: 1889 u. 1890. Geb. M. 31; Bd. XXXVII: 1891. Geb. M. 30; Bd. XXXVIII: 1892.
Martens, O. F. v., Nouveau recueil général
de Traités. Conventions et autres transactions remarquables. 2e série. tomes XI à XVI. Geb.
Philologus, Zeitschrift für das klassische Altertum. Neue Folge. Bd. I—VI. Geb.

WILHELM DIETRICH in LEIPZIG.

Musikalien-, Instrumenten- und Saitenhandlung. 1884 im Besitz von KARL OTTO DIETRICH. Fabrik und Engros-Lager von Musik-Instrumenten.

Gruber, Musik-Perlen für Streichquartette. 4 Hde. M. 36.
Messner, O., Musik für Zither.
Mappen mit Tänzen, Märschen, Humoristika und sonstiger Musik für Piano.
Deutsche Bellibänse für 3—4stimmige Streichorchester. Jahrgang 1892. 2 Hefte. M. 10;
— Dieselben für amerikanische und französische M. 10.

STRASSBURGER DRUCKEREI und VERLAGSANSTALT.

Aktiengesellschaft, gegründet 1875. Geleitet von den Direktoren: H. L. KAYSER und FELIX LEINI WEBER. Den Haupt-Verlag bildet die täglich erscheinende Zeitung: «Strassburger Neueste Nachrichten». Hierzu kommt ein gut gewählter Buchverlag.

Brennecke, A., Europa. Eine malerische Wanderung durch die Länder u. Städte Europas. Geb. M. 19.50.
Mädler, J. H. v., Der Wunderbau des Weltalls. Geb. M. 15.
Buff, J., Illustr. Gesundh.-Lexik. Geb. M. 16.

W. DRUGULIN in LEIPZIG.

Verlagsbuchhandlung. Buch- und Kunstdruckerei, Schrift- und Stereotypengiesserei. Die Firma wurde am 1. Aug. 1829 von Fr. Nies gegründet und ging 1856 in den Besitz von Carl B. Lorck über. Im Jahre 1869 übernahm Drugulin die Offizin, welche infolge ihrer Leistungsfähigkeit bereits im In- und Auslande in hohem Ansehen stand, und erwarb ausserdem die Stempel und Matern der Karl Tauchnitzschen Schriftgiesserei. Drugulin, ein ausgezeichneter Drucker und Kenner von alten Stücken und Drucken, wandte nunmehr seine Thätigkeit noch bald der Herstellung von Drucken im alten Stile zu, welche er neben der äusserst leistungsfähigen orientalischen Druckerei pflegte. Als eines der grossartigsten Werke dieser Art verdient die »Chronik des sächsischen Königshauses und seiner Residenzstadt« ein vollendetes Meisterwerk genannt zu werden. Unter den jetzigen Besitzern, Johannes Baensch-Drugulin und der Wittwe Frau Elisabeth Drugulin geb. Krug von Nidda, hat das Geschäft noch sehr an Ausdehnung und Huf gewonnen und wird in seiner Art den grossen Staatsanstalten zur Seite gestellt.

Arabic.
Bäkoorat etc. A religious tract in Arabic. 8°.
Printed for England.
Basset, Manuel de langue Kabyle. b°.
Margoliouth, Analecta orientalia ad poeticam Aristoteleam.
Printed for England.
Moulières, Manuel Algérien. 8°.
Nallino, Chrestomathia Qorani arabica. 8°.
Salmoné, Arabic English Dictionary. 2 vols.
Socin, Arabic Grammar. 8°.

Armenian.
Karamians, Verzeichniss der Armenischen Handschriften der Königl. Bibliothek zu Berlin. 4°.

Assyrian.
Delitzsch, Assyrian Grammar. 8°.

Aymara.
Bertonio, Ludovico, Arte de la lengua Aymara ... publicada de nuevo por Julio Platzmann. Edicion facsimilar. 8°.
— — Vocabulario de la lengua Aymara ... Edicion facsimilar. 2 voll. 8°.

Brazilian.
Anchieta, Joseph de, Arte de Grammatica da lingua mais usada na costa do Brasil ... Publicada por Julio Platzmann. Edição facsimilaria stereotypa. in-16°.
Figueira, Luis, Grammatica da lingua do Brasil ... Novamente publicado por Julio Platzmann. Facsimile de edição de 1687.

Chaldee.
Imitatio Christi, nunc primum ex Latino in Chaldaicum, idiomatis Urmiae Persidis, translata. 8°.
Dedicated: A l'ostentical ami, M. Lacouix, an meilleur typographe qui a bien mérite des Chaldéens. Hommage d'amitié et de reconnaissance. F. Nolan.

Coptic.
Budge, Martyrdom & Miracles of Saint George of Cappadocia. 8°.
Printed for England.

Cyrillic.
Kaluzniacki, Monumenta linguae palaeoslovenicae I. 8°.

English.
Brucken, Musings in Maoriland; illustrated by New Zealand and English Artists.
The first book printed for New-Zealand in Germany.

Ethiopic.
Praetorius, Aethiopische Grammatik. 8°.

German.
Bürger, Gedichte. 2 vols. Herausg. von Griesbach. 8°.
Style of the 18th century.
Carmen Sylva, Leidens Erdengang, illustrated by Emma Maria Elias. 4°.
Chronik des Sächsischen Königshauses und seiner Residenzstadt. Gr. Folio.
Nuptial gift of honour presented to His Majesty the King August and to Her Majesty the Queen Carola of Saxe, on occasion of their festival of the 25th year of marriage, by the municipality of Dresden. Splendid work in the style of old Chronicles.
Drugulin's Specimen-Book. Folio. In preparation.
Erbard, Sonne. 8°.
The illustrations are printed in 2 colours from stone-plates.
Griesbach, Edita und Inedita Schopenhaueriana. 4°.
Printed on Japan Paper.
Griesbach, Goethe'sche Zeitalter. Kl. 8°.
Style of the beginning of our century.
Jordan, Katalog der Königlichen National-Galerie zu Berlin. Fest-Ausgabe. 4°.
Gift of honour of the National Gallery of Berlin for the Prince-Royal and the Princess-Royal of Germany on the festival of their 25th wedding day.
Lessing, Nathan der Weise, gr. 4°. — Minna von Barnhelm. gr. 4°. Edition de luxe.
These two works were edited in the memorial of Gottlieb Ephraim Lessing by his descendant Ernst Jochstädt Lessing, the proprietor of the »Neueste Zeitung« of Berlin.

Rafaël-Work, V. Bd., herausg. von Adolf Gutbier. Text von W. Lübcke. Kunstdruck-Ausgabe. Folio.
Simrock, Der Heiland. gr. 8°.
Printed in old style with ornaments and initials drawn from ancient bibles.
Greek: Classic and Modern.
Clio, A weekly illustrated Journal, in Modern Greek. 4°.
Goethe's Faust, translated in Modern Greek by ΠΡΟΒΕΛΕΓΙΟΥ, and illustrated by Kreling. 4°.
Hamerling, Aspasia. Translated in Modern Greek by Chadzi L. Konstas of Odessa. gr. 8°. Edition de luxe, illustrated.
Hesperos, Vol. I—VII. Folio.
A modern Greek Journal, richly illustrated.
Milton's Paradise Lost, illustrated by Gustav Doré, transl. by Alex. S. Caudaghi of Alexandria. gr. 4°. Edition de luxe.
Guarani.
Montoya, Antonio Ruiz de, Arte, Bocabulario, Tesoro y Catecismo de la lengua Guarani... Publ. nnev. sin alteracion alguna por Julio Platzmann. 4 voll. 4°.
Hebrew.
Davidson, Hebrew Grammar. 8°.
Set up and stereotyped for England.
Delitzsch's Hebrew New Testament. In-12°.
Printed for the British and Foreign Bible Society.
Gesenius, Hebraeisches und Aramaeisches Wörterbuch. gr. 8°.
"Eine brauchbare Ekorde dieser Auflage ist die neue, speciell für dieselbe von der Druckerei Offiein angefertigte arabische Aethiopische Schrift etc." Comp. Prof. pag. VIII.
Green, Grammar of the Hebrew Language.
Set up and stereotyped for America.
Jastrow, A Dictionary of the Targumim, the Talmud Babli etc. Parts I—VI.
De fem Mosebøger. Hebrew Text and Danish translation by Abr. Alex. Wolff.
Printed for Denmark.
Müller-Robertson, Outlines of Hebrew Syntax. 8°.
Set up and stereotyped for England.
Ritual de Prières. Yom Kippour — Rosch Haschana. 4 voll. in-16°.
Printed for French editors.
Strack, Hebrew Grammar. 8°.
Hieroglyphical.
Goléniacheff, W., Ermitage impérial. Inventaire de la collection égyptienne. 8°.
Inca.
Falb, Rudolf, Das Land der Inca in seiner Bedeutung für die Urgeschichte der Sprache und Schrift. 8°.
Kumuk.
St. Matthew in Kumuk. In-16°.
Print. for the British and Foreign Bible Society.
Latin.
Milchsack, Hymni et Sequentiae. Gr. 8°.
Print in 3 colours.
Malay.
The Gospels in High Malay. 8°.
Print. for the British and Foreign Bible Society.

Mexican.
Molina, Fr. Alonso de, Vocabulario de la lengua Mexicana ... publicado de nuevo por Julio Platzmann. Edicion facsimilar. 1 voll. Small Folio.
Persian.
Persian Acts. Dr. Bruce's revision. 8°.
Print. for the British and Foreign Bible Society.
Bible History Old and New Testaments in Persian. 8°.
Print. for the Society for Promoting Christ. Knowledge.
New Testament in Persian. 8°.
Printed for the British and Foreign Bible Society.
Salemann-Shukovski, Persische Grammatik. 8°.
Russian.
Лица из Буева, Gr. 8°.
Birthday-book, edition de luxe.
Sanscrit.
Böhtlingk, Pânini's Grammatik. Gr. 8°.
Kern, Jataka-Mala. Gr. 8°.
Set up and electrotyped for America.
Kirste, Grichyasûtra of Hiranyakesin. 8°.
Mânava Dharma-Sâstra. The code of Manu. Ed. ... by J. Jolly. 8°.
Siamese.
Werthoven, Lehr- und Lesebuch der siamesischen Sprache. 8°.
First print in the new Siamese type in Europe.
Spanish.
El Poema de José. Nach der Handschrift der Madrider Nationalbibliothek herausg. von Heinrich Morf. 4°.
(Comp., as for the flattering mention of this office, Prof. p. XV.)
Suaheli.
Büttner, Suaheli Schriftstücke. 8°.
Syriac.
Gregorii Barhebraei. Chronicon syriacum e codd. mm. emendatum ac punctis vocalibus adnotationibusque locupletalum. (Ed. P. Bedjan.) 8°.
P... Nous le support typographique, bils est en vrai bijou; l'Imprimerie orientale de W. Drugulin semble vouloir surpasser tout ce qu'on avait imprimé en chaldéen jusqu'à nos jours.
Breviarium chaldaicum. Pars prima: Ab Adventu ad Quadragesimam. Pars II et III. 3 voll. 8°.
The dedications runs thus: A M. Drugulin, hommage de reconnaissance et de sympathie de la part de son sincère amitié. L'auteur P. Bedjan.
Saint Ephrem, Histoire de Joseph, poème inédit.
Nestle, Syriac Grammar. 8°.
Roediger, Chrestomathia syriaca. Gr. 8°.
Printed in the Lagarde-Drugulin's new syriac type.
Turkish.
Müller, Türkische Grammatik. 8°.
The Old Testament in Transcaucasian or Azerbijan. 8°.
Printed for the British and Foreign Bible Society.
Turkish Primer. Kl. 8°.
Printed for Persia.
Uzbek Turki.
The four Gospels in Uzbek-Turki. 8°.
Printed for the British and Foreign Bible Society.

Düms - - Expedition der Europäischen Modenzeitung. 50

W. DÜMS in WESEL.

Verlagsbuchhandlung und lithographische Kunstanstalt, gegründet 1857 von W. Düms sen. Die Firma beschäftigt sich mit der Massenverbreitung guter Volks- und Jugendschriften und verlegt unter der Bezeichnung »Weseler Bilderbücher« eine Anzahl ausserordentlich billiger Bilder- und Märchenbücher u. dgl.

Ausgestellt ist eine reiche Kollektion »Weseler Bilderbücher«.

JULIUS EMELE in WIESLOCH i. Baden.

Gewerbeschul-Hauptlehrer und Verfasser der nachstehend angeführten Bücher.

| Die einfache Buchführung und das Kosten- berechnen für Gewerbetreibende. (Karls- ruhe, J. J. Reiff). | Aufgaben-Sammlung für Uhrmacher. Ver- lag von W. H. Küss. in Berlin. Das Werk wurde mehrfach prämiiert. |

ENGELHARDT & KAEBRICH in ELBERFELD.

Gegründet 1885. Fabrikation in Schablonen, gestochenen Pausen mit und ohne gemalten Vorlagen als Hilfsmittel zur Ausführung von Zimmer-Dekorationsmalereien geringeren und feineren Genres in den neuesten Stilarten. Anfertigung von farbigen Skizzen und Detailzeichnungen für Decken- und Wanddekoration nach Mass- Angaben etc. Fabrik-engros-Lager in Pinseln jeglicher Art, sowie in anderen Materialien als: Bronzen, Spachtelmesser, feinste Düsseldorfer Ölfarben und Temperafarben in Zinntuben und grösseren Gebinden, Papiere zur Selbstanfertigung von Pausen und Schablonen, Glaspapier u. s. w.

Neueste Decken- und Wand-Skizzen. 26 Blatt in Fol. Auf Bestellung werden fertig gestochene Pausen und zu einzel- nen Stücken geschnittene Schablonen zu entsprechend höheren Preisen ge- geliefert. M. 15.

EXPEDITION der EUROPÄISCHEN MODENZEITUNG in DRESDEN.

(Klemm & Weiss.)

Die Firma wurde 1851 gegründet und später mit G. A. Müllers Verlag vereinigt. Verlag einer ganzen Reihe Modenzeitungen und einschlägiger Fachlitteratur.

1786—1892: Journal des Luxus und der Mode, herausg. von F. J. Bertuch und G. M. Kraus, Jahrgang 1786—1812; — Allgemeine Moden-Zeitung, herausg. von J. A. Bergk, Jahrgang 1813—1850; — Europäische Moden-Zeitung 1851—1892.

Zeitungs-Sammelbände, enthaltend deut- sche und ausländische Mode-Zeitungen. 17 verschiedene Bände. Vorlagen, Lehr- und Handbücher für Herren- und Damenschneider.

ALEXANDER DUNCKER, KGL. HOFBUCHHÄNDLER in BERLIN.

Die Buchhandlung von ALEXANDER DUNCKER wurde am 1. Januar 1837 gegründet. Als Grundlage diente das von der Firma DUNCKER & HUMBLOT übernommene Sortiment, dem sich indem bald eine grosse Zahl von Verlagsunternehmungen zugesellte. 1860 wurde das Sortimentsgeschäft und 1870 der grösste Teil des Buchverlags verkauft, und die Geschäftsthätigkeit des Besitzers konzentrierte sich, mit Ausnahme einiger hochbedeutsamer und sehr umfangreicher litterarischer Werke, unter denen an erster Stelle die auf 30 Bände veranschlagte Korrespondenz Friedrichs des Grossen zu nennen ist, auf die Herausgabe von Kunst-, Prachtund illustrierten Werken, aus deren Gebieten vorzügliche Erzeugnisse vorliegen.

Politische Correspondenz Friedrichs des Grossen. Bd. I.–XVIII. 4°-Ausgabe. Kart. M. 325.
Ein Kaiserhelm, Darstellungen aus dem Palais weil. Sr. Maj. d. Kaisers u. Königs Wilhelm I. und Ihr. Maj. der Kaiserin u. Königin Augusta. Herausg. von ED. MERTENS. Gr. Fol. 1890. Eleg. geb. M. 100.
Carmen Sylva Königin Elisabeth von Rumänien, Leidens Erdengang. Geb. M. 3, illustr. Prachtausgabe M. 7,50; – Handzeichnungen. Geb. M. 6;— Ein Gebot. Geb. M. 3; — Meine Ruh'. Geb. M. 10.

Dohna, Siegmar Graf zu. Kurfürstliche Schlösser in der Mark Brandenburg. 1 Toile. Lex.-Octav. Mit einer Stammtafel, 8 Karten und 80 Bildertafeln. 1890. Geb. M. 40.
Wilhelm von Kaulbach-Album. M. 10.
Christian Wilberg, Aquarelle. M. 60.
Lohmeyer, J., Sonnenscheinchen. Waldund Gnomenmärchen. Mit 8 Aquarellen von G. GEHRTS. Gr. 4°. 1886. Geb. M. 6.
Bilder im Rahmen: PHILIPP. Prodl. LIEZEN-MAYER, Erste Liebe. LIEZEN-MAYER. Erste Freundschaft. à M. 7,50.

N. G. ELWERT'sche VERLAGSBUCHHANDLUNG in MARBURG.

Die N. G. ELWERTsche Buchhandlung wurde im Jahre 1783 von JOH. CHR. KRIEGER jun. als Zweiggeschäft einer Giessener Firma errichtet und zwar unter der Firma Neue Akademische Buchhandlung. Im Jahre 1831 wurde das Geschäft geteilt. Der damalige Besitzer CARL KEMPF siedelte nach Cassel, wo bereits vorher eine Filiale unterhalten war, über, und das Marburger Geschäft wurde von NOA GOTTFRIED ELWERT übernommen, der es unter der Firma N. G. ELWERTsche Universitätsbuchhandlung mit Hinzufügung eines eigenen Verlages weiterführte. Nach dem Tode ELWERTs übernahmen das Geschäft CARL THEILE und WILHELM BRAUN, welch letzterer seit 1883 alleiniger Besitzer ist. Die Richtung des Verlages ist eine vorwiegend wissenschaftliche. Zwei geradezu klassische Werke: VILMAR, Litteraturgeschichte, und KOENNECKE, Bilderatlas zur Geschichte der deutschen Nationallitteratur, verdienen ganz besondere Erwähnung.

Bickell, L., Hessische Holzbauten. Heft 1 bis 3. Mit Lichtdrucktafeln. In Leinen-Mappe M. 50.
Claus, C., Lehrbuch der Zoologie. 3. Aufl. Geb. M. 19,60.
Dommer, A. v., Die ältesten Drucke aus Marburg. 1527–1566. M. 7.
Drach, C. A. v., Ältere Silberarbeiten in den königl. Sammlungen zu Cassel. Prachtausgabe. Geb. M. 60; — Der hessische Willkomm, Prachtpokal v. 1571 im Schloss zu Dessau. Mit Illustrationen. Geb. M. 9.

Flora oder allgemeine botanische Zeitung. 75. Jahrgang 1891. 4 Hefte. M. 18.
Koennecke, G., Bilderatlas zur Geschichte der deutschen Nationalliteratur. Lederband m. G. M. 40.
Koopmann, W., Raffael-Studien. Mit 26 Abbildungen. Kart. M. 16.
Sybel, L. v., Weltgeschichte der Kunst. Mit Abbildungen. Geb. M. 14.
Vilmar, A. F. C., Geschichte der deutschen Nationalliteratur. Mit dem Porträt des Verfassers. 23. Aufl. Geb. M. 8,50.

WILHELM ENGELMANN in LEIPZIG.

Die Verlagsbuchhandlung WILHELM ENGELMANN wurde im Jahre 1810 von FRIEDRICH WILHELM ENGELMANN aus Lemgo gegründet und ging 1833 an seinen Sohn WILHELM ENGELMANN über. Nach des letzteren Tode (1878) übernahmen Dr. RUDOLF ENGELMANN und die Wittwe Frau THERESE ENGELMANN geb. HASSE die Handlung, der seit dem Ableben Dr. RUDOLF ENGELMANNS (1888) als Teilhaber und Geschäftsleiter EMANUEL REINICKE vorsteht. Der Verlag umfasst und pflegt hauptsächlich die Naturwissenschaft, Geschichte und Technologie und hat auf diesen Gebieten eine grosse Reihe vornehmer und hochwissenschaftlicher Publikationen zu verzeichnen.

Anzeiger, Zoologischer, herausg. von J. V. CARUS. Erschienen sind 11 Jahrgänge. Verschieden im Preise. Jahrg. I (1878; Geb. M. 9; Jahrg. XIV (1891) Geb. M. 17.

Bessel, F. W., Abhandlungen. herausg. von R. ENGELMANN. 3 Bde. M. 58.

Czermak, J. N., Gesammelte Schriften. 2 Bde. Geb. M. 84.

Dütschke, H., Antike Bildwerke in Oberitalien. 5 Abteilungen. M. 42,40.

Ebers, G., Papyros Ebers. Das hermetische Buch über die Arzneimittel der alten Aegypter. 2. Ausgabe. 2. Bde. Geb. M. 108.

Handbuch der gesamten Augenheilkunde, herausg. von GRAEFE und SAEMISCH. 7 Bde. Geb. M. 143,50.

Handbuch für spezielle Eisenbahntechnik. herausg. von E. HEUSINGER v. WALDEGG. 5. Bde. Geb. M. 189.

Kölliker, A., Entwickelungsgeschichte des Menschen und der höheren Tiere. Geb. M. 33.

Müller, Max, Essays. 4 Bde. M. 38,50.

Overbeck, J., Pompeji in seinen Gebäuden, Altertümern und Kunstwerken dargestellt. Geb. M. 22,70.

Stein, F., Organismus der Infusionstiere. 3 Bde. (4 Abteilungen). Geb. M. 834.

Weber, G., Allgemeine Weltgeschichte. 16 Bde. und Register. Geb. M. 161.

Bibliotheca Scriptorum Classicorum, hrsg. von W. ENGELMANN. 2 Bde. Geb. M. 29,50.

Zenker, J. Th., Dictionnaire turc-arabepersan. Türkisch-arabisch-persisches Handwörterbuch. 2 Bde. Geb. M. 60.

Bibliotheca zoologica, II. Verzeichnis der Schriften über Zoologie, welche in den periodischen Werken enthalten und 1861 bis 1880 selbständig erschienen sind. 2 Bde. M. 66.

Handbuch der Ingenieurwissenschaften, herausg. von E. HEUSINGER v. WALDEGG. Kplt. geb. M. 261,68.

Lehmann, O., Molekularphysik. 2 Bde. Geb. M. 46,50.

Oppolzer, Th., Lehrbuch zur Bahnbestimmung der Kometen und Planeten. 2 Bde. Geb. M. 74,50.

Rein, J. J., Japan. Nach Reisen und Studien. 2 Bde. Geb. M. 30.

Sartorius, Freiherr v. Waltershausen, W. Der Aetna. bearbeitet und vollendet von A. v. LASAULX. 2 Bde. Kart. M. 108.

Klassiker, Die, der exakten Wissenschaften. Herausg. von W. OSTWALD. 16 Bde. Geb. M. 60,33.

Schreiber, Th., Die Hellenistischen Reliefbilder. 112 Tafeln in Heliogravüren mit Text. Lieferung 1—9. M. 180.

Jahrbuch, Morphologisches. Eine Zeitschrift für Anatomie und Entwickelungsgeschichte. Herausg. von C. GEGENBAUR. In Bänden à 4 Hefte. Verschieden im Preise.

Zeitschrift für wissenschaftliche Chemie. Herausg. von C. TH. v. SIEBOLD und A. v. KÖLLIKER. In Bänden à 4 Hefte. Verschieden im Preise; — für physikalische Chemie, Stöchiometrie und Verwandtschaftslehre, herausg. von W. OSTWALD und J. H. VAN 'T HOFF. In Bänden à 4 Hefte. Verschieden im Preise; — für Krystallographie und Mineralogie, hrsg. von P. GROTH. In Bänden à 6 Hefte. Verschieden im Preise.

Jahrbücher, Botanische. Herausg. von A. ENGLER. In Bänden. Verschieden im Preise.

Graefe's, A. v., Archiv für Ophthalmologie, herausg. von TH. LEBER, H. SATTLER und H. SNELLEN. In Bänden à 4 Abteilungen. Verschieden im Preise.

EXPEDITION der SCHRIFTEN über BRASILIEN
des Dr. v. MARTIUS in MÜNCHEN.

Martius, Eichler et Urban, Flora brasiliensis. Enumeratio plantarum in Brasilia hactenus detectarum quas suis aliorumque botanicorum studiis descriptas etc. Band II—XV in 43 Bänden in Halbfranz geb.

EXPEDITION der ZEITSCHRIFT für DRECHSLER, ELFENBEIN-GRAVEURE und HOLZBILDHAUER.
E. A. MARTIN in LEIPZIG.

Diese illustrierte Fach-Zeitschrift erscheint monatlich zweimal und steht im 15. Jahrgang. Die Firma verbreitet mit gutem Erfolg einige ähnliche Zeitschriften.

Zeitschrift für Drechsler, Elfenbeingraveure und Holzbildhauer Jahrgang 1874 bis 1880, 1881, 1885, 1887—1891. Jährlich M. 6.

Kalender, Allgemeiner für Drechsler, Elfenbeingraveure und Holzbildhauer. Jahrgang 1890—93. Geb. à M. 1.25.

W. FIEDLER in LEIPZIG.
Versandt-Bureau des „Bestell-Kalender für Buchhändler".

Diese Firma wurde 1891 in Zittau gegründet und siedelte zu Anfang des Jahres 1893 nach Leipzig über, wo bald darauf neben dem „Bestell-Kalender für Buchhändler" die Leipziger „Damast-Bändchen-Bibliothek", eine Bibliothek klassischer Schriftsteller in sehr eleganter Ausstattung, zu erscheinen begann.

Leipziger-Damast-Bändchen-Bibliothek. 12 Bde. In Kästchen. M. 30.

S. FISCHER's HOFBUCHHANDLUNG in BERLIN.
Hofbuchhandlung, gegründet am 1. September 1886.
Der **Welthandel** in Bildern. M. 100.

ADALBERT FISCHER's VERLAG in LEIPZIG.
Gegründet am 30. März 1892.

Bodenstedt, F. v., Liebe und Leben. Sammlung deutscher Lyrik. Geb. M. 15.

BERNH. FRANKE's VERLAG in LEIPZIG.

Franke, B., Chemie der Küche. 3. Aufl. 1890. M. 1,75.

CARL FLEMMING in GLOGAU.

Die Handlung ist aus der 1790 gegründeten GÜNTHERschen Buchhandlung hervorgegangen, welche von CARL FLEMMING 1833 übernommen und unter dessen Namen fortgeführt wurde. Nach dem 1878 erfolgten Ableben des Gründers der Firma ging das Geschäft in den Besitz seiner beiden Söhne CARL und GEORG unter Beibehaltung der Firma über und seit 1883 befindet es sich im Besitz von CARL DÖNNHAUPT und DR. HERMANN MÜLLER. Auf dem Gebiete der Jugendlitteratur und Kartographie hat die Firma ganz Vorzügliches geleistet. Es genügt, aus der grossen Reihe der Autoren THEKLA V. GUMPERT zu nennen, deren Jugendschriften (»Töchteralbum« und »Herzblättchens Zeitvertreib« u. a.) seit Jahrzehnten als Hausfreunde in den deutschen Familien begrüsst werden. Auf dem Gebiete der Kartographie seien erwähnt FRANZ HANDTKE, NABERT, RAAB, SOHR-BERGHAUS.

Jugend- und Bildungsschriften von CLAUDIUS, EBELING, GODIN, GUMPERT, Töchter-Album. — Herzblättchens Zeitvertreib, KNÖTEL und KÖPPEN, LOHMEYER.
Flemming's Vaterländische Jugendschriften. 18 Bde.
Noß, H., Deutsches Alpenbuch. 4 Bde. Geb. M. 23.
Sohnröller, F., Schlesien. Eine Schilderung des Schlesierlandes. 3 Bde. Geb M. 19.50.

Sohr-Berghaus. Handatlas über alle Teile der Erde. Geb. M. 87,50.
Franz. Eisenbahnkarte von Europa. Aufgezogen in Mappe. M. 13,50.
Handtke. Wandkarte von Nordamerika. Aufgezogen mit Stäben. M. 11.
Nabert. Deutschlandkarte. Aufgezogen mit Stäben. M. 19,50.
Raab. Eisenbahnwandkarte von Mitteleuropa. Aufgezogen mit Stäben. M. 12.30.

GUSTAV FOCK in LEIPZIG.

Die Firma wurde 1879 gegründet und unterhält ein in grossem Stile betriebenes Geschäftshaus, bestehend aus Sortiments-, Verlags- und Antiquariatsbuchhandlung und einer Zentralstelle für Dissertationen und Programme, Organ Bibliograph. Monatsbericht.

Lagerverzeichnisse der Zentralstelle für Dissertationen und des Antiquariates von GUSTAV FOCK in Leipzig. 19 Bde.

Monatsbericht, Bibliographischer, über neuerschienene Schul- und Universitätsschriften. V. und 3. Jahrgang in 1 Bd.

FÖRSTER & BORRIES in ZWICKAU in SACHSEN.

Gegründet 1881. Verlagsbuchhandlung seit 1891. Buch- und Kunstdruckerei. Stereotypie. Zinkographie. Spezialität: Blankovordrucke aller Art.

Musterkasten und Holzrahmen mit ausgeführten Accidenzarbeiten, Vordrucken und sonstigen Druckmustern.

Hoffmann, H., Systematische Farbenlehre, besonders für Buchdruckereien. Geb. 40 Tafeln in Farbendruck in Mappe. M. 23.

ED. FREYHOFF in ORANIENBURG (Bez. Potsdam).

Verlag für Landwirtschaft, Gartenbau, Bienenkunde und populäre Litteratur.

Hohenwald, Hedwig von, Illustriertes Viktoria-Kochbuch. 2. Aufl. Geb. M. 5.

Helm, Cl., Unsere Dichter. Ein Liederstrauss. Prachtband M. 6.

HUGO FRIEBEL & CO. in LEIPZIG-REUDNITZ.

Messingtypenfabrik. Spezialität: Messingbuchstaben für Buchdrucker und Buchbinder. Gravieranstalt. Mechanische Werkstatt. Stempel für Buchdruck und Notenstich. Eine äusserst leistungsfähige Firma, die in der Herstellung von Messingtypen mit grösster Vollendung arbeitet.

Muster und Proben von Messing-Press- und Hochkegelschriften; — Ausgeführte | Drucke in Musterbüchern; — Typen der einzelnen Schriftarten.

L. FRIEDERICHSEN & Co. in HAMBURG.

Die Firma FRIEDERICHSEN & Co. beschäftigt sich seit ihrem Entstehen im Jahre 1868 mit der Ausführung geographischer Karten und Pläne in Zeichnung, Stich und Druck und geniesst als geographische und nautische Verlagshandlung einen unbegrenzten Ruf. Seit Jahrzehnten schon steht die Firma in regem Verkehr mit sämtlichen Admiralitätsbehörden und Vermessungsbüreaus Deutschlands und des gesamten Auslandes. Auf die ausgestellte Festschrift, die das Interesse der See- und Handelsstadt Hamburg und mit ihr ganz Deutschlands an der Erinnerungsfeier bekunden soll, sei noch besonders hingewiesen.

Hamburgische Festschrift zur Erinnerung an die Entdeckung Amerikas. Mit | 2 Karten und 25 Abbildungen in dem Text. 2 Bde. Gr. 8°. 1892. Eleg geb. M. 28.

R. FRIEDLÄNDER & SOHN in BERLIN.

Gegründet 1828. Das Haus FRIEDLÄNDER & SOHN ist unstreitig die grösste und bedeutendste Spezialbuchhandlung auf dem Gebiete der exakten und der Naturwissenschaften. Die jeweiligen Inhaber der Firma waren stets eifrig bemüht, speziell aus den Fächern der Naturwissenschaften, Mathematik u. s. w. in grösseren Sammel- und Kupfer-Werken und in Zeitschriften das Beste zu bieten. Eine in 1 1tägigen Zwischenräumen in diesem Verlag erscheinende Bibliographie «Naturae Novitates» fasst die neuesten europäischen und aussereuropäischen Publikationen auf dem Gebiete der Naturgeschichte und der exakten Wissenschaften in grösster Vollständigkeit zusammen. Eine grosse Anzahl naturwissenschaftlicher Vereine und Gesellschaften, sowie viele, namentlich ausländische Gelehrte, betrauten die Firma mit dem buchhändlerischen Vertrieb ihrer Publikationen.

Abhandlungen und Berichte des kgl. zoologischen und anthropologisch-ethnographischen Museums zu Dresden. 9 Bde. 1885—91. Geb. M. 139.80.
Bibliotheca historico-naturalis et mathematica. 2 voll. Geb. M. 66.
Entomologische Nachrichten. 1887—92. 6 Bde. Geb. M. 48.
Karsten, M., Géologie de l'ancienne Co- | lombie Bolivarienne Vénézuela, Nouvelle Grénade et Ecuador. M. 12.
Naturae Novitates. 1879—92. 14 Bde. Geb. M. 84.
Zoologischer Jahresbericht. 1885—90. 5 Bde. Geb. N. 150.
Giesbrecht. Copepoden. 2 Bde. Geb. M. 170.
Eine Reihe anderer wichtiger Werke.

WILHELM FRIEDRICH, K. RUM. HOFBUCHHÄNDLER in LEIPZIG.

Die Firma wurde 1878 durch MAX WILHELM KARL FRIEDRICH, der ihr noch heute vorsteht, begründet. FRIEDRICHs Haupttbätigkeit erstreckte sich jederzeit auf die Pflege des modernen deutschen Realismus, und ihm gebührt das Verdienst, die Bestrebungen von »Jung Deutschland« würdigend unterstützt und gefördert zu haben. Er hat vielen jüngeren und wenig bekannten Schriftstellern mit selbstloser und zielbewusster Thätigkeit den Weg geebnet und Deutschland mit hervorragenden Litteraturerzeugnissen des Auslandes durch deren Einführung bekannt gemacht. Hier sei auch die acht Bände umfassende Geschichte der Weltlitteratur genannt. Als Organ der von ihm vertretenen realistischen Schule verlegte er die von CONRAD und BLEIBTREU herausgegebene Monatsschrift »Die Gesellschaft«. Im Übrigen sind seine Bestrebungen auf philosophischem und philologischem Gebiete hervorzuheben, wo wir EDUARD VON HARTMANNs Werke und eine Reihe wichtiger sprachwissenschaftlicher, namentlich ägyptologischer Werke antreffen.

Abel, C., Einleitung in ein ägyptisch-semitisch-indoeuropäisches Wurzelwörterbuch. M. 10.
Bleibtreu, K., Dramatische Werke. 3 Bde. Geb. M. 13.
Brugsch, H., Die Aegyptologie. Grundriss der ägyptischen Wissenschaft. M. 11.
Geschichte der Weltlitteratur in Einzeldarstellungen. 8 Bde.
Gesellschaft, Die, Monatsschrift für Litteratur und Kunst. Jahrgang 1892. 4 Bde. M. 12.
Hartmann, E. v., Ausgewählte Werke. 9 Bde. Geb. M. 60.

Holberg, H., Gesammelte Schriften. 18 Bde. Geb. M. 48.
Kleinpaul, R., Leben der Sprache. 3 Bde. Geb. M. 30.
Rülf, J., Die Wissenschaft des Weltgedankens und der Gedankenwelt. 2 Bde. Geb. M. 20.
Wolff, H., Kosmos. Die Weltentwickelung nach monistisch-psychologischen Prinzipien. 1 Bde. M. 15.
Woenig, F., Die Pflanzen im Alten Aegypten, ihre Heimath, Geschichte, Kultur. Mit zahlreichen Original-Abbildungen. Geb. M. 10.

ROBERT FRIESE in LEIPZIG.

Verlagsbuchhandlung, gegründet im Juli 1891. Besitzer ARTHUR CAVALL.

Ditscheiner-Wessely. Deutscher Wortschatz. Stilistisch orthographisches Hand- und Fremdwörterbuch der deutschen
Sprache. 3. Aufl. des Handwörterbuchs der deutschen Sprache. Geb. M. 10,75.

FRIESE & von PUTTKAMER in DRESDEN.

Die Verlagsfirma FRIESE & VON PUTTKAMER ist 1885 begründet worden und umfasste anfangs den Verlag der »Dresdner Landwirtschaftlichen Presse«, welche bereits seit 1880 von dem Teilhaber J. VON PUTTKAMER ins Leben gerufen und geleitet wurde. Im Jahre 1886 wurde die Zeitschrift »Das Pferd« käuflich erworben; auch entwickelte sich von diesem Jahre an die landwirtschaftliche und hippologische Bücher-Verlag. Der »Deutsche Familien-Kalender« ist 1887 zum ersten Male und zwar anfangs unter anderem Titel erschienen, derselbe stieg rasch in seiner Auflage, so dass der 1893er Kalender bereits die respektable Auflagehöhe von 100000 Exemplaren erreichte. Die Anfangsarbeiten des auch über das ganze

Frisch — Fritsch.

Ausland verbreiteten »Adressbuchs der deutschen Maschinen-Industrie, Eisen-, Stahl- und Metallwerke« gehen bis auf 1889 zurück; dasselbe gelangte 1891 zur Ausgabe. Im Herbst des Jahres 1890 vervollständigte sich der Verlag in maschinentechnischer Beziehung durch Ankauf der Zeitschrift »Der Berg- und Hüttenmann, Anzeiger für Berg-, Hütten-, und Maschinentechnik«. Es entstanden nunmehr drei Abteilungen in dem Verlage: a., der landwirtschaftliche, hippologische, maschinentechnische Journalverlag, b., der entsprechende Buchverlag und c., der Kalenderverlag, zu welcher letzten Abteilung seit 1892 die Herausgabe der »Deutschen Volksbibliothek« unter der Verlagsbezeichnung »Deutscher Volksbücher-Verlag« getreten ist. —

Berg- und Hüttenmann. Anzeiger für Berg-, Hütten- und Maschinentechnik. 6. Jahrgang. Preis jährlich M. 12.
Dresdner Landwirthschaftliche Presse. Organ für die Gesammt-Interessen der Landwirthschaft. 14. Jahrgang. Jährlich M. 6.
Das Pferd. Organ für die gesammten auf das Pferd bezüglichen Interessen. 9. Jahrgang. Jährlich M. 12.

Schönbeck, B., Fahr-Handbuch zum Selbststudium. Mit 169 Original-Illustrationen, Tafeln und Text-Abbildungen von H. Illemnau. Geb. M. 6.
Volks-Bibliothek, Deutsche, Schriften zur Unterhaltung und Belehrung des Volkes. Bd. I — XII zu verschiedenen Preisen.
Familien-Kalender, Deutscher, für 1893. M. —,30.

ALBERT FRISCH in BERLIN.

Die älteste und namhafteste Kunst-Anstalt für Lichtdruck in Berlin, gegründet im Jahre 1872. Die Erzeugnisse gehörten früher vorwiegend zum Gebiete der Wissenschaft und Kunst. Die Ausübung des Farbenlichtdruckes durch Ausdecken der Negative wurde mit Erfolg betrieben. In neuerer Zeit hat die Firma auch Photolithographie und Autotypie sowie auch den Dreifarben-Lichtdruck (Natur-Farbendruck) ausgeführt.

Muster und Proben von Erzeugnissen: Peana. Portrait Keyserlingks.
Lancret. Tanz im Freien. — Tanz im Saal. de Wit. Schwebende Genien. 8 Bilder.
Sperling. Dogge Alexander. Dogge Sandor.

Völker. Rothhaarin. Pamanerin. Sämtlich in Rahmen.
Seidel. Friedrich der Grosse und die französische Malerei seiner Zeit. Geb. Sperling. Feine Nasen. In Mappe.

CAESAR FRITSCH in MÜNCHEN.

Die Verlagsbuchhandlung von CAESAR FRITSCH wurde im Jahre 1865 begründet, übernahm 1867 den technischen Teil des EMIL ROLLEN'schen Verlages in München und pflegt seitdem, neben einer Anzahl kleinerer Verlagswerke, die technischen und kunstgewerblichen Gebiete.

Brand, F., Kunstschmiedearbeiten. 40 Entwürfe auf 12 Lichtdrucktafeln. 1888. M. 12.
Schultze, M., Alpines Skizzenbuch. Ansichten aus den bayerischen und österreichischen Alpen. Zugleich Vorlageblätter für landschaftliches Zeichnen. 1888 — 90. Gebunden oder in Mappe M. 33.

GUSTAV FRITZSCHE in LEIPZIG.

Kgl. Sächs. Hofbuchbinderei, gegründet im Jahre 1864. Fabrikation von Prachtbänden, Mappen, Einbanddecken, Leinen- und Schulbänden, Kartonnagen und Broschüren. Die Firma beschäftigt zur Zeit 300 Arbeiter an 118 Hilfsmaschinen und unterhält ein eigenes Atelier für Zeichnungen und Entwürfe, verbunden mit einer kunstgewerblichen Werkstatt für Kunst- und Luxusbände.

Proben von Einbänden, gefertigt von der Firma GUSTAV FRITZSCHE, in 6 Rahmen.

R. GAERTNER's VERLAG in BERLIN.

Verlagsbuchhandlung, gegründet am 1. Juni 1851 und seit 1. Januar 1881 im Besitz von HERMANN HEYFELDER. Die Firma pflegt hauptsächlich wissenschaftliche Litteratur und mit Vorliebe pädagogische, sprachwissenschaftliche und naturwissenschaftliche, ohne jedoch dabei die anderen Disziplinen auszuschliessen.

Tschirch, A., Indische Heil- und Nutzpflanzen und deren Kultur. 128 Tafeln nach photogr. Aufnahmen u. Handzeichnungen, mit Text. Geb. M. 30.

GEIBEL & BROCKHAUS in LEIPZIG.

Die Verlagsbuchhandlung von GEIBEL & BROCKHAUS wurde 1891 gegründet. Den Grundstock derselben bildete die Übernahme der im Verlage von H. VOIGTLÄNDER in Leipzig (früher in Kreuznach) erschienenen Jugendschriften. In der kurzen Zeit ihres Bestehens hat die Handlung zur Jugendschriftenlitteratur höchst wichtige Beiträge geliefert. Die bisher veröffentlichten Werke zeichnen sich durch die geschickt gewählten Erzählungen und durch die mit peinlicher Sorgfalt ausgeführte Ausstattung aus.

Agathe, Der Genius des Kränzchens. Frei nach dem Holländ. bearb. Mit Abbildungen. Geb. M. 6.
Ihnken, R., Kolumbus. Geb. M. 6.
— Durch ferne Meere. Irrfahrten und Seeabenteuer eines jugendlichen Deutschen. Geb. M. 6.
Deutsche Jugendbibliothek und Neue deutsche Jugendbibliothek. Diverse Bände. Geb. à M. 1.

F. M. GEIDEL in LEIPZIG.

Anstalt für Notenstich, Notendruck, Lithographie, Steindruckerei, Buchdruckerei, Autographie.

Aquarell-Bild. Verkörperung der klassischen und modernen Musik, bgürlich dargestellt mit den 8 allegorischen Figuren: Musik, Reklame, Komposition.
Notendrucke und Werke verschiedener Musikalien-Verlagshandlungen, welche in der Anstalt von F. M. GEIDEL hergestellt sind.

GUSTAV GENSEL in GRIMMA in SACHSEN.

Verlags-, Sortiments- und Antiquariatsbuchhandlung, gegründet 1855. Den Grundstock des Verlages bildete ein Teil der Artikel des 1838 zu Grimma begründeten Verlagskontors, die bei Errichtung der Firma in ihren Besitz übergingen.

Oberländer, H., Der geographische Unterricht, nach den Grundsätzen der Ritterschen Schule. Historisch-methodologisch beleuchtet. 5. Aufl. Herausgegeben von L. Gädler. 1898. Geb. M. 1,50.

CARL GEORGI in BERLIN.

Die Firma Carl Georgi, im Jahre 1892 gegründet, befasst sich mit dem Verlag moderner Romane und unterhält eine litterarische Agentur.

Wörishöffer, S., Dämon Geld. Eine Erzählung. Geb. M. 4.

GERGONNE & Co. in BERLIN.

Verlagsbuchhandlung, verbunden mit Buchdruckerei. Gegründet 1888. Die Handlung trat erst neuerdings mit dem Buchhandel in Verbindung.

Maerger, Dr. K., Privatdocent, Brasilianische Wirthschaftsbilder. Erlebnisse und Forschungen. Zweite unveränderte Auflage. M. 10, geb. M. 11.

WOLFGANG GERHARD in LEIPZIG.

Verlagsbuchhandlung, gegründet 1845. Spezialität: Werke für den russischen Sprachunterricht.

Russische Nationalbibliothek und Russische Musterwerke mit Accenten und Anmerkungen; — Collection Manassewitsch.

Pizzi, Antologia persiana. Nallino, Chrestomathia Quorani arabica; Barthélemy, Vocabulaire français-arabe.

GERSTENBERG'sche BUCHHANDLUNG in HILDESHEIM.

Die Firma wurde am 26. März 1792 gegründet und wird im Sinne des Gründers von seinen Nachkommen weitergeführt.

Koppmann, K., Die Sprüche Walthers von der Vogelweide in's Neuhochdeutsche übertragen. M. 1,60.
Römer, Der tausendjährige Rosenstock am Dome zu Hildesheim. Geb. M. 2,44.
Urkundenbuch der Stadt Hildesheim. Im Auftrage des Magistrats der Stadt herausg. von H. Doebner. 4 Bde. M. 48.

GESELLSCHAFT für ERDKUNDE in BERLIN.

Gestiftet am 10. April 1828. Korporationsrechte erhalten am 24. Mai 1839. Ehrenpräsident: BASTIAN. Vorsitzender (1893): Freiherr von RICHTHOFEN. Selbstverlag: Veröffentlichungen der Gesellschaft.

Mercator, Gerhard, Drei Karten: Europa. — Britische Inseln. — Weltkarte. — In Facsimile-Lichtdruck herausg. von der Gesellschaft für Erdkunde. In Mappe M. 60.

Festschrift der Gesellschaft zur 60jähr. Feier der Entdeckung Amerikas: KRETSCHMAN, K., Die Entdeckung Amerikas in ihrer Bedeutung für die Geschichte des Weltbildes. Mit Atlas von 10 Tafeln. Geb. M. 75.

Verhandlungen der Gesellschaft. Bd. I bis XVIII (1873—1891) 16 Bde. Herausgegeben im Auftrag des Vorstandes von dem Generalsekretär Hauptmann G. KOLLM. Preis des Jahrganges von 10 Nummern M. 6.

Zeitschrift der Gesellschaft. Bd. I—XXVI (1867—1891), 26 Bde. Herausg. von G. KOLLM. Preis des Jahrganges von 6 Nummern M. 12.

PHOTOGRAPHISCHE GESELLSCHAFT in BERLIN.

Die erste Kunstanstalt Berlins wurde 1862 gegründet und befindet sich seit 1872 in dem alleinigen Besitz von EMIL WERCKMEISTER. Ein bedeutender Kunstverlag, der namentlich in Photographien und Photogravüren den höchsten Anforderungen der Zeit gewachsen ist und die erwähnten Erzeugnisse in aussergewöhnlichen grossen Prachtstücken (1,5 Mat. zu 1 Met. liefert. Die Verlagswerke gruppieren sich in der Hauptsache wie folgt: I. Moderne Meister, nach den Originalen photographiert. II. Klassische Bilder, Photographien nach Zeichnungen. III. Pracht- und Sammelwerke. IV. Galerie-Werke in Photographien direkt nach den Originalgemälden alter Meister.

Photographien: RICHTER, Königin Luise. In Rahmen mit Krone. RAFAEL, Sixtinische Madonna. WERNER, Capitulation von Sedan. HUBER, Spielende Kinder. MURILLO, Heiliger Antonius.

Photogravuren: VAUTIER, Abschied vom Elternhause. SPERLING, Fünf Sinne. RAFAEL, Sixtina u. andere. Sämmtlich in Rahmen.

Musterbücher mit Photographien. 7 Bde.

MORITZ GÖHRE in LEIPZIG.

Buchbinderei mit Dampfbetrieb, Poesie- und Schreib-Album-Fabrik. Besondere Sorgfalt wendet der Leiter der Firma der immer mehr und mehr verdrängten Handvergoldung zu und erzielte damit, wie durch seine sorgfältigen Einbände selbst, sehr gute Erfolge.

Einbandmuster, 8 verschiedene Einbände in Halbfranz, Ganzleder, Pergament, Mosaikarbeit, sämtlich mit Hand vergoldet.

Münchener Ausstellung 1888. Fol. Rococo-Einband mit Handvergoldung. M. 100.

Germania. Fol. Mosaik mit Handvergoldung. M. 150.

Photographie-Rahmen, Mosaik mit Handvergoldung. M. 600.

Dohme, Kunst und Künstler. Ganz Leder mit Goldschnitt und Handvergoldung. M. 30.

Raffael, Michelangelo. 2 Bde. Halbfranz mit Handvergoldung. M. 25.

Vom Fels zum Meer. Jahrgang 1882, 2 Bde. Halbfranz mit Handvergoldung. M. 24.

Eine Deutsche Stadt vor 60 Jahren. Pergamentbd. Malerei mit Handvergoldung. M. 100.

GILBERS' KGL. HOF-VERLAGSHANDLUNG (J. BLEYL) in DRESDEN.

Die Firma wurde im Jahre 1872 begründet und befindet sich seit 1. März 1885 im alleinigen Besitz von JOH. GOTTL. BLEYL. Als Spezialität behandelt dieser Verlag Architektur und Kunstgewerbe und hat auf diesen Gebieten eine Reihe bedeutender Werke veröffentlicht, von denen die nachstehend verzeichneten nur eine Auswahl bilden.

Ausgeführte und projektirte Kirchen, Villen und Wohnhäuser in Ansichten, Grundrissen und Details mit übersichtlicher Zusammenstellung der Ausführungskosten von Baurath G. L. MÖCKEL. 72 Blatt Lichtdruck. In Mappe M. 72.

Die Baukunst Spaniens in ihren hervorragendsten Werken dargestellt von Architekt M. JUNGHAENDEL. Ca. 100 Blatt Licht- und Buntdruck mit Text in 5 Liefg. à M. 25.

Vorlagen zu Holzintarsien in verschiedenen Stilarten. Unter Mitwirkung bewährter Fachgenossen herausg. von Architekt LUDWIG CASPAR. 40 Chromolithographieen. In Mappe M. 30.

Original-Compositionen zu Flachmustern (Tapeten, Gewebe, Intarsien u.s.w. von GEORG BÖTTICHER. 48 Blatt Lichtdruck. In Mappe M. 60.

Das vegetabile Ornament. Eine Sammlung neuer Verzierungen, entworfen auf der ursprünglichen und natürlichen Grundlage des Pflanzenreichs, und bestimmt zur kunstindustriellen Verwertung für Dache und malerische Dekoration, desgleichen auch als Lehr- und Anschauungsmittel im Stilisieren, Komponieren und Kolorieren vegetabiler Formen für Kunstgewerbe- und gewerbliche Fachschulen, Gewerbe- und Gewerbzeichen-, Webe- und Fortbildungsschulen, Lehrer- und Lehrerinnen-Seminare u. s. w. Herausg. von Prof. KARL KRUMBHOLZ. 36 Chromolithographien. In Mappe M. 60.

Sculpturen an der Kgl. Gemäldegalerie und dem alten Kgl. Hoftheater zu Dresden, ferner: Denkmäler, Statuen, Entwürfe, Reliefs u. s. w. von Prof. ERNST JULIUS HÄNEL. 140 Blatt Lichtdruck. In Mappe M. 116; — Nachtrag. 30 Blatt Lichtdruck in 5 Liefgen zu je M. 6.

Das Ornament der italienischen Kunst des XV. Jahrhunderts. Eine Sammlung hervorragendster Motive. Photographische, durch Lichtdruck vervielfältigte Original-Aufnahmen. Herausg. von Prof. HERMANN GEORG NICOLAI. 100 Tafeln Lichtdruck in 10 Liefgen. zu je M. 10; vollständig in schöner Mappe M. 106.

Ornamentale Details im Barock- und Rococo-Stil. Photographische, durch Lichtdruck vervielfältigte Naturaufnahmen, nach Auswahl von Prof. JEAN PAPE. 72 Tafeln Lichtdruck. In Mappe M. 76.

Barock- und Rococo-Ornamente. 40 Blatt mit über 400 Detailzeichnungen, meist in natürlicher Grösse. Zum Gebrauch für Architekten, Kunsttischler, Holzbildhauer, Modelleure u. s. w., ganz besonders auch für technische und kunstgewerbliche Lehranstalten herausg. von Prof. JEAN PAPE. Ausgeführt in Chromolithographie. In Mappe M. 82.

Der Möbeltischler der Renaissance. 40 Blatt mit über 400 Detailzeichnungen, meist in natürlicher Grösse. Herausg. von Prof. JEAN PAPE. Ausgeführt in Chromolithographie. In Mappe M. 48.

Musterzimmer. Vollständige Dekorationen für bürgerliche und herrschaftliche Wohnungen in Form und Farbe. Entworfen, gezeichnet und textlich erläutert von Prof. JEAN PAPE. 11. Aufl. 8 Bde. Mit Chromolithographien. In Mappe M. 85.

Möbel und Zimmer der deutsch-nationalen Kunstgewerbe-Ausstellung München 1888. Photographische, in Lichtdruck vervielfältigte Aufnahmen nach Auswahl von Prof. PAUL NAUMANN. 40 Blatt Lichtdruck. In Mappe M. 40.

Neue Möbel für alle Räume des Hauses. Nach ausgeführten eigenen Entwürfen perspektivisch dargestellt und im Anschluss an die Sammlung moderner Sitzmöbel herausg. von Möbelfabrikant C. HARTWIG. 30 farbige Tafeln. In Mappe M. 30.

Wiener Schmiedewerk des XVII. Jahrhunderts. Sammlung ausgeriesenerer Eisenarbeiten des Barock- und Rococostils mit fachlichen Erläuterungen herausg. von ALBERT ILG, Custos an den kunsthistorischen Sammlungen des A. H. Kaiserhauses und HEINRICH KABIERO, 40 Blatt Lichtdruck mit Text. In Mappe M. 60.

Keramik. Eine Sammlung Originalentwürfe zur Ausführung in Glas, Fayence, Porzellan, Majolika, Terracotta, Thon, Steinzeug, Marmor, Metall u. s. w., zum praktischen Gebrauche für Fabrikanten, Modelleure, Dekorateure, Musterzeichner, Fach- und Zeichenschulen herausg. von WILHELM F. TOITEL. 50 Blatt Lichtdruck. In Mappe M. 40.

Dresdener alte Schmiedearbeiten des Barock und Rococo. Zeichnerische und photographische Aufnahmen, herausg. von Hans WEISSE. 30 Tafeln Lichtdruck. In Mappe M. 34.

Praktisches Skizzenbuch für Fassaden- und Innen-Dekoration. Herausg. von JEAN PAPE. In Serien von 40 Tafeln. Preis jeder Serie M. 30.

GUSTAV GRÄBNER in LEIPZIG.

Verlagsbuchhandlung, gegründet 1836 durch Übernahme des grössten Teiles des Verlages der GEBR. BAENSCH in Leipzig und Magdeburg. Nach dem Tode des Gründers ging die Firma 1882 an GUSTAV BURKHARDT in Crimmitschau über, in dessen Besitz sie sich noch jetzt befindet. Die Firma hat immer einen guten Verlag für erziehenden Unterricht, Jugendlitteratur und schönwissenschaftliche Litteratur gepflegt.

Boß, A., Kulturbilder aus Deutschlands Vergangenheit. Mit Abbildungen. 1896. Geh. M. 4.
Gräbner, G. A., Robinson Crusoe. Pracht-ausgabe. Mit vielen Illustrationen. 21. Aufl. 1898. Geb. M. 1,50.
Petersen, W., Lehrbuch der englischen Sprache. 2. Aufl. 1892. Geb. M. 2,50.

HERMANN GRAF & SOHN in ALTENBURG.

Hof-Buchbinderei. Magazin feiner Leder-, Holz- und Bronzewaren. Lederwaren-Fabrik. Liefert hauptsächlich kunstgewerbliche Artikel in Ledermosaik und Handvergoldung, sowie durchbrochener und plastischer Bronze.

Album für Aquarelle. Nach Zeichnung von Architekt GROTEFEND in Braunschweig. In roth Glanzsaffian, Ledermosaik mit Handvergoldung.
Album für Photographien. Nach Zeichnung von Architekt HÄUSSLA in Cöln. In Ledermosaik mit Handvergoldung.
Album für Photographien. Nach einem alten Vorbild in Ledermosaik mit Handvergoldung.
Album für Photographien. In weiss Chagrinleder, blau Ledermosaik mit Handvergoldung.
Schmuckkassette. Nach Zeichnung von Prof. TASYER in Wien. In weiss Chagrinleder, Ledermosaik mit Handvergoldung. Alle diese Kunstwerke sind verkäuflich. Nähere Auskunft erteilt der Vertreter der buchgewerblichen Kollektiv-Ausstellung in Chicago.

LUCAS GRÄFE & SILLEM in HAMBURG.

Verlagsbuchhandlung, gegründet im Juni 1891. Besitzer: LUCAS GRÄFE und EDMUND SILLEM.

Behrmann, G., Die Gleichnisse unseres Herrn Jesu Christi. In Bibelstunden ausgelegt. Geb. M. 6.
Hamburg vor 100 Jahren. Gesammelte
Vorträge von TH. SCHRADER. Geb. M. 10.
Kirchner, O. und F. Blochmann. Die mikroskopische Pflanzen- und Tierwelt des Süsswassers. Geb. M. 12.

HERMANN GRASER's VERLAG in ANNABERG.

Siegel, E., Zur Geschichte des Posamentiergewerbes. Geb. M. 3.

WILH. GREVE in BERLIN.

Geographisch-lithographisches Institut. Kunst- und Buchdruckerei. Inhaber MAX PASCH. Zweigniederlassung in London, E. C. 104 Hatton-Garden.
Probedrucke in Auswahl, hergestellt von obiger Buchdruckerei.

G. GROTE'sche VERLAGSBUCHHANDLUNG in BERLIN.

Der Grundstock dieses Geschäftes wurde um das Jahr 1663 zu Hamm in Westfalen als Buchdruckerei mit Verlag von WOLFHARD gegründet. Es ging 1699 in den Besitz von ANT. J. UTZ über, wurde dann von 1710—1788 von dessen Sohn FRIEDRICH UTZ weitergeführt und kam später durch Erbgang an H. J. GROTE, von dem es 1820 an H. F. GROTE weitervererbt wurde. Am 1. Mai 1850 übernahm GUSTAV GROTE die Firma, von dem sie nach seinem Tode, 1839, an KARL MÜLLER-GROTZ, den jetzigen Besitzer, überging. Der ursprünglich kleine und wenig bekannte Verlag hat sich im Laufe der letzten Jahrzehnte zu hoher Blüte entfaltet. Der jetzige Inhaber hat es verstanden, an der Hand einer gediegenen fachmännischen Ausbildung die vortrefflichsten Künstler zur Ausstattung seiner Pracht- und Geschenkwerke und zur Illustration seiner Klassikerausgaben zu gewinnen. Ihm verdankt der deutsche Büchermarkt Monumentalwerke, wie die AllgemeineWeltgeschichte und ONCKENs Allgemeine Geschichte in Einzeldarstellungen; durch diese beiden Werke hat er besonders zur Popularisierung der mittelalterlichen Holzschneide- und Kupferstechkunst beigetragen. Eine grosse Reihe zeitgenössischer Schriftsteller fand einen ehrenvollen Platz in der »GROTEschen Sammlung«. Die historischen Werke werden unter der besonderen Firma GROTEsche Verlagsbuchhandlung, Separat-Conto (MÜLLER-GROTE & BAUMGÄRTEL) vertrieben.

Prachtwerke. GOETHE, Hermann und Dorothea. Luxus-Ausgabe. Geb. M. 85; — GOETHE, Faust. Geb. M. 12; — HEINE, Buch der Lieder. Geb. M. 20; — HORN, Königin Luise. Geb. M. 20; — SHAKESPEARE-Galerie. Geb. M. 15; — TROSYR, Prinzessage. Geb. M. 12; — TENNYSON, Enoch Arden. Geb. M. 10; — Voss, Luise. Geb. M. 12; — WOLFF, Der wilde Jäger. Geb. M. 20; — WOLFF, Der Rattenfänger. Geb. M. 20.

Illustrierte Klassiker-Gesamt-Ausgaben. GOETHE, Werke. 17 Bde. Geb. M. 51; — HAUFF, Werke. 4 Bde. Geb. M. 15; — LESSING, Werke. 3 Bde. Geb. M. 30; — SCHILLER, Werke. 8 Bde. Geb. M. 30; — SHAKESPEARE, Werke. 8 Bde. Geb. M. 30; — KÖRNER, Werke. 2 Bde. Geb. M. 6; — CHAMISSO, Werke. 2 Bde. Geb. M. 7,50; — WALTER SCOTT, Romane. 19 Bde. M. 45.

Nichtillustrierte Klassiker-Ausgaben. Goethe. Lessing. Körner. Schiller. Shakespeare. Bürger. Grün. Hebel. Heine. In Sammlungen zu verschiedenen Preisen.

Einzelwerke der Klassiker in verschiedenen Ausgaben.

Kinderprachtbücher. Fabeln. Märchen. Erzählungen.

Dürer, Albr., Zeichnungen. 2 Bde. Geb. M. 500.
Stiche und Radirungen von SCHONGAUER, DÜRER u. A. Geb. M. 120.
Jahrbuch der Kgl. Preussischen Kunstsammlungen. Bd. VI—XIII. Geb. M. 240.
Springer, A., Albrecht Dürer. Geb. M. 14,50.
Septemberbibel, Die. Das neue Testament Martin Luthers. Nachbildung der zu Wittenberg erschienenen ersten Ausgabe. Geb. M. 64.
Julius Wolff's Dichtungen. In Einzelausgaben zu verschiedenen Preisen.
Geschichte der deutschen Kunst. 3 Bde. Geb. M. 107.

Jeder Teil bildet ein selbständiges Ganzes und ist einzeln käuflich.

Weltgeschichte, Allgemeine. 13 Bde. Geb. M.160; — Geschichte des Altertums. 3 Bde. Geb. M. 43; — Geschichte des Mittelalters. 3 Bde. Geb. M. 43; — Geschichte der neueren Zeit. 3 Bde. Geb. M. 45; — Geschichte der neuesten Zeit. 3 Bde. Geb. M. 43.
Henne am Rhyn, O., Kulturgeschichte des deutschen Volkes. 2 Bde. Geb. M. 22.
Geschichte, Allgemeine, in Einzeldarstellungen. 44 Bde. Geb. M. 761,90.

Auch in einzelnen Abteilungen zu verschiedenen Preisen.

C. GRUMBACH's BUCHDRUCKEREI in LEIPZIG.

Besitzer: JOHS. CURITZ. Spezialität: Illustrations- und Farbenbuchdruck. Ist auf der Ausstellung durch eine Anzahl Werke und Druckproben vertreten, welche sämtlich von der Firma angefertigt sind und beredtes Zeugnis von ihrer Leistungsfähigkeit ablegen.

Tableau und Druckproben.

ADOLF GUTBIER, KGL. SÄCHS. HOFKUNSTHÄNDLER in DRESDEN.

Der Kunstverlag von ADOLF GUTBIER wurde 1875 in Dresden begründet. Der Besitzer, ADOLF GUTBIER, ein bewährter Kunstkenner, war stets eifrig bemüht, nur Vorzügliches zu bieten, und hat sich hauptsächlich mit Meister RAFAEL beschäftigt, für den er auch als Sammler hervorragend eintrat. Die ausgezeichneten Kupferstiche aus dem Verlage der Königl. Chalkographie in Rom verdanken ihm ihre Verbreitung in Deutschland. Kommissionsverlag der Kupferstiche nach Gemälden der Königl. Galerie in Dresden.

Rafael-Werk, Sämtliche Tafelbilder und Fresken des Meisters in Nachbildungen nach Kupferstichen und Photographien, herausg. von ADOLF GUTBIER. Mit Text von W. LÜBCKE u. 640 Lichtdr. von MARTIN HOMMEL in Stuttgart. 9 Bde. M. 100.

JULIUS HAINAUER in BRESLAU.

Königl. Hof-Musikalienhandlung, gegründet 1802 und seit 1851 im Besitz von Kommissionsrat JULIUS HAINAUER.

Musik Partituren, Klavierauszüge u. s. w.) von BIRD, FLÜGEL, HOFMANN, HUBER, JENSEN, RAFKA, KIRCHNER, KÖHLER, LASSEN, MAC DOWELL, SCHOLZ, SPINDLER u.A.

P. HANSTEIN in BONN a. Rh.

Verlagsbuchhandlung, 1880 aus dem Verlag von M. LEMPERTZ Antiquariat hervorgegangen. Der Verlag hat verschiedene bedeutende medizinische Werke veröffentlicht, ohne jedoch eine ausgesprochen medizinische Richtung zu verfolgen.

Prokasch, J. K., Die Litteratur über die venerischen Krankheiten von den ersten Schriften über Syphilis aus dem Ende des 15. Jahrhunderts bis zum Jahre 1889, systematisch zusammengestellt. 3 Bde. mit Register. M. 54.

OTTO HARRASSOWITZ in LEIPZIG.

Gegründet 1872 unter der Firma RICHTER & HARRASSOWITZ und seit 1875 im alleinigen Besitz von OTTO HARRASSOWITZ. Hauptsächlich beschäftigt sich die Firma mit wissenschaftlichem Antiquariat und unterhält direkte Verbindung mit dem Orient. Das seit 1884 erscheinende »Centralblatt für Bibliothekwesen« rief einen Verlag, der mit dem Antiquariat zusammen geleitet wird, mit einer vorzugsweise bibliographischen und bibliothekswissenschaftlichen Litteratur hervor. Ausserdem debitiert die Firma eine Reihe wissenschaftlicher Publikationen ausländischer Bibliotheken und Gelehrten-Gesellschaften.

Gottlieb, Th., Über mittelalterliche Bibliotheken. M. 14.
Liber Regum. Nach dem in der k. k. Universitäts-Bibliothek zu Innsbruck befindlichen Exemplare mit Einleitung und Erläuterungen zum ersten Male herausg. von II. HOCHEGGER. M. 75.
Monumenta Germaniae et Italiae typographica. Deutsche und italienische Incunabeln in getreuen Nachbildungen. Lieferung 1 und. 2; Broseh. M. 40.
Hain, L., Repertorium bibliographicum Indices ubernimi opera Conr. Burger. Exemplar auf Schreibpapier. Geb. M. 21,50.
Schwenke, Adressbuch der deutschen Bibliotheken M. 10; — Einband M. 7,50.

HARTUNG'sche VERLAGSDRUCKEREI in KÖNIGSBERG i. Pr.

Die Firma wurde bereits im Jahre 1730 gegründet und ist seit 1. Januar 1872 in den Besitz einer Aktiengesellschaft übergegangen, die als Direktoren den Buchhändler HEINRICH WOORAM und den Buchdrucker A. J. H. BUSKE einsetzte. Der mit der Druckerei verbundene Verlag ist hauptsächlich lokaler Richtung.

Adressbuch der Haupt- und Residenzstadt Königsberg in Preussen. Für das Jahr 1893. Geb. M. 6,50.

Henne am Rhyn. Die Kultur der Vergangenheit, Gegenwart und Zukunft. 2 Bde. in 1 Bd. Geb. M. 6.

H. HAESSEL in LEIPZIG.

Verlagsbuchhandlung, gegründet 1851 durch HERMANN ADOLF HAESSEL, in dessen Händen sich noch heute die bewährte Leitung dieses hochgeachteten Geschäftshauses befindet. HAESSELS Verlagsthätigkeit erstreckt sich auf streng wissenschaftliche Werke und vornehme Belletristik; unter Anderem ist er Verleger sämtlicher Schriften von CONRAD FERDINAND MEYER, bekanntlich einer der bedeutendsten Schriftsteller der Gegenwart.

Panini's Grammatik, herausg., übersetzt, erläutert und mit verschiedenen Indices versehen von O. BÖHTLINGK. M. 60.
Dandin's Poetik. Sanskrit u. deutsch herausgegeben von O. BÖHTLINGK. M. 10.
Schroeder, L. v., Indien. Litteratur und Kulturin historischer Entwicklung. M. 10.
Luerssen, C., Handbuch der Botanik. 2 Bde. M. 20.

Petzold, E., Die Landschaftsgärtnerei. M. 20.
Gumprecht, O., Musikalische Lebens- und Charakterbilder. 4 Bde. M. 18.
Bober, F. v., Geschichte der neueren deutschen Kunst. 3 Bde. M. 18.
Mayer, C. F., Jörg Jenatsch. — Der Heilige. — Die Versuchung des Pescara. — Angela Borgia. — Gedichte. Brosch. à M. 4.

K. FERD. HECKEL in MANNHEIM.

Hof-Musikalienhandlung. Kunst- und Musikalienverlag, gegründet 1821, seit 1857 im Besitz von EMIL HECKEL, KARL HECKEL und EMIL HECKEL JUN.

Musik von BARTZ, FITTIG, GRASSMANN, JENSMANN, RIESER und ZIERRER. Musik-

albums. Volkslieder. Zitherschulen.

G. HEDELER, VERLAG DES EXPORT-JOURNALS in LEIPZIG.

Die noch junge Firma hat sich durch ihre Arbeiten im Interesse des buchgewerblichen Geschäfts sehr vorteilhaft bekannt gemacht und hat ihr Journal unter grosser Schwierigkeit glücklich durchgesetzt.

Export-Journal. Internationaler Anzeiger für Buchhandel und Buchgewerbe in drei

Sprachen, deutsch, englisch, französisch. Gegr. am 1. Juli 1887. Jährl. 12 Hefte M. 6.

J. J. HEINE's VERLAG in BERLIN.

Die Firma J. J. Heines Verlag wurde 1835 in Posen begründet und ging im Jahre 1886 in den Besitz von Walter v. Lohmann über, der dieselbe später nach Berlin verlegte.

Eulenberg und Bach, Schulgesundheitslehre. Das Schulhaus u. das Unterrichtswesen v. hygien. Standpunkte. 1889—91. Geb. M. 15.

Heidrich, R., Handbuch für den Religionsunterricht. 1898—91. Bd. I. Geb. M. 6.50. Bd. II. Geb. M. 7.50; Bd. III. Geb. M. 8.

HEINRICHSHOFEN's VERLAG in MAGDEBURG.

Musik-, Kunst- und Buchverlag, gegründet 1797. Seit 1886 im Besitz von Adalbert Heinrichshofen.

Musik für Klavier, Cello und Violine: Einzelwerke der Komponisten Bruch, Eilenberg, Fielitz, Haydn, Jüngst, Sieber, Simon. — Opernalbum. Klavierschulen.

HELWING'sche VERLAGSBUCHHANDLUNG in HANNOVER.

Diese Handlung wurde vermutlich bereits im Jahre 1598, jedenfalls aber vor 1606, begründet. Seit 1872 befand sich die Firma im Besitz von Th. Mierzinsky und ging nach dessen Tode an seine Erben Frau Louise Mierzinsky geb. Wachsmuth und deren Kinder über. Fast ausschliesslich betreibt die Firma seit einer Reihe von Jahren den Verlag militärwissenschaftlicher Werke und Broschüren.

Kleist, R. v., Oberst z. D. Die Generale der preussischen Armee von 1840—1890. Historische Übersicht mit vielen urkundlichen Notizen. Broch. M. 20.

ADOLF HENZE's VERLAG in LEIPZIG-NEUSTADT.

Das Verlagsgeschäft wurde 1856 durch Kommissionsrat Adolf Henze, dem berühmten Handschriften-Beurteiler, Verfasser des Werkes »Chirogrammatomanie« mit 1000 in den Text gedruckten Handschriften, begründet. Ein hervorragendes Verlagswerk bildet die jährlich 6mal erscheinende Zeitschrift »Illustrierter Anzeiger für Kontor und Bureau«, Auflage 30 000, begründet 1865. Dann: Schulschreibhefte, bearbeitet nach dem vom Verleger veranstalteten Preisausschreiben für die schönste und schreibfähigste Handschrift, Auflage bis 1893 ca. 24 Millionen Hefte. Ferner Zeichenhefte nach der neuen Methode des Oberlehrers Windisch. Das Verlagsgeschäft wird jetzt von den Söhnen Anno, Artur und Adolf geleitet. Dasselbe besitzt eigene Druckerei, chemitypische Anstalt und Buchbinderei. Das bedeutendste Werk der geographischen Anstalt ist der ausgestellte Globus.

Erdglobus. Feste Form. — Pneumatische Form.

OTTO HENDEL in HALLE a. S.

Gegründet 1734. Verlagsbuchhandlung und Buchdruckerei mit Dampfbetrieb und Stereotypie. Seit 1847 im Besitz des jetzigen Inhabers OTTO HENDEL, dessen Verlagsthätigkeit sich auf verschiedenen Gebieten bethätigte. Die vor einigen Jahren ins Leben gerufene Bibliothek der Gesamt-Litteratur, eine Sammlung billiger Ausgaben deutscher und ausländischer Klassiker, bürgert sich immer mehr, namentlich in Schulkreisen, ein.

Bibliothek der Gesamt-Litteratur des In- und Auslandes. Sammlung deutscher und ausländischer Klassiker u. Meisterwerke zu ausserordentlich billigen Preisen.

M. HENDSCHEL in FRANKFURT a. M.

Die Verlagsbuchhandlung von M. HENDSCHEL, gegründet 1864, hat sich durch die Herausgabe von A. HENDSCHELS Skizzen einen wohlverdienten Ruf bei allen Kunstliebhabern zu begründen gewusst. Diese von einziger Schönheit und feinem Humor erfüllten Zeichnungen wurden in »Skizzenbüchern« gesammelt und herausgegeben.

Allerlei aus A. HENDSCHEL's Skizzenmappen. 2 Bde. 4°. In Cambric mit Golddruck. Jeder Band M. 15.

Aus A. HENDSCHEL's Skizzenbuch. Lichtdruckausgabe. 8 Bde. Geb. Jeder Band M. 20.

HERRCKE & LEBELING in STETTIN.

Die Firma wurde im Jahre 1859 als Buchdruckerei gegründet und betrieb später den Zeitungsverlag. 1878 übernahmen W. DUNKER und J. C. LEBELING das Geschäft und richteten einen Buchverlag ein. Neben Fischereilitteratur wurde ein guter Schul- und schönwissenschaftlicher Verlag betrieben.

Dunker und Bell, English Academy. Englische Gesprächs- und Wiederholungs-Grammatik. Vollkommene Schulung im Englischen auch ohne Lehrer. M. 11.20.

R. HERROSÉ's VERLAG in WITTENBERG.

Gegründet 1857. Die Firma beschäftigt sich seit ihrem Bestehen mit dem Verlag pädagogischer Litteratur und mit der Herausgabe verschiedener Lehr- und Übungsbücher für Fortbildungsschulen. Periodisch erscheinen von diesbezüglicher Litteratur im gleichen Verlage »Die deutsche Fortbildungsschule«, »Die deutschen Fortbildungsblätter« von O. PACHE und »Die bayerischen Fortbildungsblätter« von O. PACHE und L. GÜHRING. Einige nicht in diesen Rahmen gehörige Verlagswerke befinden sich auf der Ausstellung.

Hochzeitsalbum, herausg. von G. GEROK. 4°. Eleg. geb. M. 12.

Sammelbuch für Zeitungsausschnitte. 4°. M. 4.50.

HERDER'sche VERLAGSHANDLUNG in FREIBURG i. Br.

Gegründet 1801. Zweigniederlassungen: München (Bayern), Strassburg (Elsass), Wien (Österreich), St. Louis (Mo. — U. S. A. 17 South Broadway). Diese hervorragende Verlagsfirma hat sich vornehmlich mit dem Verlag katholisch-theologischer Werke befasst, dabei aber auch anderen Disziplinen eine fördernde Thätigkeit gewidmet, und es ist wohl kein Wissensgebiet von der Firma unberücksichtigt geblieben. Als eins der bedeutendsten Werke ist das Kirchenlexikon von WETZER und WELTE zu bezeichnen. Im Laufe des letzten Jahrzehnts haben die Unternehmungen des Verlages einen geradezu immensen Umfang angenommen und es seien hier nur Autoren genannt wie ALBAN STOLZ, JOHANNES JANSSEN, Kardinal HERGENRÖTHER, Professor HETTINGER, Bischof HEFELE und die grösseren Sammelwerke: »Jahrbuch der Naturwissenschaften«, »Illustrirte Bibliothek der Länder- und Völkerkunde«, »HERDERs Konversationslexikon«, die »Theologische Bibliothek« und die »Sammlung historischer Bildnisse«. Seit 1888 ist HERMANN HERDER Besitzer der Firma, und der bereits seit 1868 im Geschäft thätige FRANZ JOSEPH HUTTER steht ihm als Teilhaber zur Seite.

Acta et decreta sacrorum Conciliorum recentiorum. Collectio Lacensis. Auctoribus presb. S. J. e domo B. V. M. sine labe conceptiae ad Lacum. 1870—90. M. 121,50. Geb. M. 151,50.
Alzog, J., Grundriss der Patristik. 1. Aufl. 1858. Brosch. M. 8.
Atlas universal. Edición Centro Americana. M. 6,80; — Edición Sur Americana. M. 4.
Geistbeck, M., Der Weltverkehr. Telegraphie und Post, Eisenbahnen und Schiffverkehr, in ihrer Entwicklung dargestellt. Mit 122 Abbildungen und 33 Karten. 1887. M. 8. Geb. M. 10.
Hefele, J., Conciliengeschichte. Nach den Quellen bearbeitet. Fortgesetzt von J. HERGENRÖTHER. Bd. I—VI und VIII. IX. 1887—1890. M. 84,40. Einband à M. 2.
Hergenröther, J., Handbuch der allgemeinen Kirchengeschichte. 3. Aufl. 3 Bde. 1879—1880. M. 24. Geb. M. 47,50.
Hesse-Wartegg, E. v., Kanada und Neu-Fundland. Mit 54 Illustrationen und 1 Übersichtskarte. M. 5. Geb. M. 7.
Hettinger, F., Lehrbuch der Fundamentaltheologie. 2. Aufl. 1888. Brosch. M. 12.
Jahrbuch der Naturwissenschaften, Bd. I—VII. M. 37. Geb. M. 44.
Janssen, J., Geschichte des deutschen Volkes. 6 Bände, und »An meine Kritiker«. 1887—91. M. 49,70. Geb. M. 55,70.
Kihn, H., Encyklopädie und Methodologie der Theologie. 1892. Brosch. M. 8.
Lehmkuhl, A., Theologia moralis. 2 voll. M. 16. Geb. M. 20.
Missionen, Die katholischen. Illustrierte

Monatschrift. Jahrgang 1872—1877. 1879—1886. 1888—1891. M. 89.
Pastor, L., Geschichte der Päpste. 2 Bde. 1889. M. 20. Geb. M. 24.
Pesch, T., Institutiones logicales. 2 partes in 3 voll. 1888—1890. Brosch. M. 16.
Ponte, L. de, Meditationes de praecipuis fidei nostrae mysteriis. 6 partes. 1859—90. M. 13,60. Geb. M. 18,40.
Realencyclopädie der christlichen Altertümer. Unter Mitwirkung mehrerer Fachgenossen bearbeitet und herausg. von A. H. KRAUS. 2 Bde. 1870—1886. M. 34,40.
Scheeben, M. J., Handbuch der katholischen Dogmatik. 3 Bde. 1873—1887. M. 35,20. Geb. M. 45,70.
Schwane, J., Dogmengeschichte. 3 Bde. 1890. Brosch. M. 24.
Schmitt, J., Explicación del catecismo de la doctrina cristiana del obispo H. A. Thiel. Trad. al castellano por V. Orti y Escolano. 2 voll. 1891—92. M. 13.
Staatslexicon. Herausg. im Auftrage der Görres-Gesellschaft zur Pflege der Wissenschaft im kathol. Deutschland durch A. BRUDER. 2 Bde. M. 22,40. Geb. M. 27,20.
Stimmen aus Maria-Laach. Katholische Blätter. Band I—XLI. Ungeb. M. 118,40.
Wetzer und Welte's Kirchenlexikon oder Encyclopädie der katholischen Theologie und ihrer Hilfswissenschaften. 2. Aufl. begonnen von J. HERGENRÖTHER und fortgesetzt von F. KAULEN. Bd. I—VII. 1887 bis 1890. à Bd. 2 pft. brosch. M. 14. à Bd. 2 pft. geb. M. 13,40.
Und eine Anzahl anderer wichtiger, zumeist katholisch-theologischer Werke.

H. S. HERMANN in BERLIN.

Die Firma H. S. HERMANN, gegründet 1837, unterhält neben der Verlagsbuchhandlung eine sehr leistungsfähige Buchdruckerei (19 Schnellpressen, darunter 3 Rotationsmaschinen; beschäftigt 450 Arbeiter), eine lithographische Anstalt und Steindruckerei und eine Photolithographie- und Lichtdruck-Anstalt.

Chinesische Wandkarte. Aufgezogen. M. 75. Mit chines. Schrift.

HESSLING & SPIELMEYER in BERLIN.

Die Firma ging im Jahre 1891 aus der wohlrenommierten Verlagsbuchhandlung von CH. CLAESEN & CIE. (gegründet 1871) hervor und hat, stets die gleiche Richtung beibehaltend, auf dem Gebiete der Architektur und des Kunstgewerbes eine achtunggebietende Stellung behauptet. Das Geschäft unterhält eine Zweigniederlassung in New-York.

Bérain, J., Dekorations-Motive im Stile Ludwig XIV. Geb. M. 16.
Boucher, F., Amoretten und dekorative Figuren. Geb. M. 36.
Brechenmacher, F., Moderne Kunstschmiedearbeiten. 3 Serien. In Mappe. M. 32.
Habermann, F. H., Rococo. Ornamentensammlung aus dem 18. Jahrhundert. Geb. M. 25; — Vorbilder der Kunsttischlerei im Style des Rococo. 2 Serien. Geb. M. 30.

Hoffmann, A., Holzskulpturen. 2 Bd. Geb. M. 40.
Meisterwerke schweizerischer Glasmalerei. Geb. M. 160.
Rückwardt, H., Cölner Neubauten. 3 Serien. Geb. M. 160; — Architektonische Studienblätter aus Budapest. Geb. M. 70.
Schirmer, R., Plastische Ornamente für Bau- u. Kunstgewerbe. 2 Teile. Geb. M. 70.
Villa, Die deutsche. Original-Entwürfe hervorragender Architekten und Baumeister. 2 Teile. Geb. M. 40.

CARL HEYMANN's VERLAG in BERLIN.

Die Firma CARL HEYMANNs Verlag, gegründet im Jahre 1815, verlegt fast ausschliesslich rechts- und staatswissenschaftliche Werke vorwiegend amtlichen Charakters, und befasst sich ausserdem hauptsächlich mit der Besorgung amtlicher Drucksachen. Die Werke über Patent- und Versicherungswesen geniessen, wie auch die übrigen offiziellen Erscheinungen dieses Verlages, einen weitgehenden und wohlberechtigten Ruf, begründet durch ihre amtliche Genauigkeit.

Patentblatt, Jahrgang 1891. M. 12.
Auszüge aus den Patentschriften. Jahrgang 1891. M. 40.
Patentrolle, Jahrgang 1891. M. 3.
Mitteilungen aus dem Patentamt. Jahrgang 1891. M. 4.
Der Deutsche Herold, Zeitschrift für Wappen-, Siegel- und Familienkunde, herausg. von M. HILDEBRANDT. Jahrgang 1891. M. 18.
Nautisches Jahrbuch oder Ephemeriden und Tafeln für 1893—95. M. 4,50.
Repertorium der technischen Journal-

literatur. Im Auftrag des Patentamtes herausg. von Dr. HARTIG. Jahrg. 1891. M. 15.
Bericht über die allgemeine Ausstellung für Unfallverhütung. Berlin 1889. 2 Bde. 1890—91. M. 70.
Poschinger, H. v., Fürst Bismarck als Volkswirt. 3 Bde. 1889—91. Brosch. M. 67,50; Geb. M. 84,50; — Aktenstücke zur Wirtschaftspolitik des Fürsten Bismarck. 2 Bde. 1889—91. M. 12. Geb. M. 22.
Schück, R., Brandenburg-Preussens Kolonial-Politik unterdem Grossen Kurfürsten und seinen Nachfolgern. 2 Bde. 1889. M. 14.

J. C. HINRICHS'sche BUCHHANDLUNG in LEIPZIG.

Die J. C. Hinrichssche Buchhandlung wurde 1791 von Aug. Leberecht Reinicke begründet, der sich später mit Joh. Conrad Hinrichs associierte. Im Jahre 1800 übernahm Letzterer das Geschäft auf eigene Rechnung und firmierte mit seinem Namen. Nach seinem Tode (1813) führte seine Witwe die Firma weiter und fand in ihrem Neffen Christ. Friedr. Adolf Rost einen Gesellschafter, der sie thatkräftig unterstützte und auf den 1850 das gesamte Geschäft als Eigentum überging. Adolf Rost nahm 1850 seinen Sohn Ludw. Adolf Hermann Rost als Socius auf, dem sich später Adolf und David Rost als Teilhaber zugesellten. — Die Firma pflegt hauptsächlich Bibliographie, Theologie, Ägyptologie, Assyriologie. Zu den bibliographischen Arbeiten, die noch heute besonders gepflegt werden, legte J. C. Hinrichs im Jahre 1797 den Grund. Bereits 1798 nahm das »Verzeichnis der wirklich erschienenen neuen Bücher« die Form an, die in der Hauptsache noch heute der »Halbjahrskatalog« zeigt. Ende der fünfziger Jahre zog die Firma die Ägyptologie in ihre besondere Verlagsthätigkeit, und diese weist ebenfalls, wie der 1874 begonnene assyriologische Verlag, stattliche Werke auf. Seit den letzten Jahrzehnten ruht jedoch der Schwerpunkt dieses Verlages auf Werken der wissenschaftlichen Theologie.

Wöchentliches Verzeichnis der erschienenen und der vorbereiteten Neuigkeiten des deutschen Buchhandels. Nach den Wissenschaften in 17 Abteilungen geordnet mit Register zu jeder Nummer. 58. Jahrgang 1893. 52 Nummern. M. 7,50. Vierteljahrsregister hierzu je 60 Pf.

Vierteljahrskatalog der Neuigkeiten des deutschen Buchhandels. Nach den Wissenschaften in 20 Abteilungen geordnet mit Register zu jedem Heft. 4. Jahrgang 1893. 4 Hefte. M. 6,50.

Halbjahrskatalog die maasgebendste Veröffentlichung deutscher Bibliographie. Alphabetisch geordnet mit doppeltem Register. a) nach den Wissenschaften in 104 Abteilungen, b) nach Stichworten geordnet. 189. Fortsetzung. 1893. II. Bd. M. 6.

Fünfjahreskatalog, je 10 Bde. des Halbjahrskatalogs zusammengearbeitet. Bd. I bis VIII. 1851—1890. M. 288. Hierzu gehörig Repertorium, nach den Wissenschaften geordnet für 1871—75, 1876—80, 1881—85 und Sachregister nach Stichworten geordnet für 1886—90.

Aegyptologie. Zeitschrift für ägyptische Sprache und Alterthumskunde. Heraug. von H. Brugsch, Lepsius, Erman. 0. Bd. 1892. M. 15.

Brugsch, Hieroglyphisch-demotisches Wörterbuch. 7 Bde. 1867—82. M. 180. — Dictionnaire géographique de l'ancien Egypte. 1879. M. 450; — Thesaurus inscriptionum Aegyptiacarum. 1883—91. M. 404.

Dümichen's Inschriftenwerke. Geographische Inschriften M. 340; — Historische M. 168; — Kalenderinschriften M. 120; — Tempelinschriften M. 160; — The fleet of an Egyptian Queen. M. 111,50; — Grabpalast des Patnamenap. I—II M. 440.

Assyriologische Bibliothek, herausg. von Friedr. Delitzsch und Paul Haupt. 1881 bis 1892. M. 495,50.

Beiträge zur Assyriologie und vergleichende semitische Sprachwissenschaft von denselben Herausgebern. Bd. I und II 4.2. M. 77.

Theologische Litteraturzeitung, herausg. von E. Schürer und A. Harnack. 18. Jahrgang. 1893. M. 16.

Realencyklopädie für protestantische Theologie und Kirche. 2. Aufl. heraug. von J. J. Herzog, G. L. Plitt und Alb. Hauck. 18 Bde. 1877—88. M. 192, geb. M. 216.

Texte und Untersuchungen zur Geschichte der alt-christlichen Litteratur, heraug. von O. v. Gebhardt und A. Harnack. 1888—1892. Soweit bisher erschienen; M. 212.

Hauck, Kirchengeschichte Deutschlands. Bd. I u. II. M. 24,50, geb. M. 27,70.

Tischendorf. Novum testamentum graece editio octavo critica major. 2 voll. et Prolegomena scripsit C. R. Gregory. pars 1 bis 2. M. 56,50.

FERDINAND HIRT & SOHN in LEIPZIG.

Diese Firma wurde mit einer Anzahl von FERDINAND HIRT in Breslau übernommener Verlagsartikel im Jahre 1873 gegründet und 1879 von ARNOLD HIRT erworben. Letzterer entwickelte eine ausserordentlich fruchtbare Thätigkeit, besonders auf dem Gebiete der Jugendschriften-Litteratur, als deren Hauptvertreter OSCAR HÖCKER, CLEMENTINE HELM, BRIGITTE AUGUSTI u. A. zu nennen sind. Ausserdem sind einige andere Werke, die der Firma alle Ehre machen, sehr beachtenswert.

Augusti, Brigitte, Am deutschen Herd. Kulturgeschichtliche Erzählungen. Für das reifere Mädchenalter. 8 Bde. Geb. à M. 6.
— Am fremden Herd. Bunte Bilder aus der Nähe u. Ferne. Für das reifere Mädchenalter. 8 Bde. Geb. à M. 6.
Brennecke, A., Im Wechsel der Tage. Anthologie. Mit Illustr. Hoch-4°. Eleg. geh. M. 10.
Helm, Cl., Vater Carlet's Pflegekind. — Doris und Dora.
— Der Weg zum Glück. Geb. à M. 7.
Hentschel und Märkel, Umschau in Heimat und Fremde. Geographisches Lesebuch. 2 Bde. M. 6,10.
Hirt, F., Geographische Bildertafeln. 5 Teile. in 5 Abteilungen. Geb. M. 24,75.
— Historische Bildertafeln. 2 Teile. Geb. M. 7,50.

Höcker, O., Das Ahnenschloss. Kulturgeschichtliche Erzählungen. Mit Illustr. 4 Bde. Geb. à M. 5; — Der Sieg des Kreuzes. Kultur- und religionsgeschichtliche Bilder. Mit Illustr. 5 Bde. Geb. à M. 5;
— Preussens Heer, Preussens Ehr'! Militär- und kulturgeschichtliche Bilder aus 3 Jahrh. Mit Illustr. 4 Bde. Geb. à M. 5.
Schilling,S., Grundriss der Naturgeschichte der drei Reiche. 3 Bde. (4 Teile.)
Schilling und Wasber, Kleine Schulnaturgeschichte. 8 Bde. (4 Teile.)
Seydlitz, Geographie. 4 Ausgaben, und andere Schulbücher.
Stanley, H. M., Kalulu, Prinz, König und Sklave. Schilderungen für die deutsche Jugend. Geb. M. 6.
Wahlsprüche der Hohenzollern. Familien-Ausgabe. Fol. In Mappe. M. 25. Jugend- und Volks-Ausgabe. M. 2,50.

S. HIRZEL in LEIPZIG.

Diese Firma wurde 1853 von SALOMON HIRZEL, eine auf dem Gebiete der Goetheforschung hervorragende Persönlichkeit, begründet. Als Verleger unterhielt HIRZEL dauernde Beziehungen mit GUSTAV FREYTAG, und dessen wohlbekannte kulturgeschichtliche Romane fanden durch seinen Verlag eine enorme Verbreitung und zählen jetzt noch zu den beliebtesten Büchern der deutschen Litteratur. Ein Monumentalwerk ersten Ranges ist das im gleichen Verlag im Erscheinen begriffene »Deutsche Wörterbuch« der Gebrüder GRIMM. Ausserdem wurde eine grosse Reihe bedeutender Werke aus fast allen Gebieten der Wissenschaft im HIRZEL'schen Verlage herausgegeben. Nach dem Tode des Gründers (1877) übernahm sein Sohn HEINRICH HIRZEL die Firma, die er noch heute in gleicher Bahn führt.

Boyen, H. v., Erinnerungen aus dem Leben des General-Feldmarschalls H. v. Boyen. Herausgegeben von F. NIPPOLD. 3 Bde. M. 36.
Credé, C., und G. Leopold, Lehrbuch der Geburtshülfe für Hebammen. M. 4,80.
Freytag, Gust., Gesammelte Werke. 11 Bde. M. 75.
Grimm, J. u. W., Deutsches Wörterbuch. Fortgesetzt von HEYNE, HILDEBRAND, LEXER, WEIGAND und WÜLKER. Bd. I–VIII. (Soweit erschienen.) M. 2rd.
Heyne, M., Deutsches Wörterbuch. Bd. I u. II. M. 20.

Irmer, G., Die Verhandlungen Schwedens und seiner Verbündeten mit Wallenstein und dem Kaiser. 1631–1634. 3 Bde. M. 29.
Lehmann, M., Scharnhorst. 2 Bde. Broach. M. 21.
Schultz, A., Das höfische Leben zur Zeit der Minnesänger. 2 Bde. M. 30.
Universitäts-Frauenklinik, Die Königliche, in München. 1884–1894. Berichte und Studien, herausg. von F. v. WINCKEL. M. 16.
Winckel, F. v., Lehrbuch der Frauenkrankheiten. M. 16.

HINSTORFF'sche HOFBUCHHANDLUNG in WISMAR.

Die Hinstorffsche Hofbuchhandlung wurde am 2. September 1831 von Detloff Carl Hinstorff in Parchim gegründet, 1835 wurde eine Zweigniederlassung, verbunden mit Druckerei, in Ludwigslust eröffnet. Im Jahre 1849 wurde das Hauptgeschäft von Parchim nach Wismar verlegt, im Jahre 1864 in Rostock eine Filiale, verbunden mit Buchdruckerei, eröffnet, und im Jahre 1867 auch in Wismar eine Buchdruckerei gegründet. Die Firma (Verlag und Sortiment waren noch nicht getrennt) firmierte nunmehr Hinstorffsche Hofbuchhandlung in Wismar, Rostock und Ludwigslust. Der im Jahre 1881 zum grossherzogl. Kommerzienrat ernannte Hofbuchhändler Detloff Carl Hinstorff, der Gründer der Firma, starb im Jahre 1882. Seitdem wird die Hinstorffsche Hofbuchhandlung Verlagskonto für Rechnung seiner gesamten Erben verwaltet. — Die Verlagsthätigkeit der Firma erstreckt sich neben Belletristik hauptsächlich auf Jurisprudenz, Landwirtschaft und Pädagogik, ohne dass je das Bestreben, den Verlag in bestimmter Richtung zu spezialisieren, einseitig hervorgetreten wäre. Der nennenswerteste Verlagsartikel ist Reuters Werke, welche seit 1859 im Hinstorffschen Verlag erscheinen, nachdem Reuter zwei Auflagen seiner Läuschen und Rimels I, II, und seiner Reis' nach Belligen im Selbstverlag herausgegeben hatte. Von den 13 Bänden der Reuterschen Gesamtwerke, Oktav-Ausgabe, erschienen bis heute 200 Auflagen mit weit über 600 000 Bänden. Von der sogenannten Volksausgabe der Gesamtwerke Reuters (7 Bände) sind bis jetzt 7 Auflagen in zusammen 109 000 Exemplaren (= 763 000 Bände) erschienen.

Reuter, Fr., Sämtliche Werke. 13 Bde. Geb. M. 60, in besserem Einband M. 79; — Dieselben. Volksausgabe. 7 Bde. Verschieden gebunden M. 26, M. 29,40, M. 34; — Dieselben. Separat-Ausgabe. 13 Bde. Geb. M. 91.

Semler, H., Tropische Agrikultur. Handbuch für Pflanzer und Kaufleute. Bd. I bis IV, 1. Karl. M. 66, geb. M. 66; — Reisen nach und in Nord-Amerika, den Tropenländern und der Wildniss. Geb. M. 5.

KARL W. HIERSEMANN in LEIPZIG.

Die Firma wurde durch Karl W. Hiersemann im Jahre 1884 als Antiquariatsbuchhandlung begründet, und hat sich infolge gewandter Thätigkeit und fachmännischer Tüchtigkeit ihres Besitzers mit staunenswerter Schnelligkeit zu einer umfangreichen und leistungsfähigen Handlung entwickelt. Ein gut gewählter Verlag ist mit dem Antiquariat verbunden. Die Firma vertritt speziell Kunst, Architektur und Kunstgewerbe, Orientalia und Americana.

Antiquariats- und Lager-Katalog Nr. 1 bis 190. Geb.

MAX HOCHSPRUNG in BERLIN.

Verlagsbuchhandlung, gegründet 1891. Die Firma übernahm als Grundstock das nachstehende Werk noch unvollendet und ergänzte es bis auf die Neuzeit.

Krickel, G. und G. Lange, Das deutsche Reichsheer in seiner neuesten Bekleidung und Ausrüstung. In Bild und Wort dargestellt. Mit Nachtrag. Mit chromolithographischen Abbildungen. Gr. qu. 4°. Geb. M. 25.

CARL HÖCKNER in DRESDEN.

Verlagsbuchhandlung, gegründet 1814. Die Firma betreibt den Verlag von militärwissenschaftlichen Werken und debitiert lange Zeit die »Sächsischen Generalstabskarten« und die »Rangliste der königlich sächsischen Armee«. Neuerdings erschien in diesem Verlage KAEMMELS deutsche Geschichte, ein durch Anschaulichkeit der Darstellung, Klarheit der Gliederung und wesentliche Berücksichtigung der Kulturgeschichte Aufsehen erregendes Werk dieses erprobten Geschichtsforschers.

Kaemmel, O., Deutsche Geschichte. Geb. M. 16.

JULIUS HOFFMANN in STUTTGART.

Verlagsbuchhandlung. Gegründet 1862 unter der Firma K. THIENEMANNS Verlag. Seit 1885 firmiert DR. JULIUS HOFFMANN, der bereits seit 1861 Besitzer der Firma ist, unter seinem Namen und beschränkt seine Thätigkeit vorzugsweise auf naturwissenschaftlichen und kunstgewerblichen Verlag, und leistete Hervorragendes.

Decorative Vorbilder. Eine Sammlung von figürlichen Darstellungen und kunstgewerblichen Verzierungen. Jahrgang I, II, III und IV. In Mappe à M. 15. Erscheint fortlaufend in Jahrgängen von 12 Monatsheften à M. 1. Jeder Jahrgang enthält 60 meist vielfarbige Tafeln.

Bilderschatz für das Kunstgewerbe. Eine internationale Rundschau über die hervorragendsten Abbildungen aus den Kunstpublikationen aller Länder. 120 Tafeln in Schwarzdruck. Geb. M. 15.

Der Ornamentenschatz. Ein Musterbuch stilvoller Ornamente aus allen Kunstepochen, 85 Farbendrucktafeln; herausg. von H. DOLMETSCH. Geb. M. 35.

Schriftenatlas. Eine Sammlung der wichtigsten Schreib- und Druckschriften aus alter und neuer Zeit nebst Initialen, Monogrammen, Wappen etc. 114 Tafeln, zusammengestellt von LUDW. PETZENDORFER. Geb. M. 24.

Japanische Vorbilder. Ein Sammelwerk zur Veranschaulichung japanischer Kunstprodukte aus den Gebieten der Aquarell-, Lack- und Porzellanmalerei, der Broncetechnik und Emaillierkunst, der Weberei, Schablonentechnik u. s. w. nach japanischen Originalmustern herausg. von H. DOLMETSCH. 60 Tafeln in Farbendruck, Lichtdruck und Zinkätzung. M. 21.

Das Möbel. Ein Musterbuch stilvoller Möbel aus allen Ländern in historischer Folge. Herausg. von A. LAMBERT u. E. STAHL. 100 Tafeln in Farbendruck, Lichtdruck und Zinkätzung. Eleg. kart. M. 25.

Monogramm-Album. Musterblätter für Weiss-, Bunt-, Gold-Stickerei und Lederpressung, Porzellan- und Majolika-Malerei. 50 Farbendrucktafeln. In Mappe M. 16,50.

Vignetten, Umrahmungen, dekorative Ornamente u. s. w. des 17. und 18. Jahrhunderts. 73 Tafeln in Lichtdruck. In Mappe M. 22.

Ornamentale Entwürfe. Eine Sammlung von Friesen, Füllungen, Eckstücken u. s. w. von C. POLICH. Bearbeitet von A. SCHILLER. 24 Lichtdrucktafeln. In Mappe M. 10.

HOFFMANN & OHNSTEIN in LEIPZIG.

Verlagsbuchhandlung, gegründet 1868 und seit 1878 im alleinigen Besitz von WILHELM HOFFMANN. Beschäftigt sich hauptsächlich mit Frauenlitteratur und Kunstgewerbe.

Bender, E., Hofkunststickerin in Wiesbaden, Das Stickerei-Monogramm für Ausführung in Gold-, Seiden- u. Weissstickerei. 150 Tafeln. In Mappe M. 90.

HEINRICH HOFFMEISTER in LEIPZIG.

Der Zeichenlehrer HOFFMEISTER erstreckt seine Thätigkeit auf Modellieren, gewerbliches Zeichnen, Entwerfen von Druck- und Zierschriften und Ornamenten.

Musterbuch. Abbildungen von Clichés, Vignetten, Einfassungen, Polytypen.

A. HOFMANN & Co. in BERLIN.

Dieser Verlag, gegründet 1865, hat sich fast ausschliesslich auf dem Gebiete des Humors und der Satyre bethätigt, und die bekannten Satyriker ADOLF GLASSBRENNER und D. KALISCH und andere haben, zumeist unter den Pseudonymen »Kladderadatsch« und »Schulze und Müller« verborgen, für ihre mit gesundem und vorzüglichem Witz gewürzten Geistesprodukte stets einen willigen und regen Förderer in H. A. HOFMANN und seinem Sohn und Nachfolger R. HOFMANN, dem jetzigen Besitzer der Firma, gefunden. Im Jahre 1848 begann die illustrierte humoristischsatyrische Wochenschrift »Kladderadatsch«, von A. KALISCH begründet, zu erscheinen und ist dieselbe unstreitig die weitest verbreitete Zeitschrift dieser Art.

Kladderadatsch. Illustr. humor.-satyr. Wochenschr. Jahrg. 1848—1891. M. 600. Bismarck-Album des Kladderadatsch. In Leder geb. M. 10; In Leinwand geb. M. 9; Kart. M. 6.

Monumenta Germaniae paedagogica. Schulordnungen, Schulbücher und pädagogische Miscellaneen. Herausg. von K. KEHRBACH. Bd. I—XI. XIII. XIV. M. 293. Auch einzeln käuflich.

OTTO HOLTZE's NACHFOLGER in LEIPZIG.

Der Verlag von ADOLPH MÜLLER und die im KARL TAUCHNITZschen Verlage erschienenen Wörterbücher und Stereotypausgaben griechischer und römischer Klassiker gingen 1865 an OTTO HOLTZE über. Seit dem 1. Jan. 1892 befindet sich die Handlung im Besitze von RICHARD BRANDSTETTER.

Helms, S. H., Wörterbuch der dänischen und der deutschen Sprache. Geb. M. 9,50;
— Wörterbuch der schwedischen und deutschen Sprache. Geb. M. 10,75.
Kaltschmidt, J. H., Wörterbuch der englischen und deutschen Sprache. Geb. M. 9,50.
— Wörterbuch der französischen und deutschen Sprache. Geb. M. 7,85.

Potocki, F. A., Słownik polskiego i rossyjskiego języka opracowany. (Polnischruss. Wörterbuch, 2 Teile. Geb. à M. 11,75.
Schmidt, J. A. E., Russisches und deutsches Wörterbuch. Geb. M. 10,85.
Taschenwörterbücher in 16°. Format in grosser Auswahl.
Griechische und römische Schriftsteller in K. TAUCHNITZschen Stereotypausgaben.

GEBRÜDER HUG in LEIPZIG.

Musikalien- und Instrumentenhandlung, gegründet 1865. Besitzer JAC. EMIL HUG in Zürich. Das Hauptgeschäft (gegründet 1807) in Zürich unterhält Filialen in Leipzig, Basel, St. Gallen, Konstanz, Luzern und Strassburg.

Musik für Pianoforte, Violine, Guitarre, Zither, u. s. w. Compositionen für Orgel und Harmonium. Moderne Claviermusik. Unterrichtswerke. Chormusik.

W. S. HOLLMANN in BREMEN.

Buch-, Kunst- und Landkartenhandlung, gegründet am 1. Oktober 1846. Seit 1877 im Besitz von H. C. W. Borries-Hollmann.

Wiegandt, R., Das malerische Bremen. 20 Blatt Photogravüren von J. B. Obernetter in München. Prachtwerk mit Goldschnitt. Fol. In Mappe M. 26.

BIBLIOGRAPHISCHES INSTITUT (MEYER) in LEIPZIG.

Die Firma wurde am 1. August 1826 in Gotha durch JOSEPH MEYER gegründet. Die Anfänge, unter denen MEYER in Gotha eine Druckerei mit Verlag begründete, waren mehr als bescheiden: zwei in einem Gartenhause aufgestellte Handpressen waren die erste Grundlage zu der jetzigen Weltfirma. MEYER war infolge misslicher Zunftverhältnisse gezwungen, auszuwandern und siedelte 1828 nach Hildburghausen über. Hier hob sich das Geschäft bald in erfreulicher Weise, es erschienen das Aufsehen erregende grossartige Werk »Das Universum«, Ausgaben griechischer und römischer Autoren, die Volks- und Klassikerbibliothek u. s. w. Bereits im Jahre 1839 wurde das grossartigste Werk dieses Verlages, das »Konversations-Lexikon« begonnen und nach reichlichen Mühen und vielen Fährlichkeiten nach 17 Jahren (1855) beendet. Dieses Riesenunternehmen machte mit Beginn der 3. Auflage im Jahre 1874 die Übersiedelung nach Leipzig für das inzwischen ganz bedeutend erweiterte Geschäft zur Notwendigkeit. Nach dem Tode des Gründers (1856) übernahm sein Sohn HERMANN JULIUS MEYER das Geschäft, und ihm war es vorbehalten, das väterliche Erbteil unter anfänglich äusserst schwierigen Verhältnissen zu seiner jetzigen Blüte zu erheben. Unter seinem Wirken entstanden »BREHMS Tierleben«, »MEYERS Handlexikon«, die »Fachlexika«, die »Sprachführer« u. s. w. und neuerdings die Werke von NEUMAYR, KERNER VON MARILAUN, RANKE, RATZEL. Als Teilhaber und rege Mitarbeiter stehen dem Besitzer dessen Söhne DR. HANS MEYER und ARNDT MEYER zur Seite. Die hier erwähnten Unternehmungen bilden, wenngleich die bedeutendsten und umfangreichsten, immer nur einen Teil des Verlages der Firma. — Die grossartigen technischen Einrichtungen des Weltbauses, welche sämtliche Betriebe des Buchgewerbes umfassen, dienen nur der Herstellung des eigenen Verlags.

Meyer's Konversations-Lexikon, IV. Aufl. Mit 3400 Abbildungen im Text, 350 Karten- und Illustrationsbeilagen, davon 80 Chromodrucke. 16 Bde n. 2 Supplemente. Geb. in 18 Halbfranzbänden à M. 10; — Dasselbe, fünfte neubearbeitete und vermehrte Aufl. Mit ungefähr 10000 Abbildungen, Karten nnd Plänen im Text und aufgse Tafeln, darunter 130 Chromotafeln und 160 Kartenbeilagen. (Im Erscheinen.) Heft 1 (zur Probe ; — Kleines Konversations-Lexikon, V. Aufl. Mit über 100 Illustrationstafeln, Karten und erläuternden Beilagen. Im Erscheinen. Bd. I. u. II. bis jetzt erschienen.) Geb. in 6 Halbfranzbänden à M. 8.

Brehm. Thierleben. III. Aufl. Mit 1800 Abbildungen im Text, 9 Karten und 180 Tafeln in Chromodruck und 80 in Holzschnitt. (Im Erscheinen.) In 130 Liefgn. à M. 1. oder geb. in 10 Bden. à M. 15; — Volks-Ausgabe von R. SCHMIDTLEIN. II. Aufl. Mit 1800 Abbildungen im Text, 1 Karte und 6 Chromotafeln. (Im Erscheinen.) In 36 Liefgen. à M. —,50. Geb. in 3 Bdn. à M. 10. Sievers. Afrika. Mit 154 Abbildungen im Text, 13 Karten und 16 Tafeln in Chromodruck und Holzschnitt. Geb. M. 12; — Asien. Mit 100 Abbildungen im Text, 14 Karten nnd 11 Tafeln in Holzschnitt und Chromodruck. Geb. M. 15.

Kerner von Marilaun. Pflanzenleben. Mit ### Abbildungen im Text und ## Chromotafeln. # Bde. Geb. M. ##.
Neumayr. Erdgeschichte. Mit ### Abbildungen im Text, # Karten und ## Chromotafeln. # Bde. Geb. M. ##.
Ranke. Der Mensch. Mit ### Abbildungen im Text, # Karten und ## Chromotafeln. # Bde. Geb. M. ##.
Ratzel. Völkerkunde. Mit ### Abbildungen im Text, # Karten und ## Chromotafeln. # Bde. Geb. M. ##.
Meyer's kleiner Hand-Atlas. Mit ### Kartenblättern und # Textbeilagen. Geb. M. ##.

Meyer's Klassiker-Ausgaben.

Alle Bände sind in riesigem Leinwandeinband gebunden; für feineren Liebhaber-Lederband sind die Preise um die Hälfte höher.

Deutsche Litteratur. Goethe, herausg. von H. Kurz. ## Bde. M. ##; — Schiller, herausg. von demselben. # Bde. (Vollständigste Ausgabe). M. ##; — Lessing, herausg. von F. Bobertag. # Bde. M. ##; — Herder, herausg. von H. Kurz. # Bde. M. ##; — Wieland, herausg. von demselben. # Bde. M. #; — H. v. Kleist, herausg. von demselben. # Bde. M. #; — Chamisso, herausg. von demselben. # Bde. M. #; — E. T. A. Hoffmann, herausg. von demselben. # Bde. M. #; — Lenau, herausg. von C. Hepp. # Bde. M. #; — Heine, herausg. von E. Elster. # Bde. M. ##; — Hauff, herausg. von M. Mendheim. # Bde. M. #; Eichendorff, herausg. von A. Dietze. # Bde. M. #; — Gellert, herausg. von A. Schullerus. # Bd. M. #; — Bürger, herausg. von A. Baroda. # Bd. M. #; — Tieck, herausg. von G. L. Klee. # Bde. M. #; — Brentano, herausg. von J. Dohmke. # Bd. M. #; — Arnim, herausg. von demselben. # Bd. M. #; — Novalis und Fouqué, herausg. von demselben. # Bd. M. # ; — Uhland und Körner sind unter der Presse.

Englische Litteratur. Altenglisches Theater, von Robert Prölss. # Bde. M. #,##; — Burns, Lieder und Balladen, von K. Bartsch. M. #,##; — Byron, Ausgewählte Werke, Strodtmann'sche Ausgabe. # Bde. M. #; — Chaucer, Canterbury-Geschichten, von W. Hertzberg. M. #,##; — Defoe, Robinson Crusoe, von K. Altmüller. M. #,##; — Milton, Das verlorne Paradies, von demselben. M. #,##; — Shelley, Ausgewählte Dichtungen, von Ad. Strodtmann. M. #,##; — Sterne, Die empfindsame Reise, von K. Eitner. M. #,##; Tristam Shandy, von F. A. Gelbcke. M. #; — Amerikanische Anthologie, von Ad. Strodtmann. M. #.

Französische Litteratur. La Bruyère, Die Charaktere, von K. Eitner. M. #,##; — Lesage, Der hinkende Teufel, von L. Schücking. M. #,##; — Mérimée, Ausgewählte Novellen, von Ad. Laun. M. #,##; — Molière, Charakter-Komödien, von demselben. M. #,##; — Rabelais, Gargantua, von F. A. Gelbcke. # Bde. M. #; — Racine, Tragödien, von Ad. Laun. M. #,##; — Rousseau, Bekenntnisse, von L. Schücking. # Bde. M. #,##; Briefe, von Wigand. M. #; — Saint-Pierre, Paul und Virginie, von K. Eitner. M. #; — Sand, Ländliche Erzählungen, von Aug. Cornelius. M. #,##; — Staël, Corinna, von M. Bock. M. #; — Töpffer, Rosa und Gertrud, von K. Eitner. M. #,##.

Italienische Litteratur. Ariost, Rasender Roland, von J. D. Gries. # Bde. M. #; — Dante, Göttliche Komödie, von K. Eitner. M. #; — Manzoni, Die Verlobten, von F. Schröder. # Bde. M. #,##.

Spanische und Portugiesische Litteratur. Camoëns, Die Lusiaden, von K. Eitner. M. #,##; — Cervantes, Don Quichotte, von Edm. Zoller. # Bde. M. #; — Cid, Romanzen, von K. Eitner. M. #,##; — Spanisches Theater, von Rapp und Kurz. # Bde. M. #,##.

Skandinavische und Russische Litteratur. Björnson, Bauern-Novellen, von E. Lobedanz. M. #,##; — Dramatische Werke, von demselben. M. #; — Holberg, Komödien, von R. Prutz. # Bde. M. #; — Die Edda, von H. Gering. M. #.

Litteratur des Altertums. Äschylos, Dramen, von A. Oldenberg. M. #; — Anthologie griechischer und römischer Lyriker. # Teile in # Bd. M. #; — Euripides, Ausgewählte Dramen, von J. Mähly. M. #,##; — Homer, Odyssee, von F. Ehrenthal. M. #,##; Ilias, von demselben. M. #,##; — Sophokles, Dramen, von H. Viehoff. M. #,##; — Geschichte der antiken Literatur, von J. Mähly. # Teile in # Bd. M. #,##.

Meyer's Reisebücher. Vollständige Reihe. Verschieden im Preise.

KAISERLICH DEUTSCHES ARCHÄOLOGISCHES INSTITUT

ist der heutige amtliche Titel des »Instituto di corrispondenza archeologica«, welches im Jahre 1829 in Rom von Angehörigen verschiedener Nationen als ein Mittelpunkt für das Studium der klassischen Archäologie gegründet, im Jahre 1870 vom Preussischen Staate, 1873 vom Deutschen Reiche übernommen und durch eine Zweiganstalt in Athen erweitert wurde. Der Sitz der geschäftlichen Leitung ist in Berlin, wo das Institut in Verbindung mit der Preuss. Akademie der Wissenschaften steht. In Institutsangelegenheiten adressiert man an den General-Sekretär in Berlin W, Corneliusstrasse 2, II. oder an die Sekretariate in Rom, Via di monte Tarpeo 13, in Athen Phidiasstrasse 1. Bestellungen von Schriften des Instituts kann ausserdem jede Buchhandlung annehmen.

Nähere Auskunft über die Entwickelung der Anstalt gibt das mitausgestellte Buch von Ad. MICHAELIS in Strassburg »Geschichte des Deutschen Archäologischen Instituts 1829—1879«. Berlin, G. REIMER 1879.

Zur Ausstellung ist eine Auswahl der, mit Ausnahme von Nr. 3, in Deutschland hergestellten Institutswerke gebracht:

1. **Antike Denkmäler.** Band I. Berlin, G. REIMER. 1886 ff.
2. **Jahrbuch des kaiserlich deutschen Archäologischen Instituts.** Berlin, G. REIMER.
   Band I. 1886.
   Band II. 1891.
3. **Mittheilungen des kaiserlich deutschen Archäologischen Instituts.**
   Römische Abtheilung. Rom, LOESCHER & Co. Band I. 1886 u. Band VI. 1891.
   Athenische Abtheilung. Athen, KARL WILBERG. Band X. 1885 u. Band XVI. 1891.
4. **Die antiken Sarkophag-Reliefs**, von CARL ROBERT. II. Band. Mythologische Cyklen. Berlin, GROTE. 1890.
5. **Die antiken Terracotten**, herausg. von REINHARD KEKULÉ. Berlin u. Stuttgart, W. SPEMANN.
   Band I. Die Terracotten von Pompeji von HERRMANN v. ROHDEN. 1880.

Band II. Die Terracotten von Sicilien vom HERAUSGEBER. 1884.
6. **Karten von Attika**, herausg. von E. CURTIUS und J. A. KAUPERT mit erläuterndem Text von A. MILCHHÖFER. Berlin, REIMER & HÖFER. 1881 ff.
7. **Mykenische Thongefässe**, von A. FURTWÄNGLER und G. LÖSCHCKE. Berlin, G. REIMER. 1879.
8. **Mykenische Vasen.** Vorhellenische Thongefässe aus dem Gebiet des Mittelmeeres von A. FURTWÄNGLER und G. LÖSCHCKE. — Atlas und Text. — Berlin, G. REIMER. 1886.
9. **Die antiken Baureste der Insel Lesbos**, von ROBERT KOLDEWEY. Berlin, G. REIMER. 1890.
10. **Wand- und Deckenschmuck eines römischen Hauses aus der Zeit des Augustus**, von JULIUS LESSING und AUGUST MAU. Berlin, G. REIMER. 1891.

Die Einbände sind von der Kaiserlichen Reichsdruckerei besorgt.

Ein bis zum Jahre 1890 vollständiges Verzeichnis der vom Institut herausgegebenen Werke findet sich am Ende des V. Bandes des Jahrbuchs des Instituts. — Seitdem sind ausser den Fortsetzungen der antiken Denkmäler, des Jahrbuchs, der Römischen und Athenischen Mittheilungen noch erschienen:

J. Lessing und A. Mau, Wand- und Deckenschmuck u. s. w. s. oben. Berlin, G. Reimer. 1891.
Sergius Iwanoff, Architektonische Stu-
dien, I. Altgriechenland. Mit Erläuterungen von H. Bohn. Berlin, G. Reimer. 1892. Zwei Mappen mit 44 Tafeln Fol. und ein Textheft 4°.

CARL JACOBSEN in LEIPZIG.

Verlagsbuchhandlung und Kunstanstalt, seit 15. Februar 1891. Besorgt den Verlag und die Illustrierung von Prachtwerken und die Anfertigung von Zeichnungen in künstlerischer Ausführung.

Böttcher, G., Der deutsche Michel. Mit Handzeichnungen von F. Flinzer. M. 4,50.
Nordhausen, R., Jost Fritz der Landstreicher. Ein Sang aus den Bauernkriegen. Geb. M. 4,50.

Sohns, F., Harzsagebuch. Illustriert von E. Schulz. M. 3.
Woenig, F., Eine Pusstenfahrt. Bilder aus der ungarischen Tiefebene. Illustriert von A. Klamroth. Geb. M. 3; — In der Csárda. Ungarische Volkslieder. M. 1.

GEOGRAPHISCHES INSTITUT in WEIMAR.

Begründet 1789 von Friedrich Justin Bertuch, jetzt im Besitz von J. I. Kettler. Beschäftigt sich mit Landkarten-, Globen- und Zeitschriftenverlag und geniesst auf diesem Gebiete einen vorzüglichen Ruf.

Die beiden ältesten Generalkarten von Amerika, ausgeführt auf Befehl Kaiser Karl's V. in den Jahren 1317 durch Fernando Colon, Sohn des Christoph Columbus, und 1519 durch Diego Ribano in Sevilla. Facsimile-Karten. Diese Karten sind nicht verkäuflich.

KGL. SAECHS. STENOGRAPHISCHES INSTITUT in DRESDEN.

Errichtet zur Verbreitung stenographischer Lehrmittel und Unterhaltungsschriften und zur Förderung der Stenographie.

Stenographie. Lehrmittel. — Schreibhefte. — Wörterbücher. — Lesebücher. — Zeitschriften. — Statistiken. — Geschichte. — Vorträge und Abhandlungen.

W. JORDAN's SELBSTVERLAG in FRANKFURT a. M.

Wilhelm Jordan, geboren den 8. Februar 1819 zu Insterburg, ist der Verfasser der nachstehend genannten Werke, zumeist epischen, lyrischen oder dramatischen Inhalts, die er selbst vielfach, und verschiedentlich auch in Amerika, vortrug. Der Dichter lebt in Frankfurt a. M. und hat seinen bedeutenden Schaffungen durch eigenen Vertrieb seit dem Jahre 1867 eine weitgehende Verbreitung gesichert.

Jordan, W., Nibelungen. Gr. Ausg. 4 Bde. Geb. M. 24,50; — Dass. Wohlfeile Ausg. 2 Bde. Geb. M. 11; — Homer Odyssee. Geb. M. 5; — Homer Ilias. Geb. M. 6; — Edda. Geb. M. 6; — Strophen und Stäbe. Geb. M. 7; — Andachten. Geb. M. 6; — Erfüllung des Christenthums. Geb. M. 6;
— Episteln und Vorträge. Geb. M. 5; — Fell Dora. Geb. M. 4; — Letzte Lieder. Geb. M. 4; — Durchs Ohr. Geb. M. 3; — Tausch entlt ucht. Geb. M. 3; — Sein Zwillingsbruder. Geb. M. 3; — Arthur Arden. Geb. M. 4.

Issleib — Keller.

WILHELM ISSLEIB in BERLIN.

Verlagsbuchhandlung, gegründet 1810 und seit 1881 im Besitz von GUSTAV SCHUHR. Verlag des humoristischen Volksblattes »Der Dorfbarbier« und einer Anzahl Schriften zur naturgemässen Heilkunde und zur allgemeinen Gesundheitspflege.

Dorfbarbier, der, Humoristisches Volksblatt. Jahrgang 1891 und 1892. Geb. à M. 8. | Schriften zur Gesundheitspflege und Naturheilkunde.

CARL JÜGEL's VERLAG in FRANKFURT a. M.

Die Firma wurde im Jahre 1823 durch CARL CHRISTIAN JÜGEL begründet. JÜGEL entwickelte besonders auf dem Gebiete der Sprachwissenschaft eine überaus rege und erfolgreiche Thätigkeit. Die in diesem Verlage erschienenen OLLENDORFF'schen Sprachlehrbücher sind weltbekannt geworden. Seit 1883 befindet sich die Handlung im Besitz von MORITZ ABENDROTH.

Wolff, C., Der Kaiserdom in Frankfurt a. M. Eine baugeschichtliche Darstellung. M. 10.

JUNGHANSS & KORITZER in LEIPZIG.

Das Hauptgeschäft der Firma befindet sich (seit 1880) in Meiningen. Die Zweigniederlassung in Leipzig wurde 1891 errichtet. Der Verlag befasst sich hauptsächlich mit Werken zur thüringischen und meiningischen Landeskunde. Zudem hat die Firma eine Kollektion von ca. 500 verschiedenen Aufnahmen der schönsten Punkte Thüringens, Trachten und Genrebilder, u. s. w. veröffentlicht.

Fritze, E., Fränkisch-thüringische Holzbauten aus alter und neuer Zeit. Mit Abbildungen. Gr. 4°. In Mappe M. 43.
Grobe, L., Die Münzen des Herzogthums Sachsen-Meiningen. Mit Abb. Gr. 4°. M. 6. | Oberbrayer, M., Bilder aus Bad Kissingen. 23 Original-Aufnahmen. Geb. M. 15.
Bilder aus Thüringen und aus der Schweiz. — Ansichten von Kissingen, Nürnberg, von Eisenach und der Wartburg.

JÖSTEL & GÖTTEL in LEIPZIG.

Buchdruckerei und Verlag. Gegründet 1886.

Herrenmode, Europäische, Modenzeitung und Fachorgan. Jährlich (12 Nummern) M. 12.
Maler-Zeitung. Illustrierte Zeitschrift für Dekorationsmaler, Anstreicher, Lackierer und verwandte Gewerbe. Red. R. Ikenz. | Fol. Mit Separat-Beigabe. Jährlich (54 Nummern) M. 12.
Pastern, W., Kirchliche Dekorations-Malereien im Stile des Mittelalters. M. 36.
Schmidt, C., Schriftenvorlagen. In Mappe M. 10.

WILHELM KELLER in MÜNCHEN.

Keller D. Die Hausmannskost. Praktisches Kochbuch der süddeutschen Küche. 11. Aufl. In Leinwand geb. M. 2

KAST & EHINGER in STUTTGART.

Buch- und Stein-Druckfarben-Fabrik. Die Produkte der Firma wurden vielfach prämiiert und werden in den grössten Druckereien mit Vorliebe verwandt.

Eine grosse Reihe Drucksachen und Farbendrucke, zu welchen in der Fabrik hergestellte Farben benutzt wurden. Im Rahmen ausgestellt.

HERMANN KANITZ' VERLAG in GERA.

Gegründet 1842 und seit 1884 im Besitz von RICHARD KINDERMANN, Hofbuchhändler. Verlag der Schriften GOTTHOLD HAHNS zur Kryptogamenkunde, von ALLESTEINS Kochbuch und verschiedenen anderen Werken.

Hahn, G., Pilzsammler. 8. Aufl. Mit 174 kolorierten Abbildungen in Farbendruck auf 32 Tafeln. Geb. M. 6; — Lebermoose

Deutschlands. Mit 99 kolorierten Abbildungen in Farbendruck auf 12 Tafeln. Geb. M. 6.

A. W. KAFEMANN in DANZIG.

Verlagsbuchhandlung, Buchdruckerei und Schriftgiesserei, gegründet im Jahre 1852. Die Handlung beschränkte sich in der Hauptsache auf das Gebiet der Pädagogik und des Anschauungsunterrichts.

Anschauungsbilder. 4 Nummern. (Frühling, Sommer, Herbst und Winter.) Chromolithographien. Imp.-Fol. Mit Text. Auf Leinwand gezogen mit Stäben. à M. 9.
Block, J. C., Jeremias Falck, sein Leben und seine Werke. Mit Register und Reproduktionen nach seinen besten Stichen.

M. 25; — Das Kupferstich-Werk des WILHELM HONDIUS. Mit Register und Reproduktionen nach seinen besten Stichen. M. 10.
Schneider, F., Materialien zur Erteilung des Anschauungsunterrichts. Geb. M. 2,50. Fibeln und Lesebücher.

ERNST KEIL's NACHFOLGER in LEIPZIG.

Die Firma entstammt der im Jahre 1845 von ERNST KEIL unter seinem Namen errichteten Verlagsbuchhandlung. ERNST KEIL ist der Begründer der 1853 zuerst erschienenen »Gartenlaube«, die auch jetzt noch den Hauptverlagsartikel bildet und im Laufe der Jahre eine sehr bedeutende Verbreitung erzielte. Neben der Gartenlaube verlegte KEIL BOCKs Buch vom gesunden und kranken Menschen, die Romane von HEIMBURG, MARLITT, WERNER und anderen, ausserdem eine Reihe von gern gelesenen und nützlichen Werken aus verschiedenen Gebieten. Nach dem Tode KEILs ging die Firma 1884 auf die GEBRÜDER KRÖNER über.

Gartenlaube, die, Illustriertes Familienblatt. Jahrgang 1898. Geb. M. 9.
Gartenlaube-Kalender für 1893. Geb. M. 1.
Bock, C. E., Das Buch vom gesunden und kranken Menschen. 14. Aufl. Mit zahlreichen Abbildungen. Geb. M. 12.

Heimburg, W., Gesammelte Romane und Novellen. Illustrierte Ausgabe. Bd. 1—7. Geb. à M. 4.
Marlitt, E., Gesammelte Romane und Novellen. Illustrierte Ausgabe. 10 Bde. Geb. in Kassette. M. 40.

HEINRICH KELLER in FRANKFURT a. M.

Das Geschäft bildete ursprünglich einen Teil der 1787 gegründeten Buchhandlung von H. L. Brönner. Keller pflegte neben dem Buch- und Kunstsortiment auch Buch- und Kunstverlag. Besonders von Bedeutung waren seine kunstwissenschaftlichen Unternehmungen. Nach dem am 20. Juni 1881 erfolgten Ableben des genannten Inhabers ging das Geschäft am 1. Januar 1885 in den Besitz von dessen Söhnen August und Otto Keller über, die das Ladengeschäft aufgaben und seitdem sowohl im Verlag wie auch im Sortiment hauptsächlich die Fächer Architektur, Kunstgeschichte, Kunstgewerbe und Heraldik pflegen. Am 1. Januar 1891 wurde zur Erweiterung des Geschäftes der heraldische und statistische Verlag von Wilhelm Rommel in Frankfurt a. M. erworben.

Caspar, L., Mustergültige Möbel des 3. bis 17. Jahrhunderts aus Kunstsammlungen, Schlössern und Privathäusern. Aufgenommen von Jos. Nöhring. 95 Lichtdrucktafeln. In Mappe M. 80; — Innere Architektur und Decoration der Neuzeit nach ausgeführten Arbeiten herausg. 25 Lichtdrucktafeln und 16 Blatt Detailzeichnungen. In Mappe M. 20.

Dielitz, J., Die Wahl- und Denksprüche, Feldgeschreie, Losungen, Schlacht- und Volksrufe, besonders des Mittelalters und der Neuzeit. Wohlfeile Ausgabe. Geb. M. 20. Ausgabe auf Geldern-Papier in Liebhaber-Halbfranzbd. M. 50.

Essenwein, A. von, Die farbige Ausstattung des zehneckigen Schiffes der Pfarrkirche zum Hl. Gereon in Köln durch Glas- und Wandmalereien. 26 Farben- und Schwarzdrucktafeln und Text. In Mappe M. 210; — Mittelalterliches Hausbuch. Niederländischen des 15. Jahrhunderts mit vollständigem Text und facsimilierten Abbildungen. 28 Kupfertafeln. In Pergament-Umschlag M. 66; — Haus Tirols Holzschnitt, darstellend die Belehnung König Ferdinands I. mit den österreichischen Erblanden durch Kaiser Karl V. Nach dem Original im Besitz der Stadtgemeinde Nürnberg. Mit 15 Tafeln. In Mappe M. 45.

Frauberger, H., Die Akropolis von Baalbek. Mit Illustrationen und 12 Lichtdrucktafeln. In Mappe M. 27.

Galland, G., Geschichte der holländischen Baukunst und Bildnerei im Zeitalter der Renaissance, der nationalen Blüthe und des Classicismus. 131 Textabbildungen. M. 13. In Halbfranz geb. M. 15; — Der Grosse Kurfürst und Moritz von Nassau der Brasilianer. M. 4. Geb. M. 6,50.

Grünenberg, C., Des Ritters und Bürgers zu Constanz Wappenbuch aus dem Jahre 1483. In Farbendruck neu herausg. von Dr. H. Graf Stillfried-Alcantara und

Prof. A. M. Hildebrandt. 333 Facsimile-Farbendrucke mit 16 Blatt Text. 8 Bde. In Mappe M. 330.

Halm, P., Ornamente und Motive des Rococo-Stiles aus deutschen Kunstdenkmalen. 4 Tafeln. In Mappe. M. 9.

Hauberisson, Das neue Rathhaus in München. In Mappe M. 69.

Haupt, Albr., Baukunst der Renaissance in Portugal. 1. Bd. Mit 131 Textabbildungen. M. 18.

Hefner-Alteneck, J. H. von, Eisenwerke oder Ornamentik der Schmiedekunst des Mittelalters und der Renaissance. 2 Bde. 105 Kupfertafeln mit Text. In Mappe M. 43; — Trachten, Kunstwerke und Geräthschaften vom frühen Mittelalter bis Ende des 18. Jahrhunderts nach gleichzeitigen Originalen. 2. Aufl. 720 Farbendrucktafeln mit Text. 10 Bde. In Kartonmappe M. 1800. In Halbfranz geb. M. 1840; — Ornamente der Holzsculptur von 1450—1820 aus dem kgl. bayrischen National-Museum zu München. 40 Lichtdrucktafeln mit Text. In Mappe M. 38; — Deutsche Goldschmiedewerke des 16. Jahrhunderts. 60 Tafeln in Gold- und Farbendruck mit Text. In Mappe M. 75.

Meyer von Rosenfeld, Fr., Staatswappen aller Länder der Erde nebst den Landes-Flaggen und Cocarden. 6 Farbendrucktafeln. 9. Aufl. In Umschlag M. 6.

Hübner, Otto, Geographisch-statistische Tabellen aller Länder der Erde. 41. Jahrgang. Kart. M. 1,20.

Kissel, Clemens, Wappenbuch des deutschen Episkopates. Mit 4 Tafeln. M. 4,50.

Kraft, P., Ausgeführte Grabdenkmäler alter und neuer Zeit. 30 Lichtdrucktafeln. In Mappe M. 30.

Luthmer, Ferd., Malerische Innenräume moderner Wohnungen. In Aufnahmen nach der Natur. 4 Serien à 16 Lichtdrucktafeln. In Mappe à M. 28; — Der Schatz des Freiherrn Carl von Rothschild. Mei-

sterwerke alter Goldschmiedekunst aus dem 14.—18. Jahrhundert. 2 Serien à 50 Tafeln mit Text. In Mappe à M. 75.
Oppenheim, M., Bilder aus dem altjüdischen Familienleben. 20 Lichtdrucke. Folio mit Erläuterungen von Dr. Leopold Stein. In Prachtbd. M. 30.
Pabst, A., Kirchenmöbel des Mittelalters und der Neuzeit. Chorgestühle, Kanzeln, Lettner und andere Gegenstände. 30 Lichtdrucktafeln. In Mappe M. 30.
Redtenbacher, R., Die Architektur der italienischen Renaissance. Entwickelungsgeschichte und Formenlehre derselben. Ein Lehr- und Handbuch für Architekten und Kunstfreunde. M. 9,40.
Riehl, B., Deutsche und italienische Kunstcharaktere. Gr. 8°. VIII, 234 Seiten mit 18 ganzseitigen Abbildungen. M. 7,60. In Halbfranz geb. M. 10.
Rosenberg, M., Der Goldschmiede Merkzeichen. 4000 Stempel auf älteren Goldschmiedearbeiten in Facsimile. M. 24. In Halbfranz geb. M. 28.
Bauerwein, Fr., Neubauten zu Frankfurt a. M. In Mappe M. 24; — Das Schloss zu Heidelberg. 92 Lichtdrucktafeln und 2 lithographierte Tafeln mit Text von Dr. Marc Rosenzweig. In Mappe M. 100.
Thoma, H., und H. Thode. Federspiele. Mit 40 grossentheils ganzseitigen Abbildungen nach Federzeichnungen mit begleitenden Gedichten. Kart. M. 7,20.
Thode, H., Die Malerschule von Nürnberg im XIV. und XV. Jahrhundert. Mit 30 Illustrationen M. 12.
Warnecke, F., Heraldisches Handbuch für Freunde der Wappenkunst u. a. 3. Aufl. Mit 313 Handzeichnungen von F. Döpler d. J. Eleg. kart. M. 20.
Wiethase, H., Der Dom zu Köln mit historisch-beschreibendem Text. 40 Lichtdrucktafeln. In Mappe M. 40.

J. U. KERN's VERLAG in BRESLAU.

Gegründet 1837 von Johann Urban Kern unter seinem Namen. Nach dem Tode desselben ging der Verlag von seiner Witwe durch Kauf im Jahre 1869 an Max Müller über, der ihn seitdem unter obiger Firma weiterführt. Hervorgehoben seien die Veröffentlichungen auf dem Gebiete der Naturwissenschaften. Vor einigen Jahren nahm die Firma eine Kollektion Spielbücher in ihren Verlag auf.

Beiträge zur Biologie der Pflanzen. Bd. I. II. vergriffen unverkäuflich. Bd. III—VI geb. M. 125.
Beiträge, Zoologische, Bd. I—III geb. M. 158,50.
Kryptogamenflora von Schlesien. Herausgegeben von Professor Dr. Ferdinand Cohn. Bd. I—III, 1. In 4 Bden. Geb. M. 71.
Illustrierte Spielbücher für Whist, L'hombre, Skat u. s. w.

FR. KISTNER in LEIPZIG.

Bestens bekannte alte Musikalienhandlung (Verlag, Sortiment und Kommission). Sie wurde 1813 durch H. A. Probst begründet und von diesem 1830 an Fr. Kistner verkauft, dessen Namen sie noch heute führt. Die Erben Kistners verkauften das Geschäft an Carl Gurckhaus. Nach dessen Tode ging das Geschäft an seine Söhne Ludwig und Otto Gurckhaus über. Die Firma Fr. Kistner zählt zu den angesehensten Musikalien-Häusern.

Chopin, Fr., Pianoforte-Werke, von Mikuli. 17 Bde. M. 75,50.
Goetz. Der Widerspänstigen Zähmung. Partitur. M. 120.
Kistner-Edition, Opus 1—19. M. 64,70.

HERMANN KITZ in SAULGAU.

Katholische Buchhandlung und Devotionaliengeschäft, gegründet 1878.

Mater divinae gratiae. M. 2.
Wolfgruber, C., Gregor der Grosse. Feine Ausgabe. Geb. M. 9; — Cardinal Migazzi. 1890—91. Geb. M. 14.

H. KLEMM's VERLAG in DRESDEN.

Gegründet 1850. Spezialität: Lehr- und Hilfsbücher für Herren- und Damenschneiderei.

Klemm. Handbuch der Bekleidungskunst für Herren. Eleg. in Leinwand geb. M. 44; — Schule der Damenschneiderei. Eleg. in Leinwand geb. M. 10; — Neue praktische Schnellauschneidekunst. In Karton mit Kopierrad u. Cent. M. 12.

JULIUS KLINKHARDT in LEIPZIG.

Verlagsbuchhandlung und Graphisches Institut, gegründet 1834 durch Übernahme der Schürinaschen Verlagsanstalt von JULIUS KLINKHARDT. Rastlose Thätigkeit und reger Unternehmungsgeist des Gründers hoben das in bescheidenen Grenzen begonnene Geschäft in verhältnismässig kurzer Zeit zu grossartig erweitertem Umfange empor. Die Verlagshandlung beschäftigt sich hauptsächlich mit Schulbüchern, bei deren Herausgabe sie bedeutende Erfolge erzielte.

Die Firma vereinigt in sich alle Zweige der graphischen Kunst, Buchdruckerei, Lithographie, Lichtdruck, Schriftgiesserei u. s. w. und steht mit allen diesen Betrieben auf der Stufe der Vollkommenheit. Seit dem Tode des Gründers wird das Geschäft von den Söhnen ROBERT und BRUNO KLINKHARDT in grossartiger Weise weitergeführt. Zweigniederlassungen bestehen in Berlin und Wien.

Musterbücher der Buchdruckerei mit Druckproben, der Schriftgiesserei ;mit Typenproben\, der Lithographischen Anstalt und der Lichtdruckerei. 7 Bde.

WILHELM KOEBNER in BRESLAU.

Verlags-, Sortiments- und Antiquariatsbuchhandlung für wissenschaftliche Litteratur, gegründet am 23. Mai 1873 durch Ankauf von L. F. MASKEs Antiquariat, welches bis dahin eine Abteilung von A. GOSOHORSKYs Buchhandlung ·L. F. MASKE', gegründet 1827, gebildet hatte. Am 3. Oktober 1892 ist die Firma in den Besitz von MAX & HERMANN MARCUS übergegangen.

Du Cange. Glossarium ad scriptores mediae et infimae graecilatis. 2 voll. Fol. Ausgeführt in Anastalischem Druck von CARL HEINZE in Berlin. Geb. Preis brosch. M. 90.
Grünhagen, E., Schlesien unter Friedrich dem Grossen. 2 Bde. Geb. M. 18.

Hillebrandt, A., Vedische Mythologie. Bd. I: Soma und verwandte Götter. Geb. Preis brosch. M. 84.
Germanistische Abhandlungen; — Breslauer philologische Abhandlungen; — Untersuchungen zur deutschen Staats- und Rechtsgeschichte von O. GIERKE.

K. F. KOEHLER in LEIPZIG.

Buchhandlung, Kommissionsgeschäft, Barsortiment. Gegründet 1789. Abteilnng Barsortiment, gegründet 1885, vermittelt den Verkehr zwischen Verlag (Hersteller) und Sortiment (Buchhändler), indem es für eigene Rechnung Verlagswerke in grösseren Partien ungebunden ankauft und, mit den den verschiedenen Zwecken entsprechenden Einbänden versehen, an das Sortiment zu den Originalpreisen der Verleger, zuzüglich Einband, weiter verkauft. Es kommt damit dem Bedürfnis der Zeit, die bestellten Bücher stets gebunden vorrätig zu finden, entgegen und fördert andererseits durch das Binden in grösseren Partien die Billigkeit und Güte der Einbände. Die zur Ausstellung gebrachte Kollektion gebundener Bücher bietet eine dem Lager entnommene Auswahl der für den regelmässigen Bedarf — nicht speziell für Ausstellungszwecke — hergestellten Einbandtypen. Das Lager des Barsortiments erstreckt sich über alle Gebiete der Litteratur, worüber es alphabetisch geordnete Kataloge für den Händler und systematisch geordnete für das Publikum veröffentlicht. Diese Kataloge sind von hervorragenden Fachmännern zusammengestellt und gelten als zuverlässige Führer durch die neuere Litteratur aller Wissenschaften. Solche Kataloge stehen Interessenten in der Ausstellung zur Verfügung.

K. F. KOEHLER's ANTIQUARIUM in BERLIN.

Einen besonderen Zweig des umfangreichen K. F. KOEHLERschen Geschäftes in Leipzig bildet das Antiquarium, das getrennt von den übrigen Abteilungen geführt wird. Es wurde im Jahre 1847 gegründet und entfaltete sich unter der umsichtigen Leitung ADOLF ULMs bald zu einem weltbekannten wissenschaftlichen Antiquariat. Seit 1872 befindet sich dieser Teil des Geschäfts in den Händen von HUGO KOEHLER, der, die streng wissenschaftliche Richtung beibehaltend, auch hier und da etwas Verlag ankaufte.

Aruch completum, sive Lexicon, vocabula et res, quae in libris Targumicis, Talmudicis et Midraschicis continentur, ed. A.

KOHUT. In hebräischer Sprache. 8 Bde mit Supplement und Index. In 5 Halbfranzbänden. M. 175.

FR. EUGEN KÖHLER in GERA-UNTERMHAUS i. REUSS.

Unch- und Musikverlag, gegründet am 10. November 1867. Hauptwerke des Verlages sind die nachstehend verzeichneten Sammelwerke.

Demmin, A., Die Kriegswaffen in ihren geschichtlichen Entwickelungen von den ältesten Zeiten bis auf die Gegenwart. Mit über 1900 Abbild. 8. Aufl. Geb. M. 12. Köhler's Medicinalpflanzen. Herausg. von O. PABST und ELSNER. 2 Bde. In Halbfranz geb. M. 62. von Schlechtendal, D.F.L., L.E. Langen-

thal und E. Schenck, Flora von Deutschland, Österreich und der Schweiz. 2. Aufl. 51 Bde. Mit 943 chromolith. Abbildungen. Herausgegeben von E. HALLIER. Geb. M. 169,65.
Thomé, W., Flora von Deutschland. 4 Bde. Mit 612 Tafeln in Farbendruck. Eleg. in Halbfranz geb. M. 34.

KLOSE & WOLLMERSTÄDT, XYLOGR. KUNST-ANSTALT in BERLIN.

Vertreten durch 30 Probe-Holzschnitte in Rahmen.

W. KOHLHAMMER in STUTTGART.

Verlagsbuchhandlung, gegründet 1866. Verlegt als Spezialität: Staats- und Rechtswissenschaft, Orientalia und namentlich auch Württembergische Landeskunde. Besonders erwähnt sei die mit vorzüglicher Genauigkeit ausgearbeitete Beschreibung der einzelnen Oberämter des Königreichs Württemberg.

Beschreibung der Oberämter des Königreichs Württemberg, herausg. vom Kgl. statistischen Landesamt. Einzeln verkäuflich, im Preise verschieden.
Bilder aus dem K. Kunst- und Altertümerkabinett in Stuttgart. M. 6.
Corpus juris civilis. Ediderunt fratres Kriegelii. 3 Bde. M. 13.
Geldner, K. F., Avesta, die heiligen Bücher der Parsen. 6 Liefgn. M. 34.
Meyd, W. v., Die historischen Handschriften der Kgl. öffentlichen Bibliothek zu Stuttgart. 2 Bde. M. 23.

Pflugk-Harttung, J. v., Acta pontificum Romanorum inedita. 3 Bde. M. 66.
— Specimina selecta Chartarum Pontificum Romanorum. 3 Teile. M. 140. 1 Bde. in grossem Imp.-Folio, 1 Band in 4°.
Walcher, K., Die schönsten Porträtbüsten des Stuttgarter Lusthauses in zum Teil farbigen Lichtdruckbildern. Mit einer historischen Einleitung. 5 Hefte. M. 30.
Württemberg. Das Königreich. Beschreibung von Land, Volk und Staat. 4 Bde. M. 30.

WILH. GOTTL. KORN in BRESLAU.

Gegründet am 13. Januar 1732. Ausser einer Buchdruckerei und dem Verlag der ›Schlesischen Zeitung‹, die seit 1744 erscheint, unterhält die Firma einen ziemlich umfangreichen Verlag mit besonderer Pflege der Landwirtschaft und Schlesischen Provinzialgeschichte.

Settegast, H., Die Landwirthschaft und ihr Betrieb. 2. Aufl. 1885. Geb. M. 18. —
Die Thierzucht 5. Aufl. 1 Bde. 1899. Geb. M. 14,50.
Schlesisches Güter-Adressbuch. Geb. M. 10.

Handbuch der Provinz Schlesien. Geb. M. 11.
150 Jahre Schlesische Zeitung. Pracht-Ausgabe. Geb. Gratisbeigabe an die Abonnenten der Schlesischen Zeitung am 1. Januar 1882.

C. W. KREIDEL's VERLAG in WIESBADEN.

Verlagsbuchhandlung, gegründet 1843, seit 1890 im Besitz von J. F. Bergmann. Die Firma betreibt vorwiegend den Verlag von Werken aus der Medizin, den Naturwissenschaften und verwandten Disziplinen. Das nachstehend genannte Werk beruht auf langjährigen Studien an Ort und Stelle.

Sarasin, P. u. F., Die Weddas von Ceylon und die sie umgebenden Völkerschaften. Mit 14 Tafeln sowie in den

Text gedruckten Heliogravüren und Holzschnitten. 1. und 2. Lieferung. M. 18.

JOS. KOESEL'sche BUCHHANDLUNG in KEMPTEN.

Das Geschäft wurde im Jahre 1593 durch Erhard Ulaher von Wantenstek, Fürstabt von Kempten, gegründet und bis zum Anfang unseres Jahrhunderts im fürstlichen Residenz-Schlosse zu Kempten als typographia ducalis unter der Leitung von Faktoren betrieben. Später ging das Geschäft in den Besitz der bayrischen Regierung über, von der es der letzte Faktor, Joseph Koesel, erwarb, dessen Namen es noch heute führt. Seit 1872 befindet sich die Firma im Besitz von Ludwig Huber. Den Grundstock des Verlagsgeschäftes bilden offizielle liturgische Publikationen, sowie die deutsche Übersetzung der Werke der Kirchenväter. Neben diesen beiden Spezialitäten pflegt die Firma hauptsächlich katholische Theologie, Musik, Jugendschriften, katholische Belletristik und neuerdings den Verlag der Schriften des Pfarrers Kneipp über naturgemässe Heilkunde.

Schriften zur naturgemässen Heilkunde. | gesundheitslehre. 2 Bde.; — So sollt ihr
Kneipp, Seb., Meine Wasserkur. Volks- | leben. u. s. w.

DIE KÖNIGLICHE KUNSTAKADEMIE UND KUNSTGEWERBE-SCHULE in LEIPZIG

ist im Jahre 1764 gegründet und hat im Jahre 1891 ein neues prächtiges, mit allen Hilfsmitteln ausgestattetes Gebäude bezogen. Leipzig ist bekanntlich keine grosse Kunststadt und eine Kunstakademie dort kann für die Malerkunst nicht das bieten, was Dresden zu leisten vermag. Dagegen weist die Ausdehnung des buchgewerblichen Geschäfts in Leipzig auf die Kgl. Kunstakademie, als prädestinierte Förderern in allen buchgewerblichen Künsten hin, und sie wird dasselbe für das Buchgewerbe werden können, was das Konservatorium für die Musik, obwohl unter privater Leitung stehend, an seinem 50. Jubeltage geworden ist, eine wahre Hochschule für die von ihm vertretenen Kunstzweige. Die Kunstakademie besitzt bereits, abgesehen von dem allgemeinen Kunstunterricht, Lehrstühle für Kupferstich, Radierkunst, Buchornamentik, Entwerfen von künstlerischer Buchausstattung, Diplome, Plakate u. s. w., Xylographie, Lithographie, Illustrations-Komposition, sowie eine besondere Abteilung für alle photo-mechanischen Verfahren, verbunden mit praktischen Versuchsstationen u. s. w. Bei dem Interesse, das die Kgl. Sächsische Regierung für alles, was das Buchgewerbe betrifft, bekundet, und da sie gewohnt ist, Stimmen aus dem praktischen Geschäftsleben willig Gehör zu geben, dürfte die Hoffnung nicht eitel sein, dass die jüngeren Angehörigen des Buchhandels und der buchgewerblichen Kunst bald noch mehr, als es bereits geschieht, von weither Leipzig als höhere Bildungsschule für das Buchgewerbe aufsuchen werden.

Die Königliche Kunstakademie und Kunstgewerbeschule zu Leipzig. Amtlicher Bericht des Directors der Akademie. Nebst einem wissenschaftlichen Vortrage über die Stellung des modernen Künstlers zu den Stilmustern von Professor Dr. A. Springer. Leipzig 1881. 4° mit 31 Abbildungen. | Die Königliche Kunstakademie und Kunstgewerbeschule zu Leipzig. Festschrift vom Direktor der Akademie und Schule, Geheimem Hofrath Prof. Dr. ph. Ludwig Nieper. 4°. Mit 45 Abbildungen und einer Abhandlung über die Aufgaben der graphischen Künste vom Geheimen Rath Dr. A. Springer. Leipzig 1890.

GERHARD KÜHTMANN in DRESDEN.

Verlagsbuchhandlung, gegründet im Jahre 1887 durch Joh. Heinr. Arnold Gerhard Kühtmann. Betreibt als Spezialität den Verlag von Werken zur Baugewerbekunde, Technologie und Mechanik.

Glinzer, E., Baustoffkunde. M. 4.
Hecht, K., Lehrbuch der reinen und angewandten Mechanik für Maschinen- und Bautechniker. M. 9.
Hoob, J., Vorlagen für Bauschlosser. 16 Tafeln. In Mappe. M. 12.
Mey, O., Kraftbedarf mechanischer Webstühle. M. 4.

Schlotke, J., Analytische Geometrie. M. 6,80.
Uhland, W. H., Skizzenbuch für den praktischen Maschinen-Konstrukteur. Bd. XIII—XV à M. 7,30; — Neue Branchenausgabe des Skizzenbuches für den praktischen Maschinen-Konstrukteur. Karl. M. 144,80.

M. KUNZ, VORSTEHER DER BLINDENANSTALT in ILLZACH bei MÜLHAUSEN I. E.

Diese Anstalt in Illzach ist im Jahre 1857 auf Anregung eines Blinden (Alph. Köchlin) durch Mülhausener Industrielle gegründet worden. Sie war damals hauptsächlich für Protestanten aus ganz Frankreich bestimmt; es wurden aber Blinde jeder Konfession aufgenommen. Seit 1870 ist sie thatsächlich zur Landesanstalt für Elsass-Lothringen geworden, wenn sie auch den Privatcharakter beibehalten hat. Die Regierung unterstützt die Anstalt. Die Zahl der Zöglinge, die vor 1880 ca. 30 betrug, hat sich in den letzten Jahren auf rund 80 gehoben. Die Anstalt bildet Organisten, Klavierstimmer, Blindenlehrer, Bürstenbinder, Seiler, Korbmacher und Flechter aus. Die mit der Anstalt verbundene Druckerei liefert Lehrmittel an beinahe alle europäischen und viele ausländischen Blindenanstalten, auch geographische Lehrmittel für Sehende. Der Ertrag aller Lehrmittel kam den Blinden zugute.

Reliefkarten und Relief-Atlanten nicht nur für Blinde. Globen.

Reliefbücher und Zeichnungen für den Blindenunterricht.

H. LAUPP'sche BUCHHANDLUNG in TÜBINGEN.

Die H. Laupp'sche Buchhandlung wurde im Jahre 1816 von Heinrich Laupp durch Übernahme des Sortimentsgeschäfts der mit ihrem Verlag nach Stuttgart übersiedelten J. G. Cotta'schen Buchhandlung gegründet. Nach dem Tode H. Laupps (1836) übernahm Hermann Siebeck die Leitung des Geschäfts, wurde 1860 Teilhaber und im Jahre 1867 in Gemeinschaft mit Rudolf Laupp Besitzer desselben. Letzterer starb 1866, und es verblieb von da ab das Geschäft im alleinigen Besitz von H. Siebeck, der im Jahre 1872 J. G. Koetzle als Teilhaber aufnahm. Der später an Stelle seines Vaters eingetretene Paul Siebeck siedelte 1880 nach Freiburg über, und das Geschäft ging in den alleinigen Besitz des Kommerzienrats J. G. Koetzle über, der den auf streng wissenschaftlicher Grundlage erbauten Handlungshause noch heute vorsteht.

Festgabe der Universität Tübingen zum 25jährigen Regierungs-Jubiläum Seiner | Majestät des Königs Karl von Württemberg. Geb. M. 25.

GEORG LANG in LEIPZIG.

Das Geschäft ist als Sortiment im Jahre 1864 in Dürkheim gegründet, im März 1871 nach Metz verlegt und von diesem Zeitpunkt an mit steigender Verlagsthätigkeit zu der jetzigen Ausdehnung geführt. GEORG LANG ist als erster Pionier für das Deutschtum in Lothringen zu betrachten. Ein bedeutender Teil des älteren Verlages gibt Auskunft über die Unermüdlichkeit und Ausdauer des Gründers. Für die jetzt wieder deutsche Stadt Metz ist namentlich auch die im Verlag erschienene Geschichte der Stadt Metz, 3 Bde. (mit Karten und Plänen), von Major VON WESTPHAL, von besonderer Bedeutung, ebenso das jetzt im Verlage erschienene hoch bedeutende Werk FIRCKs: »Die Belagerung von Metz«, 3 Teile, das auch von den Franzosen als ein meisterhaftes Werk anerkannt ist. Die Spezialität des Verlages ist Schulkartographie. Seit dem Tode GEORG LANGs (1892) befindet sich das Geschäft im Besitze von CARL ZIEGENHIRT und der Witwe des Gründers. Bereits seit 1890 ist der Sitz der Firma in Leipzig.

Karten von Afrika; — Europa; — Deutschland. Bearbeitet von F.o. GAEBLER. Aufgezogen mit Stäben à M. 88.	**Elsass-Lothringen.** Spezialkarte bearb. von JOH. LUDW. ALGRAMISSEN ? : 400 000. Aufgezogen mit Stäben. M. 10,50.
Erdkarten. Östliche und westliche Halbkugel.	

LANGENSCHEIDT'sche VERLAGSBUCHHANDLUNG in BERLIN.

Die Firma wurde am 1. Oktober 1856 durch Professor GUSTAV LANGENSCHEIDT, der noch jetzt an der Spitze des Geschäftes steht, gegründet. Den Anstoss zur Gründung dieses Verlages gab dem Gründer die Schwierigkeit, einen Verleger zu finden für seine heute der ganzen Welt bekannten »Unterrichtsbriefe zur Erlernung der französischen Sprache«, denen er bald, durch die günstige Aufnahme ermutigt, die englischen Unterrichtsbriefe folgen liess. Heute zählt die LANGENSCHEIDTsche Verlagsbuchhandlung zu den ersten Firmen des deutschen Buchhandels. Als spezielle Richtung verfolgte die Firma den Verlag für Sprach- und Handelswissenschaft und zeitigte bedeutende Werke, denen sich auch eine Bibliothek griechischer und römischer Klassiker in Musterübersetzungen anreiht.

Dalen-Lloyd-Langenscheidt. Englische Originalunterrichtsbriefe. 4. u. 5. Kursus. Kpl. M. 97; — Einzeln je M. 16.	**Hoppe, A.,** Englisch-deutsches Supplement-Lexikon als Ergänzung zu allen bis jetzt erschienenen englisch-deutschen Wörterbüchern. 4. Abteilg. (soweit erschienen). Geb. M. 9.
Toussaint-Langenscheidt, Französische Originalunterrichtsbriefe. 4. u. 5. Kursus. Kpl. M. 97; — Einzeln je M. 16.	**Muret, E.,** Encyklopädisches Wörterbuch der englischen und deutschen Sprache. Mit Angabe der Aussprache nach dem phonetischen System »Langenscheidt«. Liefg 1—6 (soweit erschienen). Jede Liefg. M. 1,50.
Sanders. Deutsche Original-Sprachbriefe. M. 20.	
Sachs-Villatte. Deutsch-französisch und französisch - deutsches Wörterbuch. Grosse Ausgabe. 2 Bde. Geb. M. 74. — Dasselbe Kleine Ausgabe. 2 Bde. In einem Bd. geb. M. 12,50; einzeln geb. M. 7,25.	**Wörterbücher;** — Litteraturgeschichten; — Vokabularien; — Schul-Grammatiken; — Sonstige Hilfsmittel.

LEHNE & Co. in HANNOVER.

Musikverlag. Spezialität Orchester- und Militärmusik.

Musik von LORTZING, MACHTS, ROSENKRANZ, WINFRICHT.

LAMPART's ALPINER VERLAG in AUGSBURG.

Gegründet 1881. Besitzer: THEODOR LAMPART. Ausschliesslich alpiner Litteratur.

Leuzinger, Reliefkarte von Tirol, Südbaiern und Salzburg nebst den angrenzenden Gebieten 1:300000. Physikalisch-geographische Ausgabe. M. 6.

J. F. LEHMANN's MEDICINISCHE BUCHHANDLUNG in MÜNCHEN.

Gegründet am 1. September 1890. Besitzer: JULIUS LEHMANN. Medizinische Spezialbuchhandlung. Verlag der Münchener Medizinischen Wochenschrift

Gallerie hervorragender Ärzte. In Mappe.
Grashey, H., Experimentelle Beiträge zur Lehre von der Blut-Cirkulation in der Schädel-Rückgratshöhle. M. 10.
Münchener medicinische Wochenschrift. Jahrgang 1892.; Jährlich M. 10.

Prausnitz, W., Grundzüge der Hygiene. M. 6,50.
Ripperger, A. Die Influenza. M. 10.
Rotter, B., Die typischen Operationen. Geb. M. 8.
Büdinger, N., Kursus der topographischen Anatomie. M. 9.

ADOLF LESIMPLE's VERLAG in LEIPZIG.

Gegründet 1860 in Köln und mit verschiedenen anderen Verlagsgeschäften im Jahre 1876 unter obiger Firma vereinigt und nach Leipzig verlegt.

Klein, C. F., Die Küche. Vollständ. prakt. Handbuch der Kochkunst. Geb. M. 4.
Lesimple's Legend's of the Rhine. 2nd edit With engravings. Geb. M. 4.

PAUL LETTO in BERLIN.

Gegründet am 1. April 1877. Besitzer: PAUL LETTO und MAX VOELKEL.

Mischke, K., Die fahrenden Schüler. Liederbuch. Eine Auswahl der Vaganten-Gesänge in modernen Übertragungen. Geb. M. 4; — Nachtrag dazu. M. —,60.

J. LINDAUER'sche BUCHHANDLUNG in MÜNCHEN.

Gegründet 1780 durch JOSEPH LINDAUER und seit 1860 im Besitz von CARL SCHÖPPING. Die Firma hat sich viel mit alpiner Litteratur beschäftigt und verlegte die Veröffentlichungen des deutsch-österreichischen Alpenvereins.

Hansen, G., Die drei Bevölkerungsstufen. Ein Versuch, die Ursachen für das Blühen und Altern der Völker nachzuweisen. M.7.
Kalender des deutsch-österreichischen Alpenvereins für 1892. M. 1,50.

Lehr, J., Politische Ökonomie in gedrängter Fassung. M. 3.
Noé, H., Bergfahrten und Raststätten. M. 4,50.
Zettel, K., Deklamationsstücke. 8 Bde. M.11.

C. LEUCHS & Co. in NÜRNBERG.

Die Firma wurde im Jahre 1794 von JOH. MICH. LEUCHS gegründet und ging später in den Besitz seines Sohnes, J. C. LEUCHS, über, der die Begründung und den Ausbau der »LEUCHSschen Adressbücher für Kaufleute, Fabrikanten u. s. w.« unternahm. Diese nützlichen Adressbücher fanden grosse Verbreitung und legten den Grund zur gegenwärtigen Bedeutung der Firma. Seit dem Tode von J. C. LEUCHS wird das Geschäft von seinen drei Söhnen weitergeführt.

Leuchs Adressbücher aller Länder der Erde; — Einzelne Länder, Provinzen und Städte zu verschiedenen Preisen. Serien zu ermässigten Preisen: Deutschland (Bd. I—XIIIa M. 156;—Süddeutschland (Bd. I—IV, XIIIa) M. 60; — Norddeutschland (Bd. V—XIII) M. 100; — Österreich-Ungarn (Bd. XIV—XIXa) M. 50; — Deutschland und Österreich-Ungarn (Bd. I—XIXa M. 200; — Ausland (Bd. XX—XXX) M. 200; — Alle Länder der Erde (Bd. I—XXX) M. 300.

CHR. LIMBARTH in WIESBADEN.

Verlagsbuchhandlung, gegründet am 1. Januar 1858. Erwarb 1861 den Verlag der vormals H. W. RITTERschen Buchhandlung. Verlag des Wiesbadener Anzeigeblattes. Der Buchverlag pflegt vorzugsweise die nassauische Landeskunde.

Adam. Die aristotelische Lehre vom Epos. M. 2.
Bogler, W., Garten-Vorlagen für Fachschulen. Quer-Fol. In Mappe M. 10.
Bonfiller, H., Schattierte Ornamente. Motive und deren Verwendung für den Unterricht im Zeichnen. 16 lith. Tafeln. Fol. In Mappe M. 4.
Dieck A., Die naturwidrige Wasserwirthschaft der Neuzeit. M. 10.
Kehrein J., Onomatisches Wörterbuch. 2. Ausg. M. 10.
Kehrein J. u. F., Wörterbuch der Waldmannssprache für Jagd- und Sprachfreunde. M. 4.
Keller, E. F., Geschichte Nassaus. M. 6.
Rau, H., Kulturgeschichtliche Vorlesungen. M. 4.
Rossel, K., Die römische Grenzwehr im Taunus. Mit Abbildungen. M. 8.
Roth, F. W. E., Geschichtsquellen aus Nassau. 4 Teile (mit Register und Nachträgen). M. 20; — Nassaus Kunden und Sagen. 2 Bde. M. 8; — Geschichte und historische Topographie der Stadt Wiesbaden. Mit Ansicht von 1630. M. 3; — Geschichte des römischen Königs Adolf I. von Nassau. M. 2.
Spiess. Calvins Glaubenslehre. M. 6; — Michael Servet. M. 2.

FRANZ LIPPERHEIDE in BERLIN.

Verlagsbuchhandlung, gegründet 1865 mit dem ersten Erscheinen der »Modenwelt«, der jetzt im 28. Jahrgang laufenden weltbekannten illustrierten Zeitung für Toilette und Handarbeiten, der sich später die »Illustrierte Frauen-Zeitung« anschloss. Beide Zeitschriften haben sich einer sehr bedeutenden Verbreitung zu erfreuen. Die »Modenwelt« erscheint gegenwärtig mit gleichem Inhalt in 12 verschiedenen Sprachen. Das eigene Atelier für Holzschneidekunst liefert vorzügliche Arbeiten. Zweigniederlassung der Firma in Wien.

Tableau der Modenwelt. Probenummern in den 12 verschiedenen Sprachen.
Modebilder hieraus sind in zwei besonderen Rahmen ausgestellt.

LIPSIUS & TISCHER in KIEL.

Verlagsbuchhandlung, gegründet im Jahre 1876 und seit 1877 im alleinigen Besitz von GOTTFRIED HEINRICH LIPSIUS. Die Firma hat sich seit ihrem Entstehen auf vornehmer wissenschaftlicher Bahn bewegt. Besonders sei das begonnene Werk über die Ergebnisse der deutschen PLANKTON-Expedition erwähnt.

Ahrenhold, Schiffstypen. Geb. M. 20.
Ammann, G. A., Schiffmaschinist. Handbuch. Geb. M. 6.
Busley, G., Die Entwickelung der Schiffsmaschine in den letzten Jahrzehnten. 1. Abteilung. Kart. M. 6.
Ergebnisse der in dem Atlantischen Ocean im Jahre 1889 ausgeführten Plankton-Expedition der Humboldt-Stiftung. Bd. Ia. M. 30.

Bamarch, F., Kriegschirurgische Technik. 2 Bde. Geb. M. 18; — The surgeons handbook. Geb. M. 24.
Groth, Cl., Gesammelte Werke. 4 Bde. Geb. M. 10.
Pflanzenleben der Hochsee. Geb. M. 10.
Teudorpf, A., Norddeutscher Binnenfischerei-Ratgeber. Geb. M. 3; — Geschichte der kaiserlich deutschen Kriegsmarine. Geb. M. 5.

HENRY LITOLFF's VERLAG in BRAUNSCHWEIG.

Diese Musikalien-Verlagshandlung wurde im Jahre 1828 unter der Firma G. M MEYER JUN. begründet und 1851 von dem Komponisten HENRY LITOLFF übernommen und unter seinem Namen von ihm weitergeführt. 1860 ging das Geschäft an THEODOR LITOLFF über, der es durch umsichtige und energische Leitung zu seiner jetzigen Blüte förderte. Er begründete unter dem Namen »Collektion LITOLFF« eine Sammlung billiger Ausgaben der gediegensten klassischen und modernen Musikstücke, die rasch eine hervorragende Verbreitung fanden.

Collection Litolff. Vollständige Reihe dieser reichen Sammlung.

F. LOEWE's VERLAG (WILH. EFFENBERGER) in STUTTGART.

Verlag von Bilderbüchern und Jugendschriften, illustriert von Professor OFFTERDINGER, KLIMSCH, CLAUDIUS, F. BERGEN, H. LEUTEMANN u. s. w. Gegründet 1863 in Leipzig. Seit 1879 im Besitz von FRIEDR. WILH. EFFENBERGER in Stuttgart.

Arndt. Es war einmal. M. 3; — Waldmüfer- und Lederstrumpf-Erzählungen. M. 5; — Hay. 50 Fabeln. M. 3.
Löhr, Erzählungen. M. 4.
Leutemann, Tierbilderbuch. M. 3,60; — Deutsche Kindermärchen. M. 10.

G. LÖWENSOHN in FÜRTH (BAYERN).

Lithographische Anstalt, Stein- und Buchdruckerei. Gegründet 1844. Die Firma befasst sich hauptsächlich mit der Herstellung von Bilderbüchern, auf Leinwand, Papier und Pappe in allen Sprachen, Jugendschriften und Chromo-Albums in grossem Massstabe. Spezialität: Ausgestanzte Bilderbücher.

Eine Anzahl in der Fabrik ausgeführter Arbeiten.

W. & S. LOEWENTHAL in BERLIN.

Buchdruckerei und Anstalt für Stereotypie. Gegründet am 1. Januar 1866. Druck und Verlag des Berliner Adressbuches und des Kaufmännischen Adressbuches für den Weltverkehr.

Adressbuch der Stadt Berlin. 1893. Halb-franzband. M. 18.
Adressbuch, Kaufmännisches, für 1899 99.
  41. Jahrgang. Für Deutschland und Österreich-Ungarn. Geb. M. 4,50; Ausgabe für den Weltpostverein. Geb. M. 8.

LÜBKE & HARTMANN in LÜBECK.

Gegründet am 1. Juli 1897 unter der Firma Dittmersche Buchhandlung.

Lübeck. Die freie und Hansestadt Lübeck. Ein Beitrag zur deutschen Landeskunde, herausg. von einem Ausschusse der geographischen Gesellschaft in Lübeck. Mit 3 Karten in 8 Blättern nebst einer Übersichtstafel in Mappe. M. 12,00.

HANS LÜSTENÖDER in BERLIN.

Verlagsbuchhandlung, gegründet 1889. Als Grundstock zu seinem Geschäft erwarb Hans Lüstenöder den gesamten Bestand der Abenheimschen Verlagsbuchhandlung in Halle und einen Teil des Verlages von H. Dolfus in Berlin. In der Hauptsache deutschsprachliche, geschichtliche und novellistische Litteratur umfassend, bildet sich dieser Verlag vorwiegend immer mehr nach der deutschnationalen Richtung aus.

Knortz, K., Geschichte der nordamerikanischen Litteratur. 2 Bde. Geb. M. 12.

MAHLAU & WALDSCHMIDT in FRANKFURT a. M.

Die Firma wurde im Jahre 1866 als Buchdruckerei begründet und erst 1877 mit einer Verlagsbuchhandlung verbunden. Die Buchdruckerei ist sehr leistungsfähig. Der Verlag betreibt als Spezialität: Reiseliteratur, die Herstellung und den Vertrieb des Frankfurter Adressbuches und eine umfangreiche Nachschlagebücherei.

Adressbuch von Frankfurt a. M. 1898. Kart. M. 6.
  Internationales Montefiore-Album. Hrsg. von J. Fiebermann. Geb. M. 6.

JULIUS MÄSER in LEIPZIG-REUDNITZ.

Buch- und Accidenz-Druckerei. Gegründet 1860. Spezialitäten: Prachtwerke, Bilderdruck, Buntdruck, Preislisten u.s.w. Verlag der Typographischen Jahrbücher und anderer Fachzeitschriften, sowie auch der Leipz. Handels- u. Verkehrszeitung.

Druckproben der Officin in reicher Auswahl.

CARL MALCOMES in BERLIN.

(Stuhr'sche Buchhandlung, Verlags-Conto.)

Der Verlag wurde im Jahre 1888 gegründet.

Am Vierwaldstädter See. Malerische Ansichten von Berg, Thal und See. 32 Aquarelle nach Originalaufnahmen verschiedener Künstler, mit begleitendem Text von A. BRENNWALD. Unter Mitwirkung von Dr. W. GROTHE. Eleg. geb. M. 10.

Anzeiger, russischer bibliographischer, Русский Библіографическій Вѣстникъ.) Herausg. von CARL MALCOMES. I. Jahrgang Juni (1892 bis Mai 1893). 12 Nummern. gr. 8°. pro Jahrgang M. 4,50; einzelne Nummern M. —,55.

Bloomfield, Giorgiana, Baronin. Mitteilungen über europäische Höfe und deren Diplomatie seit 1848. Autorisierte Übersetzung aus dem Englischen von J. GÖBEN. 2 Bde. M. 8,50. In 1 Bd. geb. M. 10.

Brennwald, Alfred, Zur Lage des Welthandels. I. Teil. Die Aussichten des Kaufmanns im Welthandel. Illustriert durch 160 Consulatsberichte deutscher, österreichisch-ungarischer u. schweizerischer Konsulate in Europa, Afrika, Amerika, Asien und Australien. M. 2. Geh. M. 2,50.

Der Vierwaldstädter See u. Umgebung. 32 Aquarelle. Bildgrösse 15:10 cm. Ausg. A: auf schwarzem Photographiecarton pro Blatt M. —,50. Ausg. B: in grünem Passepartout pro Blatt M. —,75.

Hahn, Bad Elster, seine Heilmittel und Heilanzeigen. 10. Aufl. M. 1,50.

Kempner, Friederike, Nettelbeck. Miss Maria Brown. Historische Novellen. M. 2. Geb. M. 4; — Roger Bacon. Historische Novelle. 2. Aufl. M. 2,50. Geb. M. 3,50.

Kosub, H., Kalender für Eisenbahn-Verwaltungs- und Betriebsbeamte im Deutschen Reiche. 2 Teile. M. 2.

Mananewitsch, B., Deutsch-russisches und russisch-deutsches militärisches Wörterbuch. (Шувнско-русскій и русско-нѣмецкій военный словарь.) Geb. M. 4.

The Lake of the Four Cantons. Picturesque views. 32 water colours according to the original drawings of different artists with accompanying texts by A. BRENNWALD. Under cooperation of Dr. W. GROTHE. M. 10.

Толстой, Граф Л. Крейцерова соната съ послѣсловіемъ. Tolstoi, Graf L., Die Kreutzersonate. Mit Nachwort. M. 2,50; — Послѣсловіе къ крейцеровой сонатѣ. (Nachwort zur Kreutzersonate) M. —,60.

Vues pittoresques du Lac des Quatre-Cantons et de ses environs. 32 aquarelles d'après les originaux de différents artistes. Texte par A. BRENNWALD. Avec la collaboration du Dr. W. GROTHE. Traduit par CL. Flamand de Bory. Relié M. 10.

ALOIS MAIER in FULDA.

Verlag für Kirchenmusik, gegründet 1846.

Vertreten durch Professor Dr. W. VOLCKMARS Orgel-Magazin und Dechant H. F.

MÜLLER's Weihnachts-Oratorien und andere geistliche Festspiele.

B. MANNFELD in CHARLOTTENBURG.

Die MANNFELDschen Originalradierungen werden in der Offizin von B. MANNFELD mit grosser Sorgfalt vom Künstler selbst vervielfältigt. MANNFELD hat sich durch die eigenartige Schönheit seiner Blätter rasch einen wohlbegründeten Ruf erworben. Seine Kunstprodukte wetteifern mit den besten Erzeugnissen der neueren Schule. Die Auslieferung findet statt Fasanenstrasse 13. Charlottenburg.

Originalradirungen: Schillerplatz in Berlin; — Universität in Marburg; — Rathaus und Kathedrale in Löwen; —

Goethe's Gartenhaus in Weimar; — Synagoge in Prag; — Dom in Halberstadt; — Freiberg in Sachsen.

MEISENBACH, RIFFARTH & Co. in BERLIN und MÜNCHEN.

Photochemische Kunstanstalt. Gegründet 1886. Anstalt für Zinkographie, Photogravüre, Photolithographie, Kupferdruckerei, Steindruckerei und Galvanoplastik. Bis vor 2 Jahren bestand die Firma als RIFFARTH & Co. und hatte sich in den wenigen Jahren ihres Bestehens zu einer ersten Ranges auf den Gebieten der Autotypie und Photogravüre emporgeschwungen. Seit 2 Jahren verband sie sich mit der rühmlichst bekannten Münchener Firma MEISENBACH, die mit der Erfindung der Autotypie aufs engste verknüpft ist. Zweiggeschäft in München. Eine Kunstanstalt, die auf den von ihr vertretenen Gebieten etwas ganz Hervorragendes geleistet hat.

Kupferdrucke: »Compton» Liebigslandschaften; — »Kölner Dom«, Naturaufnahme; — »Mendag, Seestück«; — »Maure«, Schafherde; — »Helios«, Naturaufnahme.

Tableaux mit diversen Reproduktionen. Kunstgeschichtliche, architektonische u. sonstige Prachtwerke. Sämtliche ausgestellten Gegenstände sind unverkäufliche Muster.

OTTO MEISSNER VERLAGSBUCHHANDLUNG in HAMBURG.

OTTO CARL MEISSNER (geb. 1819 in Quedlinburg) gründete nach vorangegangener Thätigkeit in der HEINRICHSHOFENschen Buchhandlung in Magdeburg und bei HOFFMANN & LAMPE in Hamburg am 16. Juni 1848 daselbst eine Verlags- und Sortimentsbuchhandlung. Aus kleinen Anfängen sich entwickelnd gelangte er bald zu hohem Ansehen. Der im ganzen einer freisinnigen Richtung huldigende Verlag, in dem sich mit der Zeit Hamburgensien und gut eingeführte Schulbücher anschlossen, hat manche bemerkenswerte Werke aufzuweisen. Mehrere Söhne stehen dem Vater in der Führung des umfangreichen Geschäfts zur Seite.

Hamburg und seine Bauten mit Berücksichtigung der Nachbarstädte Altona und Wandsbeck. Herausgegeben vom Architekten- und Ingenieur-Verein zu Hamburg anlässlich der IX. Wanderversammlung deutscher Architekten- u. Ingenieur-Vereine am 21.—28. Aug. 1890. Lex.-8°. Mit zahlreichen Abbildungen. Geb. M. 40.

Faulwasser, Jul., Der grosse Brand und der Wiederaufbau von Hamburg. Ein Denkmal zu den 50jähr. Erinnerungstagen d. 5.—8. Mai 1892. Im Auftrage des Architekten- u. Ingenieur-Vereins unter Benutzung amtlicher Quellen bearb. Mit 4 Plänen und zahlr. Abb. gr. 8°. Geb. M. 4.

Koppmann & Co. Hamburg. Aufgenommen u. herausg. von K. & Co. Fol. 22 Photogr. Geb. M. 30.

Krüger, Eugen, Wild und Wald. 22 Blatt. Komponiert u. auf Stein gezeichnet von EUGEN KRÜGER. M. 24. Mappe dazu M. 2.

Statistisches Handbuch für den Hamburgischen Staat. Herausg. von dem statist. Bureau der Steuer-Deputation. gr. 8°. Geb. M. 4.

Wallsee, H. E., Modernes Reisen. Die Orientfahrt der »Augusta Viktoria«. Mit Bildern, ausgeführt nach Orig.-Skizzen von CARL SCHILD und zahlr. Autotypien. gr. 8°. Geb. M. 8.

Weihnachtsbuch, Hamburger. Mit 140 Bildern. Gr. 4°. Geb. M. 12.

Wichmann, E. H., Hamburg-Geschäfte in Darstellungen aus alter und neuer Zeit. 4°. (Mit Illustr.) Lwd.) Geb. M. 18, Kibldr. M. 30.

Plan von Hamburg, Altona und Umgegend. 1:10000. (Farbdr.) Mit Strassenverzeichnis. Auf Lwd. in Mappe. M. 3.

Plan der Städte Hamburg, Altona-Ottensen und Wandsbeck in der Ausdehnung von Bahrenfeld bis Horn, von den Elbinseln bis Lockstedt. 1:10000. Lith. 98,5×79 ctm. Auf Lwd. in Mappe M. 10.

MEISSNER & BUCH in LEIPZIG.

Verlagsanstalt und chromographische Anstalt, gegründet im Jahre 1861. Seit 1861 im alleinigen Besitz des Kommerzienrats Jul. Friedr. Meissner. Zweigniederlassung der Firma in London, 121 Bunhill-Row, E. C. — Die Anstalt leistet auf dem Gebiete der chromographischen Verfahren ganz Hervorragendes, und ihre Produktionen verdienen durch ihre geschmackvolle und vollendete Herstellung die grösste Beachtung.

Fabrikation und Verlag folgender Artikel:

Weltliche und Heilige Chromos. Gratulations- (Christmas-, Newyear-, Birthday-, Easter-), Tisch- und Menükarten. Trauerkarten (In Memoriam cards). Malvorlagen (Studies). Poesiebücher- und -hefte (Booklets). Wandsprüche (Walltexts). Plakate (Show cards). Reklamekarten und in diesem Fach schlagende Reklame-Fantasie-Artikel.

Vorstehende Erzeugnisse sind zur Anschauung in Musterheften ausgelegt.

Als Bilder, unter Glas und Rahmen, sind die, wie folgt betitelten, mittelst des der Firma patentierten Aquarelldruckverfahrens nach Originalgemälden hergestellten Facsimiledrucke ausgestellt:
No. 1. Homeward Bound by T. B. Hardy. Originalgemälde. No. 2. Venetian Fishers by Albanti. Originalgemälde. No. 3. Homeward Bound by T. B. Hardy. Reproduktion nach No. 1. No. 4. Venetian Fishers by Albanti. Reproduktion nach No. 2. No. 5. St. Laurence. Nürnberg by Schäfer. No. 6. Brave Attempt by Weber. No. 7. Venice. Fishing boats by T. B. Hardy. No. 8. Venice. Grand Canal by T. B. Hardy. No. 9. Scarborough Sands by T. B. Hardy. No. 10. North Shields by T. B. Hardy. No. 11. Rothenburg a. d. Tauber. Klingenthor. Stieler. No. 12. Rothenburg a. d. Tauber. Würzburger Str. Stieler. No. 13. American Fall's. Niagara. Weber. No. 14. After a good Haul. Weber. No. 15. Well-earned Rest. R. Wollen.

Von der hohen, technischen Vollkommenheit des patentierten Aquarelldruck-Verfahrens, welches den Originalgemälden mit einer Treue nahe kommt, die man bisher kaum für möglich gehalten hat, wolle man sich durch Vergleich der Facsimiledrucke No. 3 u. 4 mit den gleichfalls ausgestellten Originalgemälden No. 1 u. 2 überzeugen. Diese getreue Wiedergabe setzt die Firma in die Lage, vortreffliche Reproduktionen von Werken bedeutender Künstler weiteren Kreisen des Kunsthandels zugänglich zu machen.

MITSCHER & RÖSTELL in BERLIN.

Buch- und Kunsthandlung, gegründet 1839. Die jetzigen Besitzer sind Carl Röstell und Ernst Moritz. Ausser Prachtwerken verlegt die Handlung besonders auch Litteratur für die Schülerbibliotheken evangelischer Volksschulen.

Chodowiecki, Dan., Auswahl aus des Künstlers schönsten Kupferstichen. 8 Mappen je M. 30. Nach den Originalen in Lichtdruck von A. Frisch.

Watteau, A., Gemälde und Zeichnungen nach dem von Bochen gestochenen Werke. In Lichtdruck hergestellt. Fol. M. 150.

MEYER & BILITZ in BERLIN.

Verlag und Herausgabe der Zeitschrift »Der Weltmarkt«. Gegründet 1876.

Der Weltmarkt. Internationale Zeitschrift für Industrie und Handel. Erscheint deutsch, englisch, französisch, inhaltlich verschieden in 48 Nummern jährl. Der Preis beträgt für Deutschland M. 16; für die deutsche Ausgabe allein M. 10; für die französische oder englische Ausgabe M. 8; für das Weltpostvereinsgebiet tritt ein Zuschlag von einem Viertel des Abonnementsbetrages hinzu.

J. C. B. MOHR in FREIBURG i. Br.

J. C. B. MOHR gründete im Jahre 1801 in Frankfurt a. M. eine Verlags- und Sortimentsbuchhandlung und übernahm nach seiner Verheiratung mit der Witwe A. C. HERMANNs die HERMANNsche Buchhandlung daselbst. Später siedelte er nach Heidelberg über und entfaltete hier in regem Verkehr mit hervorragenden Gelehrten eine erfolgreiche Thätigkeit in der Begründung und dem Ausbau seines grossen wissenschaftlichen Verlages. Nach dem Tode MOHRs (1854) führten seine Söhne den Verlag weiter und verkauften ihn 1878 an die LAUPPsche Buchhandlung in Tübingen. Bei Trennung der Teilhaber dieser letzteren Firma ist die Akademische Verlagsbuchhandlung von J. C. B. MOHR mit einem wesentlichen Bestandteil des LAUPPschen Verlages in den Alleinbesitz von PAUL SIEBECK übergegangen, der sie 1880 nach Freiburg in Baden verlegte. Der Verlag vertritt eine streng wissenschaftliche Richtung.

Kraus, F. X., Jos. Durm und E. Wagner, Die Kunstdenkmäler des Grossherzog-	tums Baden. 3 Bde. mit Illustrationen. Geb. M. 44.

A. MÜLLER-FRÖBELHAUS in DRESDEN.

Internationales Lehrmittel-Institut und Verlagsbuchhandlung, gegründet am 22. August 1889 vom Besitzer ALFRED MÜLLER. Verfertigt und vertreibt Lehrmittel für alle Unterrichtszweige. Aus kleinen Anfängen hervorgegangen, ist die Firma trotz der verhältnismässig kurzen Zeit ihres Bestehens weit über die Grenzen des engeren Vaterlandes des Begründers bekannt geworden.
Zur Erinnerung an den verdienten Pädagogen und Kinderfreund »FR. FRÖBEL« ist zur Charakterisierung obiger Firma der Zuname »Fröbelhaus« gewählt worden, welch' letzterer auch vielfach im Verkehr allein angewendet wird. Die fachmännische Bildung des Leiters und seiner Mitarbeiter, sowie der fortwährende rege Verkehr mit einer grossen Anzahl hervorragender Schulmänner des Kontinents wirkten zusammen, um in erster Linie für Deutschland eine Zentralstelle zu schaffen, welche jederzeit in der Lage ist, allen Anforderungen der Schule und der Familie zu begegnen. A. MÜLLER-FRÖBELHAUS ist z. Zeit das erste Institut gewesen, welches die in pädagogischen Kreisen sich geltend machende Strömung zu Gunsten der plastischen Schulwandkarten in die Praxis übersetzte und ungeachtet hoher materieller Opfer den Verlag und die Bearbeitung eines grossen Kartenwerkes unternahm, von dem bis jetzt die physik. Schulwandkarte von Deutschland, herausg. von M. KUHNERT, erschienen ist, welche nach der Kritik der ersten Geographen die vollste Beachtung seitens der Schule und diejenige weiterer Kreise verdient.
Ein Anziehungspunkt für Schulmänner aller Disziplinen und für viele eine hochwillkommene Gelegenheit zum Spezialstudium ist die in Dresden befindliche, in geräumigen Sälen untergebrachte ständige grosse Lehrmittelausstellung, welche ein erschöpfendes Bild der Leistungen auf pädagogischem Gebiete dieser Richtung bietet. Hervorzuheben ist, dass genannte Ausstellung nur aus Privatmitteln unterhalten wird.
Zweigniederlassungen von A. MÜLLER-FRÖBELHAUS befinden sich in fast allen grösseren Städten des Deutschen Reiches.

Kuhnert, Karte von Deutschland. Aufgezogen M. 18.

E. MORGENSTERN's VERLAGSBUCHHANDLUNG in BRESLAU.

Das Geschäft wurde 1827 als Filiale der MAURERschen Buchhandlung in Berlin gegründet und wurde, nachdem es inzwischen in wechselndem Besitze gewesen, 1859 von EMIL MORGENSTERN erworben und unter seinem Namen fortgeführt. Neben Provinzial-Verlag und dem Verlag des Breslauer Adressbuches pflegt die Firma, doch ohne sich auf diese zu beschränken, vorwiegend pädagogische Litteratur.

Breslauer Adressbuch für 1898. Geb. M. 11.
Menzel, R., Wandtafeln für den physikalischen Unterricht. Unaufgezogen M. 1*, aufgezogen mit Mappe M. 31,50.

Niepel, O., Wandbilder des niederen Tierreiches. 14 Tafeln in Farbendruck mit erläuterndem Text. Unaufgezogen M. 14, aufgezogen mit Mappe M. 19.

RUDOLF MÖCKENBERGER in BERLIN.
Verlagsbuchhandlung, gegründet am 1. Juni 1887.

Adressbuch und Warenverzeichnis der chemischen Industrie des Deutschen Reiches. Herausg. von OTTO WENZEL. I.—III. Jahrgang. Geb. à M. 85.
Herrig, H., Das Kaiserbuch. Acht Jahrhunderte deutscher Geschichte. Mit vielen farbigen Tafeln. Geb. M. 80.

Miethe, Ad., Photographische Optik. M. 5;
— Taschenkalender für Amateurphotographen. I.—III. Jahrgang. à M. 2.
Prometheus. Illustrierte Wochenschrift über die Fortschritte der angewandten Naturwissenschaften, herausg. von O. N. WITT. I.—III. Jahrgang. à M. 12.

MICHAEL MÜLLER in MÜNCHEN.

Müller, M., Lehrbuch der praktischen Zuschneidekunst. M. 12. Geb. M. 14.
Müller's Modejournal.

C. G. NAUMANN in LEIPZIG.

Kunst-Druckerei. Gegründet im Jahre 1802, seit 1871 im Besitz von C. G. NAUMANN. Buch- und Accidenzdruck mit Rotationspressen. Äusserst leistungsfähige Firma, die sich auch mit Druck und Vertrieb von Kontorformularen befasst.
Druckmuster. Arbeiten, welche in der Offizin angefertigt wurden.

PAUL NEUBNER in KÖLN a. Rh.

Buchhandlung, Antiquariat und Verlag, gegründet am 15. April 1876.

Kollbach, M., Bilder vom Rhein. Eine Wanderung von Basel bis zur holländischen Grenze. Mit 91 Vollbildern und über 150 Textillustrationen. Geb. M. 12,50.

VERLAG DES INTERNAT. OFFERTENBLATTES in BERLIN.

Offertenblatt, Internationales. Eine Anzahl Probenummern in einen Band geb.

WILH. NITZSCHKE in STUTTGART.

Verlagsbuchhandlung, 1845 in Schwäbisch-Hall gegründet, siedelte 1858 nach Stuttgart über und befindet sich seit 1891 im Besitz von HEINRICH und PAUL CHRISTIAN. Der NITZSCHKEsche Verlag findet seinen Schwerpunkt in der Herausgabe von Jugendschriften, Bilderbüchern, Vorlagewerken für technisches Zeichnen, naturwissenschaftlichen Unterrichtsbüchern und Veröffentlichungen aus der rechtswissenschaftlichen Praxis. Das ausgestellte Werk »STRÄSSLE« ist ein für Familienbibliotheken höchst wertvolles Buch.

Strässle, Illustrierte Naturgeschichte der | ungen in Farbendruck, 1 geognost. Karte
2 Reiche. 4. Aufl. Mit 36 Tafeln, Abbild- | und 642 Holzschnitten. Geb. M. 12.

OPITZ & Co. in GÜSTROW (MECKLENBURG).

Buch- und Kunsthandlung, gegründet im Juni 1830. Seit 1. Januar 1877 im alleinigen Besitz von EMIL OPITZ. Das von der Firma ausgestellte Werk »Die Wappen des Grossherzoglichen Hauses Mecklenburg« ist noch unfertig, die vorliegenden Tafeln sind nur Probeabzüge aller dazu gehörenden Blätter, ein erklärender Text wird noch weitere 100 Textillustrationen enthalten.

Wappen, Die, des Grossherzoglichen | gezeichnet von C. TRAUB in Schwerin.
Hauses Mecklenburg in geschicht- | Mit zahlreichen Tafeln in Farbendruck.
licher Entwickelung, bearbeitet und | In Leinwand M. 45; In Leder M. 78.

LOUIS OERTEL in HANNOVER.

Musikverlag, verbunden mit Orchester-Sortimentshandlung, gegr. 1866. Verlag der Musikzeitung »Harmonie«. Zweigniederlassung in London: L. OERTEL & Co.

Kling's Schulen für Violine, Viola, Bass, | Reinecke, Deutsche Hausmusik. M. 10.
Guitarre, Flöte, Clarinette, Oboe, Fagott, | Harmonielehren. — Choralmelodien. —
Cornet, Althorn, Trompete, Posaune etc. | Instrumentalmusik.

PALM & ENKE in ERLANGEN.

Verlagsbuchhandlung, gegründet 1810 von JOH. AUG. ERNST ENKE. ENKE kaufte 1815 eine etwa 1778 von seinem Schwiegervater JOH. JAC. PALM gegründete Buchhandlung, wodurch die obige Firma entstand. Seit 1876 wird sie von CARL ENKE weitergeführt. Die Firma vertritt fast nur Rechts- und Staatswissenschaften.

Zeitschrift für internationales Privat- | Engelmann, J., Rechtslexikon für Kauf-
und Strafrecht. Bd. II. M. 12. | leute und Gewerbetreibende. Geb. M. 12.

MAX PASCH in BERLIN.

Kgl. Hofbuchhandlung. Verlag für Medizin und Gesundheitspflege nebst Buch- und Kunstdruckerei. Gegründet am 15. Januar 1855.

Neues Testament, illustriert. 4°. Geb. | Köhler, B., Kostümkunde. 2 Bde. Geb.
M. 30. | à M. 25.

GEBRÜDER PAETEL in BERLIN.

Diese Verlagshandlung wurde im Januar 1837 von ALEXANDER DUNCKER begründet und ging 1870 unter der Firma A. DUNCKERS Buchverlag 'GEBRÜDER PAETEL' in den Besitz von ELWIN und Dr. HERMANN PAETEL über. Am 1. Juni 1871 wurde die Firma in »GEBRÜDER PAETEL« verändert. Das Geschäft wurde im Laufe der Jahre durch zahlreiche eigene Publikationen und durch Ankauf verschiedener Verlagswerke bedeutend erweitert. Am 1. April 1884 schied Dr. HERMANN PAETEL aus der Firma aus, die seitdem unverändert von ELWIN PAETEL allein fortgeführt wird. Neben der Belletristik, die vorwiegend gepflegt wird, wendet der Verlag den Gebieten der Geschichte, Kulturgeschichte, Völkerkunde, Litteratur- und Militärwissenschaft im Allgemeinen seine Hauptaufmerksamkeit zu. Allgemeiner Verbreitung erfreut sich die im Verlage der Firma erscheinende, von JULIUS RODENBERG redigierte Monatsschrift »Deutsche Rundschau«.

Romane, Novellen und Erzählungen von ARNOLD, AUERBACH, BATSCH, BERGEN, BLUM, BRAID, DECKERT, DINGELSTEDT, DRANMOR, EBNER-ESCHENBACH, FARINA, FRAPAN, FRENZEL, GARBE, GEFFCKEN, GÜSSFELDT, HEIGEL, HILLERN, HOFFMANN, HOPFEN, JENSEN, JUNCKER, LANKESAU, LINDAU, MEINHARDT, PETERSEN, PUTLITZ, RODENBERG, SCHUBIN, SMIDT, STORM, SYBOW, TAYLOR, UHL, VILLAMARIA, WALTER, WICHERT, WIDMANN, ZABEL.

Aus der grossen Anzahl der ausgestellten Bücher seien die nachstehenden Werke erwähnt:

Arnold, H., Novellen. Geb. M. 8,50.
Auerbach, B., Der Forstmeister. Roman. 2 Bände. M. 9. Geb. M. 10,50.
Batsch, Nautische Rückblicke. Geb. M. 11; — Deutsch' See-Gras. Ein Stück Reichsgeschichte. Geb. M. 12.
Berger, W., Allerlei Schicksale. Erzählungen. Geb. M. 6,50.
Blennerhassett, Frau von Staël, ihre Freunde und ihre Bedeutung in Politik und Litteratur. Mit Porträt. Geb. M. 17.
Blum, H., Auf dunklen Pfaden. Heitere und ernste Erzählungen aus dem Rechtsleben. Geb. M. 7,50; — Juvalta. Sozialer Roman aus der Gegenwart. 2 Bde. Geb. M. 13.
Braid, J., Der Hypnotismus. Ausgewählte Schriften. Deutsch herausg. von W. PREYER. M. 10.
Briefe von und an Gottfried August Bürger. Beitrag zur Litteraturgeschichte seiner Zeit. Herausg. von A. STRODTMANN. 4 Bände. M. 24.
Catalog der Conchylien-Sammlung von Fr. Paetel. 2 Abteilungen. M. 10,50.
Deckert, E., Die neue Welt. Reiseskizzen aus dem Norden und Süden der Verein. Staaten, sowie aus Kanada und Mexiko. Geb. M. 12.

Dingelstedt, Fr., Sämtliche Werke. 1. Gesamt-Ausgabe in 12 Bdn. Eleg. in 6 Rde. geb. M. 57.
Duller, Ed., Geschichte des deutschen Volkes. Bearbeitet und fortgesetzt von WILLIAM PIERSON. 2 Bde. Eleg. geb. M. 11.
Ebner-Eschenbach, M. v., Gesammelte Schriften. 6 Bde. Mit Porträt. M. 21. In 6 Lwdbde. geb. M. 27. In 6 Liebhaber-Bde. geb. M. 33.
Geffcken, F. H., Zur Geschichte des Orientalischen Krieges 1853—1856. M. 9.
Geiger, — Berlin 1688—1840. Geschichte des geistigen Lebens der preussischen Hauptstadt. Von LUDWIG GEIGER. 1. Bd. 1. Hälfte. Geb. M. 6.
Germania. — Deutsche Dichter der Gegenwart. Bild und Wort. Herausg. im Auftrage der National Exhibitions Association Ltd. von GUSTAV DAHMS. Geb. M. 7.
Güssfeldt, P., Kaiser Wilhelm's II. Reisen nach Norwegen in den Jahren 1889 bis 1891. Mit 86 Heliogravüren u. 159 Holzschnitten und Orientierungskarte. Geb. M. 98.
Haeckel, E., Indische Reisebriefe. Geb. M. 12.
Hülsen, H. v., Unter Friedrich dem Grossen. Aus den Memoiren des Ältervaters 1752—1778. Geb. M. 5,50.
Kletke, H., Album deutscher Dichter. Nebst Porträt Goethe's. Geb. M. 10.
Lindau, Gordon Baldwin. Novelle von RUDOLPH LINDAU. M. 4. Eleg. geb. M. 5,25; — Vier Novellen und Erzählungen von RUDOLPH LINDAU. M. 4. Eleg. geb. M. 5,50.
Moltke, Feldmarschall Graf Moltke's Briefe aus Russland. Vierte Aufl. M. 8. Eleg. geb. M. 4,50; — Wanderbuch. Handschriftliche Aufzeichnungen aus dem Reisetagebuch von H. Graf MOLTKE General-Feldmarschall. Geb. M. 4,50.

Nöldeke, Th., Orientalische Skizzen. Geb. M. 9.
Pierson, W., Preussische Geschichte. 2 Bde. Eleg. geb. M. 11.
Prayer, W., Naturwissenschaftliche Thatsachen und Probleme. Populäre Vorträge. Brosch. M. 9.
Rodenberg, J., Bilder aus dem Berliner Leben. Geb. M. 8,50; — Neue Folge. Geb. M. 8,50.
Rundschau, Deutsche. Herausg. von Jul. Rodenberg. I.—XVIII. Jahrg. 1874—1891. 72 Bde. gr. 8°. Preis pro Jahrg. M. 24; — Generalregister zur Deutschen Rundschau. Bd. I—XXX. I.—X. Jahrg. Nebst systemat. Übersicht der Hauptartikel. gr. 8°. M. 3.
Schütze, F., Theodor Storm. Sein Leben und seine Dichtung. Geb. M. 6,50.
Spitta, Ph., Zur Musik. 16 Aufsätze von Philipp Spitta. Geb. M. 41.
Taylor, B., Erzählungen aus dem Amerikanischen Leben. Ins Deutsche übertragen von Marie Hansen-Taylor. 3 Bde. Geb. M. 9,50.
Wernicke, C., Die Geschichte der Welt. 6 Bde. Geb. M. 48.

HERMANN PAETEL in BERLIN.

Verlagsbuchhandlung, gegründet am 15. Mai 1881. Besitzer Dr. Hermann Paetel.
Befasst sich viel mit populär-wissenschaftlichen und belletristischen Schriften.
Der Inhaber der Firma fungiert zugleich als Leiter des »Vereins für Deutsche Litteratur«.

Angerstein u. Eckler Hausgymnastik für Gesunde und Kranke. Geb. M. 3; — Hausgymnastik für Mädchen u. Frauen. Geb. M. 3.

Weiss, G. G., Sing- und Sprechgymnastik. Der Weg zur Meisterschaft in der gesanglichen u. redoerischen Vollverwertung des Stimmorgans. Mit 10 Illustr. Geb. M. 3,75.

JUSTUS PERTHES in GOTHA.

Geographische Anstalt und Verlagsbuchhandlung, gegründet 1785 durch Justus Perthes, der als Grundlage zu seinem Geschäft den Gothaischen Hof-Kalender von der Ettingerschen Buchhandlung übernahm. Nach dem Tode von Justus Perthes standen der Firma Wilhelm und später dessen Sohn Bernhard Perthes vor. Letzterer verstarb nach kaum vierjähriger Geschäftsleitung und das Geschäft wurde im Namen der Erben von zwei Freunden und Verwandten der Familie Müller und Bessen fortgeführt, bis es am 1. Juli 1881 durch Erbfolge an Bernhard Perthes überging. Die Firma ist durch ihre hervorragenden Leistungen auf dem Gebiete der Kartographie in der ganzen zivilisierten Welt wohlbekannt. Die aus der Anstalt hervorgegangenen Karten und Kartenwerke zeichnen sich durch peinliche Genauigkeit und gediegene Herstellung aus. Besonders sei die vornehm angelegte Zeitschrift »Petermanns Geographische Mitteilungen« erwähnt.

Almanach de Gotha, Annuaire Généalogique diplomatique et statistique. Année 1893. Geb. M. 6,50.
Berghaus, Physikalischer Handatlas. Fol. Geb. in Halbjuchten. M. 100.
Daraus einzeln: Berghaus, Atlas der Geologie. Geb. M. 13,40; — Atlas der Hydrographie. Geb. M. 14,50; — Hann, Atlas der Meteorologie. Geb. M. 16; — Neumayer, Atlas des Erdmagnetismus. Geb. M. 7,60; — Drude, Atlas der Pflanzenverbreitung. Geb. M. 11,40; — Marshall, Atlas der Tierverbreitung. Geb. M. 13,40; — Gerland, Atlas der Völkerkunde. Geb. M. 19,6°.

Petermann's Mittheilungen aus Justus Perthes' geographischer Anstalt, herausg. von A. Supan. Jahrgang 1893. M. 24.
Spezialkarte von Afrika. 12 Blatt. Einzeln aufgezogen in Mappe M. 36; zusammen aufgezogen zum Aufhängen M. 82.
Spruner-Menke, Historischer Handatlas. Abteilung: Mittelalter und neuere Zeit. Geb. in Halbjuchten. M. 92,60.
Stieler, Handatlas. 95 Karten mit Namensverzeichnis. Gebrochen, geb. in Halbjuchten. M. 65.
Karte des deutschen Reiches 1:500 000. In Mappe.

W. PAULI's NACHF. (H. JEROSCH) in BERLIN.

Verlagsbuchhandlung, gegründet 1889 und seit 5. August 1891 im Besitz von HERMANN JEROSCH. Den in diesem Verlage erschienenen geschichtlichen Werken von SCHEIBERT und REYMOND reihte sich ausser einigen andern Verlagsartikeln 1891 das beachtenswerte Prachtwerk »Berliner Pflaster« an.

Hausschatz des Wissens. Bd. XII 'Reymond, Weltgeschichte I'. Musterband. Geb. M. 7.50.
Scheibert und von Reymond, Die mitteleuropäischen Kriege in den Jahren 1861, 1866 u. 1870—1871. 2 Bde. Geb. M. 15.

Scheibert, La guerre Franco-Allemande de 1870—1871. Traduit sur la 1re édition allemande par Jaeglé. M. 6.
Berliner Pflaster, Illustrierte Schilderungen aus dem Berliner Leben. Geb. M. 10.

C. F. PETERS in LEIPZIG.

Musikalien-Verlagsfirma (Bureau de Musique), begründet am 1. Dezember 1800 von FRANZ OTTO HOFFMEISTER und AMBROSIUS KÜHNEL. Nach dem Tode der beiden Gründer erwarb CARL FRIEDRICH PETERS die Firma und führte sie unter seinem Namen weiter. 1827 wurde C. G. S. BÖHME Besitzer. Nach einer erfolgreichen Thätigkeit vermachte dieser das Geschäft testamentarisch dem Rate der Stadt Leipzig, der es bis 1860 verwaltete und dann an JULIUS FRIEDLÄNDER aus Berlin verkaufte. 1863 trat Dr. MAX ABRAHAM aus Danzig als Teilhaber der Firma ein und übernahm sie im Jahre 1880 in alleinigem Besitz. Die jeweiligen Leiter der Firma waren fast sämtlich tüchtige Geschäftsleute und vorzügliche Musikkenner, vor allem aber hat der gegenwärtige Inhaber eine ausserordentlich erfolgreiche Thätigkeit entwickelt und seinem Musikverlag einen Weltruf erworben. Die von ihm ins Leben gerufene »Edition PETERS«, eine Sammlung kritisch revidierter, schön ausgestatteter Ausgaben von Tonwerken zu mässigen Preisen, erfreut sich einer allgemeinen Beliebtheit und einer starken Verbreitung.

»Edition Peters«. Vollständige Reihe der ganzen Sammlung.

C. E. M. PFEFFER in LEIPZIG.

Verlagsbuchhandlung, gegründet am 1. Januar 1848 und seit 1. September 1891 im Besitz von E. GROTTKE.

Maurenbrecher, W., Die Gründung des Deutschen Reiches. Geb. M. 5,60.

Reynolds, J., Zur Aesthetik und Technik der bildenden Künste. Geb. M. 9.

FRIEDRICH PFEILSTÜCKER in BERLIN.

Verlagsbuchhandlung, gegründet 1887. FRIEDRICH PFEILSTÜCKER besorgt die Geschäftsleitung des »Vereins der Bücherfreunde«, einer Vereinigung von Schriftstellern und Litteraturfreunden, deren Publikationen er vertreibt.

Verein der Bücherfreunde. 4. Jahrgang. 8 Bände. Geb. M. 16; — Dasselbe. 8. Jahrgang. Band I—III. Geb. Einzeln käuflich. Verschieden im Preise.
Katholische Bibel. In Halbleder geb. M. 10;

— In Kalbleder geb. mit Schlössern. M. 13; — In Schweinsleder geb. M. 54. Illustrirte Hausbibel. In Halbleder geb. M. 14; — In Kalbleder geb. M. 24; — In Schweinsleder geb. M. 46.

EMIL PINKAU in LEIPZIG.

Fabrik lithographischer Erzeugnisse. Spezialität: Leporello-Albums. Proben von Erzeugnissen der Anstalt, besonders in Photochromie in verschiedenen Rahmen aufgehängt und in einer Anzahl Leporello-Albums.

EDUARD POHL's VERLAG in MÜNCHEN.

Gegründet am 30. Juni 1848 von FEDOR POHL in Amberg, seit 1. April 1876 auf obige Firma übergegangen, unter welcher das Geschäft am 1. August 1888 nach München verlegt wurde.

Edelmann. Schützenwesen. Geb. M. 1,80.

R. L. PRAGER in BERLIN.

Die Firma R. L. PRAGER wurde als Antiquariat und Sortiment zu Berlin am 1. April 1872 von ROBERT LUDWIG PRAGER, der noch heute Besitzer ist, begründet. Der später entstandene Verlag pflegt ausschliesslich Rechts- und Staatswissenschaften und Geschichte. Seit 1886 veröffentlicht die Firma vierteljährlich einen »Bericht über Neue Erscheinungen und Antiquaria aus dem Gesamtgebiete der Rechts- und Staatswissenschaften«.

Alexi, S., JOHN LAW und sein System. M. 3.
Beiträge zur mittelalterlichen Rechtsgeschichte. Herausg. von G. PESCATORE. Heft 1—8. 1889—98. M. 11,60.
Grasmer, R., Organisation der Berufsinteressen. M. 4.
Lioy, D., Die Philosophie des Rechts. M. 10.
Malthus, T. R., Prinzip der Volkswirtschaftslehre. M. 10.

Mayet, P., Landwirtschaftliche Versicherung. M. 12.
Prager, Bericht über neue Erscheinungen und Antiquaria aus dem Gesamtgebiete der Rechts- und Staatswissenschaften. Jahrgang I—VII, 1—9. à Jahrgang M. 1.
Smith, A., Untersuchung über das Wesen und die Ursachen des Volkswohlstandes. Deutsch von F. STÖPFEL. 4 Bände. M. 7.

PUTTKAMMER & MÜHLBRECHT in BERLIN.

Buchhandlung für Staats- und Rechtswissenschaften, gegründet 1868 von OTTO MÜHLBRECHT und A. W. PUTTKAMMER und seitdem in ihrem Besitz und unter ihrer persönlichen Leitung. Wohl die bedeutendste Spezialbuchhandlung auf dem Gebiete der Rechts- und Staatswissenschaften. Besorgt die Vertretung der Kodifikations-Kommission des Kaiserlichen Reichsrats in St. Petersburg und den Verlag der Veröffentlichungen des Kaiserlichen Statistischen Bureaus in Berlin. Durch den nachstehend näher bezeichneten »Wegweiser« hat sich O. MÜHLBRECHT, der als geschätzter Bibliograph bekannt ist, ein dauerndes Verdienst um die Kenntnis der rechts- und staatswissenschaftlichen Litteratur erworben.

Mühlbrecht, O., Wegweiser durch die neuere Litteratur der Staats- und Rechtswissenschaften. 2. Aufl. 1893. Ausgabe in Ganzleder geb. M. 30.
Mühlbrecht, O., Erinnerungen aus 36 Jahren 1868—99. Geb. Nicht — im Handel.

FRIEDRICH PUSTET in REGENSBURG.

Die Firma wurde im Jahre 1826 von FRIEDRICH PUSTET gegründet und wird nach dessen Ableben von den Söhnen FRIEDRICH und KARL PUSTET fortgeführt. Neben allgemeiner katholisch-theologischer Verlagsrichtung besteht die Hauptthätigkeit des Hauses in Herausgabe liturgischer, Choral- und kirchenmusikalischer Werke, welche beiden ersteren ausschliesslich in eigener Druckerei (der grössten in Bayern) ihre Herstellung finden. In Verbindung damit stehen eigene Kupfer- und Farbendruckerei, Dampfbuchbinderei und Papierfabrik. Filialen des Hauses in Amerika: FRIEDRICH PUSTET & CO., New York und Cincinnati, O.

Schweinsleder-Einbände:
Graduale Romanum. 2 Bände. Imper.-Folio. In Rot- und Schwarzdruck auf Handpapier mit reichen Oxydbeschlägen M. 333; — idem. Gross-Folio. In Schwarzdruck auf Handpapier mit Beschlägen. M. 67,50.
Antiphonarium Romanum. 2 Bände. Imper.-Folio. In Rot- und Schwarzdruck auf Handpapier mit Oxyd-Schliessen und Knöpfen. M. 197.
Missale Romanum. Gross-Folio. Handpapier mit vergold. Beschlägen. M. 97; — idem. Klein-Folio mit Canon in Farbendruck, rotem Samtband mit ciseliertem Goldschn., silbernen Beschlägen u. s. w. M. 286.
Missale Romanum. 4° mit Canon in Farbendruck. Einb. Rindslederschnitt mit ciseliertem Goldschn. und altdeutschen Oxyd-Beschlägen. M. 340.

Jochten-Einbände:
Breviarium Romanum. 4 Bände. In 4°. M. 113,50; — idem. 4 Bände. In 12°. M. 68.
Horae Diurnae Breviarii Romani. In 4°. M. 14.
Missale Romanum. In 4° mit Canon in Farbendruck. M. 52.

Chagrin-Einbände:
Breviarium Romanum. 2 Bände in 4°. M. 64.
Canon Missae Episcoporum. Gross-Folio. M. 16; — idem. Kl.-Fol. Handpapier. M. 87.

Epistolae et Evangelia. Klein-Folio. M. 22.
Missale Romanum. Klein-Folio. Canon in Farbendruck. Kalbleder mit vergoldeten Beschlägen. M. 70.
Missale Romano-Monasticum. Klein-Folio. M. 58,50.
Pontificale Romanum. Cum Canto. In 8°. M. 16.
Preces ante et post Missam. In 4°. M. 5.
Ritus solemnis de Benedictione et Impositione primarii Lapidis etc. M. 26; — idem pro Clerico faciendo etc. Gross-Folio. M. 26; — idem pro Consecratione Oleorum etc. Gross-Folio. M. 16; — idem pro Dedicatione Ecclesiae etc. Gross-Folio. M. 22.

Halb Jochten-Einbände:
Haberl-Hanisch. Organum ad Graduale Romanum. M. 12,50; — idem ad Vesperale Romanum. M. 14.
Musica Divina. Annus primus. 4 Bde. M. 63,50; — idem. Selectus Novus Missarum. Partitur. M. 26,50.
Ordinarium Missae. Imper.-Folio. Rot- und Schwarzdruck. M. 16; — idem. Gross-Folio. Schwarzdruck. M. 10,50.
Singenberger, Orgelbegleitung zu Mozs's Cäcilia. M. 14.
Witt, Organum ad Ordinarium Missae. M. 4.
Breviarium Romanum. 4 Bde. 16°. Chagrinband. M. 64.
Cantus Passionis. Kl.-Folio. 2 Bde. M. 20.

FEODOR REINBOTH in LEIPZIG.

Verlagsbuchhandlung, gegründet am 1. Oktober 1895. Beschäftigt sich vorwiegend mit Musiklitteratur und hauptsächlich mit RICH. WAGNER's Schöpfungen.

Hausegger, Richard Wagner und Schopenhauer. Geb. M. 1,50.
Marsop, Die Aussichten der Kunst R. Wagners in Frankreich. Geb. M. 1,50.
Musik und ihre Klassiker. Geb. M 2,25.
Nohl, Denksteine aus dem Leben berühmter Tonkünstler. Geb. M. 7.
Stohn, Richard Wagner und seine Schöpfungen. Geb. M. 1,50.

Wolzogen, v., Thematischer Leitfaden zu Parsifal. Geb. M. 2,50; — Thematischer Leitfaden zum Ring der Nibelungen. Geb. M. 1,50; — Guide of the Parsifal. Geb. M. 2,50; — Guide of the Ring. Geb. M. 2,50; — Guide of the Tristan and Isolde. Geb. M. 1,50.
Ausserdem liegt eine Anzahl ähnlicher Werke aus.

D. RAHTER in HAMBURG und LEIPZIG.

Musik-Verlagshandlung, gegründet 1879. Sitz: Hamburg, der gesamte Verkehr jedoch, einschliesslich der Auslieferung der Verlagswerke, erfolgt über Leipzig.

Stellt in 10 Papphästen eine Reihe Musikalien aus, darunter Werke der Komponisten: AMADA, BUSSONI, FALCONI, GROSSMANN, GRÜNFELD, KARGANOFF, LISZT, MEYER-HELM, POPPER, TSCHAJKOWSKY u. A.

C. REGENHARDT in BERLIN.

Verlag für Sprach- und Handelswissenschaft, begründet am 15. Mai 1875 in Hamburg. Beschäftigt sich mit dem Verlag handels- und sprachwissenschaftlicher Werke.

Die von der Firma ausgestellten Werke befinden sich unter der Sammlung von Adress- und Staatshandbüchern (siehe Centralverein für das ges. Buchgewerbe S. 51).

DIETRICH REIMER in BERLIN.

Die Firma wurde im Jahre 1845 durch DIETRICH REIMER, einen Sohn von GEORG CARL REIMER, gegründet und befasste sich von allem Anfang an mit dem Verlage von Globen und Landkarten. Im Laufe der Jahre entwickelte sich das Geschäft auf diesem Gebiete in hervorragender Weise, und der geographische Verlag von DIETRICH REIMER steht jetzt in hoher Blüte und kann den besten Firmen dieser Art ebenbürtig zur Seite gestellt werden. Jetzt befindet sich die Handlung im Besitz von HERMANN AUG. HOEFER (seit 1. Januar 1868 und Konsul ERNST VOHSEN (seit 1. Oktober 1891).

Kiepert, H., Grosser Hand-Atlas. Lieferung 1. (Im Originaleinband des vollständigen Werkes.) M. 1; — Kolonial-Atlas. Geb. M. 18; —

Atlas antiquus. Kartoniert. Amerikanische, deutsche, französische, holländische und italienische Ausgabe. Kartoniert à M. 5.

RENGER'sche BUCHHANDLUNG in LEIPZIG.

Die RENGERsche Buchhandlung wurde 1680 in Halle a. S. gegründet. Im Jahre 1863 ging die Firma in den Besitz von ROB. GEBHARDT und MAX WILISCH über und wurde von diesen nach Leipzig verlegt. Der hauptsächliche Verlag besteht ausser einer französischen und englischen Schulbibliothek und einer Bibliothek spanischer Schriftsteller aus den nachstehend näher bezeichneten Werken, denen sich noch einige andere Verlagsartikel und das »Pädagogische Wochenblatt für den akademisch gebildeten Lehrerstand Deutschlands« anschliessen.

Bock, C. E., Handatlas der Anatomie des Menschen. Herausgegeben von A. BRASS 4°. Mit 96 Chromolith. Geb. M. 34.
Brass, A., Tafeln zur Entwickelungsgeschichte und Anatomie. 4°. Geb. M. 11;
— Atlas zur allgemeinen Zoologie und vergleichenden Anatomie. Vollständig in 5 Heften à M. 3.

Denkwürdigkeiten aus dem Leben des Fürsten Bismarck. 3 Bde. Geb. M. 38.
Jahrbuch der deutschen Kolonialpolitik. 3 Bde.
Kohl, H., Fürst Bismarck. Regesten. 2 Bde. Geb. M. 43.
Ohorn, A., Deutsches Fürstenbuch. In Kalbleder geb. M. 60.

KAISERLICH DEUTSCHE REICHSDRUCKEREI In BERLIN.

Hervorgegangen 1879 aus der Vereinigung der früheren preussischen Staatsdruckerei und der vormaligen Geheimen Ober-Hofbuchdruckerei (R. v. Decker). Herstellung der öffentlichen Wertpapiere und Wertzeichen des Reichs, Anfertigung von Drucksachen für Behörden des Reichs und der einzelnen Bundesstaaten; Vervielfältigung der Karten für den Grossen Generalstab. Buchdruck, Kupferdruck, Steindruck, Kunstdruck (Faksimile- und heliographische Nachbildungen, Zinkhochätzung), Gravieranstalt, Stereotypie, Schriftgiesserei, Galvanoplastik, Gummieranstalt, Buchbinderei, Reparaturwerkstätten. Beamten-, Künstler- und Arbeitspersonal 1300 Köpfe. Dampfkraftbetrieb durch 4 Kessel mit Gesamtheizfläche von 500 qm und 8 Atmosphären Dampfdruck, 6 Dampfmotoren von 150 Pferdekräften. Elektrische Beleuchtung durch 4 Dynamos. 1 Rotationspresse, 39 Schnellpressen, 81 Handpressen, 213 Hilfsmaschinen. Im Jahre 1891—92 sind gedruckt: Postfreimarken 14113000 Bogen zu 400 Stück, Postkarten 236000000 Stück, Postanweisungen 31800000 Stück, Versicherungsmarken 4425000 Bogen zu 100 Stück, Stempelwertzeichen 788000 Bogen (31706000 Stück), Sparmarken 1810000 Stück, sonstige Wertpapiere: Banknoten, Reichskassenscheine, Schuldverschreibungen, Zinsscheinbogen) 7400000 Stück im Werte von 2627650000 M. Die gewöhnlichen Drucksachen betragen durchschnittlich 110000000 Bogen im Jahre. 1891—92 betrug die Einnahme 3768320 M. und die Ausgabe 4063760 M.

A. Ausgestellte Werke.

Kupferstiche und Holzschnitte alter Meister. Nachbildungen in Heliographie und Zinkhochätzung. (Verlag von G. Grote, Berlin.) Lieferung I, II, III, IV.

Handzeichnungen von Albrecht Dürer. Nachbildungen in Licht- und Farbendruck. (Verlag von G. Grote, Berlin.) Band II.

Handzeichnungen von Rembrandt Harmensz van Rijn. Nachbildungen in Licht- und Farbendruck. Verlag von Amsler & Ruthardt, Berlin.) 4 Bände.

Kupferstiche ältester Meister. Nachbildungen in Heliographie. (Verlag von Amsler & Ruthardt, Berlin. Eine Mappe.

Amsterdamer Meister. Nachbildungen in Heliographie.

Die Baudenkmäler von Olympia. 1 Band Abbildungen und 1 Band Text. Verlag von A. Asher & Co., Berlin.)

Drei Karten von Gerhard Mercator. Facsimile-Lichtdruck. (Verlag von W. H. Kühl, Berlin.)

Ebstorfer Weltkarte. Facsimile-Nachbildung.

Kohlezeichnungen von Krüger. Nachbildungen in Lichtdruck. Eine Mappe.

Adolf Menzels Illustrationen zu den Werken Friedrichs des Grossen. 4 Bände.

Italienische Portraitsculpturen des 15. Jahrhunderts in den Königlichen Museen zu Berlin.

Kaiser Wilhelms II. Reisen nach Norwegen 1889 bis 1893 von Paul Güsseldt. Verlag von Gebr. Paetel, Berlin.

Kretschmer, Konrad, Die Entdeckung Amerikas. Festschrift der Gesellschaft für Erdkunde zu Berlin.

Druckschriften des XV. bis XVIII. Jahrhunderts in getreuen Nachbildungen.

Randeinfassungen, Initialen und Bierleisten für den Buchdruck. 1. u. 2. Folge.

B. Tafeln mit Buch- und Kunstdrucken.

Tafel I: Ein- und mehrfarbige Buchdruckproben.

Tafel II: Nachbildungen alter Druck- und Handschriften in Zinkhochätzung.

Tafel III: Facsimile-Nachbildungen Zinkhochätzungen, von Farbenholzschnitten der deutschen und italienischen Schule.

Tafel IV: Proben von Wertpapieren in Kupfer- und Buchdruck.

Tafel V: Facsimile-Nachbildungen in Licht- und Farbendruck von Handzeichnungen, Buchmalerei und christlicher Plastik.

Tafel VI: Heliographische Nachbildungen von Kupferstichen, Radierungen u. s. w. hervorragender Meister der deutschen, niederländisch-holländischen, französischen und englischen Schule des 15. bis 18. Jahrhunderts.

Tafel VII: Accidenzdruck-Proben.

C. Leistungsproben der Buchbinderei der Reichsdruckerei.

Im einzelnen siehe das ausliegende besondere Verzeichnis.

O. R. REISLAND in LEIPZIG.

Die Firma ist aus der 1768 in Tübingen gegründeten FUESschen Verlagsbuchhandlung hervorgegangen. Das Geschäft hat im Laufe der Jahre zuerst durch L. W. REISLAND und seit 1868 durch seinen jetzigen Besitzer OTTO RICHARD REISLAND durch eigene Unternehmungen und durch Ankauf verschiedener anderer Verlagshandlungen mannigfache Erweiterungen erfahren. Der Inhaber der Firma hat auf diese Weise in seinem Verlage eine Anzahl ausgezeichneter Werke, vornehmlich wissenschaftlicher Richtung, vereinigt.

Andresen, K. G., Sprachgebrauch und Sprachrichtigkeit im Deutschen. Geb. M. 6.
Daniel, H. A. u. P., Vols. Geographische Charakterbilder. 5 Bde. Geh. M. 25.
Daniel, H. A., Kleineres Handbuch der Geographie. Geb. M. 11,60; — Illustrirtes kleineres Handbuch der Geographie. 2 Bde. Geh. M. 21,40.
Düntzer, H., Goethe's Leben. Mit Abbildungen. Geh. M. 10; — Schiller's Leben. Mit Abbildungen. Geb. M. 9.
Encyklopädie d. gesamten Erziehungs- und Unterrichtswesens, bearbeitet von einer Anzahl Schulmänner und Gelehrten, herausgegeben v. K. A. SCHMIDT, 2. Aufl. 10 Bde. Geh. M. 109,50.

Köstlin, J., Luther's Leben. Mit Illustrationen. Geh. M. 10,40.
Meyer-Lübke, W., Grammatik der romanischen Sprachen. 1. Bd.: Lautlehre (sowait bis jetzt erschienen). M. 16.
Reissmann, A., Illustrirte Geschichte der Musik. 2. Aufl. Geh. M. 14.
Goethe, Faust, Mit Einleitung und fortlaufender Erklärung herausgegeben von K. J. SCHRÖER. 2 Bde. Geh. M. 11,50.
Studien, Englische, Organ für englische Philologie. Herausgegeben von E. KÖLBING. Erscheint in Heften, 3 Hefte bilden einen Band zu je M. 15.
Zeller, E., Die Philosophie der Griechen in ihrer geschichtlichen Entwickelung. 5 Bde. n. Register. Geh. M. 115.

C. G. RÖDER in LEIPZIG.

Die Firma, gegründet am 1. Oktober 1846, vereinigt in sich eine Notenstecherei, Noten- und Buchdruckerei. Inhaber des äusserst umfangreichen und leistungsfähigen Hauses sind: CARL LEBERECHT HUGO WOLFF und JOHANNES CARL REICHEL.

Die Firma sandte zur Ausstellung einen schrankähnlichen Aufbau, dessen Rückwand zunächst unter Glas in breitem holzgeschnitzten Rahmen zwölf der vollendetsten Probedrucke der Notenstecherei gibt, ausgeführt in den verschiedensten gebräuchlichen Notentypen, gedruckt direkt von der Stichplatte.
Zu Grunde ist diesen Drucken als Thema gelegt die amerikanische Nationalhymne »My country« und das Lied »Deutschland, Deutschland über Alles«. Als verbindende Einfassung in Aquarellausführung ist an der einen Seite die Figur der Germania mit dem Ölzweig des Friedens in der Linken, in der Rechten das schirmende Schwert, an der anderen Seite die der Columbia mit dem weithinwehenden Sternenbanner angebracht; zwischen beiden eine Gruppe musizierender Genien; im Hintergrunde des Germaniabildes eine Ansicht der C. G. Röder'schen Officin.
An den beiden Seitenwänden, die sich dem Mittelraume anschliessen, hängt je ein Rahmen mit einer reichen Kollektion von Notentiteln in den verschiedensten Arten der Herstellung und Ausstattung von dem einfachen, einfarbigen Steindruck bis zur vielfarbigen Titelillustration. In der Mitte vor dem grösseren Rahmen befinden sich in Glaskästen sechs Zinkplatten, die die verschiedenen Phasen der Notenplatte in ihrer Herstellung veranschaulichen sollen: die rohe, unbearbeitete Platte, die polierte, die durch das Rostral mit Notenlinien versehene, die Aufzeichnung der Noten, das Schlagen der Köpfe und endlich die ganz vollendete Platte. — Zudem ist die Firma noch durch verschiedene Musterbücher vertreten.

H. REUTHER's VERLAGSBUCHHANDLUNG in BERLIN.

Die Firma, 1878 in Karlsruhe in Baden gegründet, siedelte 1887 nach Berlin über. Die jetzigen Besitzer sind H. Reuther und Otto Reichard. Die Handlung beschäftigt sich vorwiegend mit Theologie und orientalischer Litteratur, verlegt aber auch ausserhalb dieser Richtungen einige beachtenswerte Werke.

Jensen, W., Der Schwarzwald. Mit Illustrationen von W. Hasemann, E. Lugo.	M. Roman, M. Volz, K. Lüth. 2. Aufl. In Prachtband mit Goldschnitt M. 10.

MAX RÜGER, VERLAGSBUCHHANDLUNG in BERLIN.

Madel, W., Die wichtigeren Dreiecksaufgaben aus der ebenen Trigonometrie. 1893. M. 1,80.

ADOLPH RUSSELL's VERLAG in MÜNSTER (WESTFALEN).

Gegründet von G. Adolph F. D. Russell, dem Herausgeber des nachstehend genannten Werkes, am 10. Aug. 1866 und seit 1889 im Besitz der Witwe des verstorbenen Gründers. Die Herstellung des »Gesamt-Verlags-Kataloges« ist mit grossen Schwierigkeiten verbunden gewesen und ist jetzt nach Vollendung ein »Bild deutscher Geistesarbeit und Kultur« im wahrsten Sinne des Wortes.

Gesamt-Verlags-Katalog des deutschen Buchhandels. Nach dem Alphabet der	Verleger, Städte und Staaten geordnet. Bd. I—XIV. Geb.

SAMMLUNG

von Staats-, Geschäfts- und städtischen Adressbüchern (siehe Central-Verein S. 5L)

J. D. SAUERLÄNDER'S VERLAG in FRANKFURT a. M.

Gegründet 1816 von den Brüdern Philipp und Joh. David Sauerländer. 1818 übernahm Joh. Dav. Sauerländer das Geschäft für alleinige Rechnung. 1855 trat dessen Sohn Heinrich Remigius Sauerländer dem Geschäfte bei und ist seit 1864 alleiniger Besitzer der Verlagsfirma. Vorwiegend pflegte die Firma die wissenschaftliche und belletristische und später auch die Volksschriften-Litteratur. Sauerländer war der erste in Deutschland, welcher die Romane und Erzählungen von Cooper, Irving, Scott u. A. in guten Übersetzungen zugänglich machte. Der nachstehende Ausstellungsbericht erschien im gleichen Verlag.

Offizieller Bericht über die Internationale Elektrotechnische Ausstellung in Frankfurt a. M. 1891. Bd. I: Allgem. Beschreibung der Ausstellung. gr. 4°. Mit Plänen,	Tafeln und über 400 Textillustrationen. Geb. M. 20. Bd. II: Arbeiten der Prüfungskommission. Geb. M. 14.

MORITZ SCHÄFER in LEIPZIG.

Verlagsbuchhandlung, gegründet am 23. Juni 1816, seit 1885 im Besitz der Frau BERTHA verw. SCHÄFER geb. HAECKEL. Grossen Erfolg hat das in diesem Verlag erschienene Handbuch der Kochkunst von GOUFFÉ zu verzeichnen. Ausserdem pflegt die Firma besonders die technischen Wissenschaften und veröffentlichte früher auch einige nennenswerte Werke zur Numismatik.

Gouffé, J., Die feine Küche. Vollständiges Lehr- und Handbuch der Kochkunst, Küchenbäckerei. Einmachekunst. 2 Bde. Mit vielen Illustrationen. Geb. M. 22.

Mühle, Die, Zeitschrift für die Interessen der deutschen Mühlenindustrie. Jahrg. 1894. Geb. M. 10.

Weiler, W., Der praktische Elektriker. Populäre Anleitung zur Selbstanfertigung elektrischer Apparate und zur Anstellung zugehöriger Versuche. Mit 302 Abbildungen 20 lith. Tafeln. 1891. Geb. M. 6.

Weitzel's Unterrichtshefte für Maschinenbau. I.—VI. Bd. mit Atlas. Geb. M. 40.

FRITZ SCHICK's BUCHHANDLUNG in HOMBURG v. d. H.

Gegründet am 19. Juni 1841. Besitzer Hofbuchhändler CHRISTIAN SCHMIDT.

Höber, Pflege und Erziehung der Kinder. Geb. M. 2.

H. W. SCHLIMPERT in MEISSEN.

Verlagsbuchhandlung, gegründet am 1. Januar 1869. Pflegt den Verlag von Kirchenmusik und Pädagogik.

Gröllich, A., Skizzen zur unterrichtlichen Behandlung des kleinen Katechismus Luthers. Geb. M. 2; — Wegweiser für den Religionsunterricht in der Volksschule. Geb. M. 2.

Peschel, K. A., Ausführliche Erklärung der wichtigsten Bibelstellen für den Katechismus-Unterricht. Geb. M. 5,33.

Schryver, W., Landeskunde des deutschen Reiches. Ausgabe A: für Lehrer und Seminaristen. Geb. M. 5.

Vogel, H., Schulnaturgeschichte. Ausgabe A: Handbuch für Lehrer. Geb. M. 9,50.

EDMUND SCHMERSAHL in LÜBECK.

Verlagsbuchhandlung, die aus der Firma FERD. GRAUTOFF im Jahre 1870 hervorging und seit 1877 im Besitz von EDMUND SCHMERSAHL ist. Beschäftigt sich vornehmlich mit Lokalverlag.

Hoffmann, M., Geschichte der Freien v. Hansestadt Lübeck. Geb. M. 9,85.

C. F. SCHMIDT in HEILBRONN.

Musikalienhandlung, gegründet 1855. Seit 1889 im Besitz von HERMANN und OSCAR SCHMIDT. — Spezialität: Antiquarische Musik und Musiklitteratur.

Klemcke, Oboeconcert. — Musik von Knoss, MERK, REISSIGER, SAINT LUBIN.

Stark, Clarinettschule; — Wassmann, Methode.

H. W. SCHMIDT in HALLE a. S.

Verlagsgeschäft, gegründet 1839 unter der Firma LIPPERT & SCHMIDT und seit dem Jahre 1868 unter der jetzigen Firma weitergeführt. Der gesamte Verlag von HENDEL in Halle bis 1861 und von LIPPERT in Halle bis 1867 ging in den Besitz der Firma über, die sich viel mit Naturwissenschaften und verwandten Gebieten beschäftigt.

Engel, F., u. K. Schellbach, Explanations of the 21 plates containing the graphical representations of optics. With 21 plates. 1884. M. 84.

Finsch, O., und G. Hartlaub, Beitrag zur Fauna Centralpolynesiens. Ornithologie der Viti-, Samoa- und Tonga-Inseln. Mit 11 Kupfertafeln. gr. 8°. 1867. M 23.

Hartlaub, G., Die Vögel Madagaskars und der benachbarten Inselgruppen. Ein Beitrag zur Zoologie der äthiopischen Region. 1877. Geb. M. 13.

ARTHUR P. SCHMIDT in LEIPZIG.

Musik-Verlagshandlung, gegründet am 31. Juli 1869.

Vertreten durch eine Anzahl musikalischer Werke von ALLEN, BEACH, BIRD, CHADWICK, FOOTE, GURLITT, JADASSOHN, MAC DOWELL, SCUYTTÉ u. A.

HEINRICH SCHMIDT & CARL GÜNTHER in LEIPZIG.

Verlagsbuchhandlung, gegründet 1872 und seit 1887 im alleinigen Besitz von CARL GÜNTHER. Die Handlung hat sich die Herausgabe von Prachtwerken zur Aufgabe gestellt, die sie in anerkennenswerter Weise durch den Verlag einer Anzahl Werke von gediegenem Inhalt und vollendeter künstlerischer Ausstattung gelöst hat. Das zur Ausstellung gesandte Werk über Amerika entstammt der bewährten Feder F. v. HELLWALD's, mit dessen umfassenden Wissen sich die (Gabe fesselnder populärer Darstellung verbindet.

Hellwald, F. v., Amerika in Wort u. Bild. Eine Schilderung der Vereinigten Staaten. Prachtausgabe 2 Bde. Geb. M. 30.

Hübner, A. v., Ein Spaziergang um die Welt. Prachtausgabe. Mit zahlreichen Illustrationen im Text. Geb. M. 70.

HEINRICH SCHÖNINGH in MÜNSTER (WESTFALEN).

Die Firma wurde am 15. Mai 1873 durch Übernahme des Sortimentsgeschäfts der 1866 errichteten RUSSELL'schen Buchhandlung gegründet. Der im Laufe der Jahre hinzugefügte und sorgfältig ausgebaute Verlag brachte eine Reihe namhafter Unternehmungen.

Brefeld, O., Untersuchungen aus dem Gesamtgebiete der Mykologie. Heft. X. Karl. M. 86.

Heeremann von Zuydwyk, Älteste Tafelmalerei Westfalens. Karl. M. 13.

Hellinghaus und Treuge. Aus allen Erdteilen. Neue geographische Charakterbilder. Eleg. geb. M. 10,50.

FERDINAND SCHÖNINGH in PADERBORN.

Die Verlagsbuchhandlung von FERDINAND SCHÖNINGH ist im Jahre 1847 gegründet worden. Hervorgegangen aus kleinen Anfängen und dann im beständigen Kampfe mit der Ungunst der Verhältnisse hat sie sich durch die Umsicht und unermüdliche Thätigkeit ihres Gründers zu einer der hervorragendsten Verlagsbuchhandlungen in Rheinland-Westfalen emporgeschwungen. Den Grundstock des Verlages bilden, ausser theologischen und schönwissenschaftlichen Werken, zahlreiche Arbeiten auf dem Gebiete der wissenschaftlichen und der Schulphilologie, der Pädagogik und der Rechtswissenschaften. Es gibt jedoch ausserdem fast kein Litteraturgebiet, das von der Firma unbeachtet gelassen wäre.

Heyne, M., Altniederdeutsche Denkmäler. 2 Teile. M. 10.
Meyer, K., Sprache und Sprachdenkmäler der Longobarden. M. 4,50.
Sammlung der bedeutendsten pädagogischen Schriften aus alter und neuer Zeit.

I—XIII. Verschieden im Preise.
Schücking, L., und F. Freiligrath, Das malerische und romantische Westfalen. Geb. M. 12.
Westfalens Tierleben in Wort und Bild. 2 Teile. Geb. M. 17.

J. H. SCHORER AKTIEN-GESELLSCHAFT in BERLIN.

Die Firma, gegründet am 22. November 1879, befasste sich ursprünglich nur mit dem Verlage von SCHORERS Familienblatt, einer weit verbreiteten illustrierten Zeitschrift, die namentlich in ihren ersten Jahrgängen dem Holzschnitt eine aussergewöhnlich sorgfältige Pflege angedeihen liess, und dem später begründeten »Echo«, einer wöchentlichen gedrängten Übersicht der Tagespresse, die namentlich im Auslande zahlreiche Leser gefunden hat. Diesen beiden Verlagsartikeln reihen sich noch einige Werke aus den Gebieten der Belletristik, Kunst u. s. w. an.

Schorer's Familienblatt, Illustrierte Zeitschrift, herausg. von HIRSCH. Jährlich 52 Nummern M. 8 oder 13 Hefte à M. —,30.
Das Echo, Wochenschrift, herausg. von HEROLD. Jährlich 52 Nummern. M. 14.
Aus Sturm und Not, Selbstschriften-Album des Deutschen Reiches. Im Auftrage der deutschen Gesellschaft zur Rettung Schiffbrüchiger herausgegeben. Kaiser-Ausgabe. Geb. M. 15.

Crépieux-Jamin, Die Graphologie und ihre praktische Anwendung. Herausg. von H. KRAUSS. Geb. M. 8.
In Luft und Sonne, Künstler und Selbstschriften-Album. Für Ferienkolonien und Sommerpflegen herausgegeben. Mit zahlreichen Abbildungen. Geb. mit Goldschnitt. M. 8,50.
Ward, H., Robert Elsmere. Deutsch von TH. LEO. 2 Bde. 1889. Eleg. geb. M. 15.

B. SCHOTT's SÖHNE in MAINZ.

Grossherzogl. Hessische Hof-Musikalienhandlung, gegründet 1770. Jetzt im Besitz von FRANZ RITTER VON LANDWEHR und Dr. LUDWIG STRECKER. Die Firma zählt zu den hervorragendsten Musikalienverlagshandlungen der Gegenwart und entwickelt auf den Gebieten der klassischen und modernen Musik eine umfangreiche Verlagsthätigkeit. Hauptvertreterin der RICHARD WAGNERschen Musik.

Wagner, Rich., Parsifal. Orchester-Partitur. Prachtausgabe auf japanischem
Papier in Leder-Prachtband. Unverkäuflich.

FRITZ SCHUBERTH JUN., LEIPZIG und HAMBURG.

Musikalien- und Buchverlag, gegründet 1826 in Hamburg. Seit 1889 befindet sich das Hauptgeschäft in Leipzig, während die Hamburger Firma nur noch den Charakter eines Filialgeschäftes trägt.

In 49 Mappen eine grosse Anzahl Musikstücke von ASMBALL, BEETHOVEN, DIEHL, BRANDT, DEPROSSE, EHRHARDT, FÖRSTER, GOLINELLI, GRADENER, JENSEN, KIRNEL, KÖHLER, KÖLLING, KRAUSE, KRUG, MEYER-OLBERSLEBEN, NIEMANN, PHILIPPSON, SCHUBERT, STERNBERG, VENTH, WEINGARTNER, WITT und Anderen.

OSWALD SEEHAGEN in BERLIN.

Verlagsbuchhandlung, gegründet am 1. Mai 1860, erwarb im Juni desselben Jahres den Verlag von HUGO DIFLER & Co. in Berlin und am 15. Oktober 1876 von AD. SPAARMANN in Oberhausen die früher in VARRENTRAPPS Verlag in Frankfurt a. M. und bei MOHR in Tübingen erschienenen Geschichtswerke von FRIEDR. CHRIST. SCHLOSSER und JÄGERS Geschichte der neuesten Zeit, die auch jetzt noch die Hauptverlagsartikel bilden.

Schlosser, Fr. Chr., Weltgeschichte für das deutsche Volk. 4. Ausgabe. Mit zahlreichen Abbildungen und 16 historischen Karten in Farbendruck. 22. Aufl. von O. JLGEN und FR. WOLFF. 19 Bde. Eleg. geb. M. 109,75; — Dieselbe. Original-Volks-Ausgabe. 83. Gesamtauflage. Bd. I —VIII. Geb. à M. 2.

Heidenheimer, H., Petrus Martyr Anglerius und sein Opus epistolarum. Ein Beitrag zur Quellenkunde des Zeitalters der Renaissance und der Reformation. M. 4,50.

Dieses Werk bildet einen wichtigen Beitrag zur Entdeckungsgeschichte der Neuen Welt durch Columbus.

SCHRIFTEN-NIEDERLAGE DER ANSTALT BETHEL, BIELEFELD-GADDERBAUM.

Verlags- und Sortimentsbuchhandlung, gegründet im Jahre 1871. Befasst sich mit dem Vertrieb christlicher Schriften.

Pfannenschmidt, C. O., Bilder aus der heiligen Geschichte. Pracht-Ausgabe von M. HEYMONS u. B. MANGEL. 2 Sammlungen. Mit 84 Tafeln. In Mappe. M. 24.

H. SCHULER, HOFPHOTOGRAPH in HEILBRONN.

Atelier für Photographie, Malerei und Vergrösserungen. Verlag von Ansichten der Stadt Heilbronn und Umgebung, von Architekturen, Skulpturen, Ansichten der Burgen und Schlösser des Neckarthales von Heilbronn bis Heidelberg.

Die Stiftskirche zu Wimpfen im Thal Grossherzogtum Hessen, dargestellt in 24 Original-Aufnahme von HCH. SCHULER. In Mappe M. 30.

W. SCHULTZ-ENGELHARD in BERLIN.

Kunst-Institut. Verlag für Kunst Gewerbe und Architektur. Gegründet am 1. Juli 1858 und unter obiger Firma verwaltet von WILLY SCHULTZ-ENGELHARD seit 28. Febr. 1891. Vertreibt französische Malvorlagen und französische Werke für das gesamte Kunstgewerbe und befasst sich ausschliesslich mit dem Verlag von Werken aus den Gebieten der Kunst, der Architektur und des Kunstgewerbes.

Eberlein, Aus eines Bildners Seelenleben. Plastik, Malerei und Poesie des Meisters. Fol. Mit 38 Tafeln in Lichtdruck u. Heliogravure. Original-Prachtband. M. 50.

Lessing, O., Schloss Ansbach. Barock- und Rococo-Dekorationen aus dem XVIII. Jahrhundert. Mit Lichtdrucktafeln. Lieferung 1—5. à M. 10.

C. A. SCHWETSCHKE & SOHN in BRAUNSCHWEIG.

Diese Firma unterhält eine Verlagsbuchhandlung mit Druckerei und wurde 1738 in Halle a. S. von CARL H. HEMMERDE gegründet. 1832 erfolgte die Übersiedelung nach Braunschweig. Im Jahre 1886 ging das Geschäft an die jetzigen Inhaber des Hauses EUGEN APPELHANS und FRITZ PFENNINGSTORFF über. Die Verlagsthätigkeit der Firma verfolgt eine ausgesprochen theologische Richtung, ohne damit andere Gebiete auszuschliessen.

Luther's Werke für das christliche Haus. Herausg. von BUCHWALD, KAWERAU, KÖST-

LIN, RADE und SCHNEIDER. 8 Bde. Geh. M. 21.50.

E. A. SEEMANN UND ARTHUR SEEMANN in LEIPZIG.

Die Firma E. A. SEEMANN, Verlagsbuchhandlung, wurde 1858 in Essen gegründet und siedelte 1861 nach Leipzig über. Die Handlung, die sich noch heute im Besitze des Gründers befindet, befasst sich seit ihrem Bestehen mit dem Verlage ausgezeichneter kunstgewerblicher und kunstgeschichtlicher Erscheinungen, deren Grundlage die epochemachenden Werke von W. LÜBKE, ANTON SPRINGER, ALFR. WOLTMANN und K. WOERMANN und die von C. v. LÜTZOW geleitete vorzügliche Zeitschrift für bildende Kunst boten. ARTHUR SEEMANN, der zugleich Theilhaber der vorstehend genannten Firma ist, vertreibt unter seinem Namen den seit 1871 regelmässig erscheinenden »Litterarischen Jahresbericht«, der bisher viel zur Hebung des Absatzes deutscher Litteratur beigetragen hat.

Paukert, F., Die Zimmergothik in Deutsch-Tyrol. 2 Teile. In Mappe. M. 24.
Krauth, Th. u. F. S. Meyer, Das Schreinerbuch. Bd. I. Geb. M. 15; Bd. II, 2 Teile. Geb. M. 17,50; — Das Schlosserbuch. 2 Teile. Geb. M. 21,50.
Romstorfer, C. A., Das Bötteberbuch. 2 Teile. Geb. M. 14.
Seemann's Kunsthandbücher, 10 Bde. Geb. Verschieden im Preise.
Rosenberg, A., Die Düsseldorfer Malerschule. Geh. M. 20; — Münchener Malerschule. Geb. M. 40.
Bilderbogen, Kunsthistorische. Handausgabe. 2 Bde. Geb. à M. 45; — 10 Jahr-

hundert. Handausgabe. Mit Text v. A. Springer. Geb. M. 12.
Zeitschrift für bildende Kunst. Herausgegeben von C. v. LÜTZOW. Neue Folge. 8. Jahrgang. Geb. M. 29.
Kunstgewerbeblatt, Herausgegeben von A. PABST. Neue Folge. 3. Jahrgang. Geb. M. 14.
Heiden, M., Motive. Sammlung von Einzelformen aller Techniken des Kunstgewerbes. Als Vorbilder zum Studienmaterial. 200 Tafeln mit 8 Bl. Text. Geb. M. 64.
Renaissance, Deutsche. 300 Tafeln zum Studium des deutschen Renaissance- und Barockstils. 2 Bde. Geb. M. 28.

GUSTAV W. SEITZ NACHF., GEBR. BESTHORN in HAMBURG.

Buch-, Kunst- und Verlagsbuchhandlung, gegründet im Mai 1875. Seit 1. Juli 1888 im Besitz von ALFRED BESTHORN und AUGUST BESTHORN.

Schmidt und Schildbach, Der Dresdner Zwinger. 35 Lichtdrucke. In Mappe. M. 10.

ANTON SEND in ALTONA.

Gegründet am 1. Des. 1851. Das Geschäft, bestehend aus Verlag, Buch-, Kunst- und Landkartenhandlung, wurde 1876 mit A. SENDs Verlag in Meerane vereinigt.

Finsterbusch, R., Die mechanische Weberei. Geb. M. 12,50.
Merkbüchlein für Frauen und Jungfrauen. Geb. M. 15.
Oelsner, G. H., Die deutsche Webschule.

Geb. M. 80; — Supplement dazu. Geb. M. 8,25.
Schubert, R., Der Patronenschatz. Musterbilder für die Schaftweberei. Geb. M. 33.
Silberstein, Haus-Chronik. Geb. M. 10.

BARTHOLF SENFF in LEIPZIG.

Musikalienhandlung, gegründet im November 1847. Verlag der weitverbreiteten, 1843 gegründeten Musik-Zeitschrift »Signale für die musikalische Welt« und einer Reihe namhafter Musikwerke.

Signale für die musikalische Welt. 1898.
Jährlich (mindestens 51 Nummern) M. 6.
Dittersdorf, Doktor und Apotheker. Clavier-Auszug. Geb. M. 5.

Rubinstein, Op. 31. Clavier-Auszug. M. 12;
— Die Musik und ihre Meister. Geb. M. 2.
Zabel, Anton Rubinstein. Ein Künstlerleben. Mit Porträts. Geb. M. 7.

KARL SIEGISMUND in BERLIN.

Verlagsbuchhandlung, gegründet im Jahre 1868. Betreibt als Spezialität den Verlag patriotischer, militärischer und geschichtlicher Werke, besonders Prachtwerke. Die ausgestellte »Porträt-Galerie« ist ein nationales Prachtwerk, das in Beziehung auf Reichtum der Ausstattung und vollendete Technik der Ausführung kaum seines gleichen finden dürfte.

Portrait-Galerie der regierenden Fürsten und Fürstentümer. Fürsten-Ausgabe.
Reicher Prachtband. M. 1500; — 17 einzelne Blätter à M. 12.

GEORG SIEMENS in BERLIN.

Verlagsbuchhandlung, gegründet am 1. Juli 1891.

Bleth, O., Architektur-Skizzen. 100 Handzeichnungen in Autotypie. Kl.-Fol. Geb. M. 12; — Skizzen. Eine neue Folge architektonischer und dekorativer Studien und Entwürfe. 50 Handzeichnungen in Lichtdruck. Fol. Geb. M. 20.

SIEMENROTH & WORMS in BERLIN.

Die Verlagsbuchhandlung von SIEMENROTH & WORMS wurde am 12. Juni 1881 begründet und beschäftigt sich ausschliesslich mit dem Verlag von Werken der Rechts- und Staatswissenschaften.

Arbeiter-Versorgung, Zentralorgan für das gesamte Kranken-, Unfall-, Invaliditäts- und Alters-Versicherungswesen im Deutschen Reiche. Jahrgang 1891—1896. Geb. à M. 10; — Jahrgang 1897. Geb. M. 11. Just, Das Reichsgesetz betreffend die Invaliditäts- und Alters-Versicherung vom 22. Juni 1889. Geb. M. 10,50; — Die Un-

fallversicherung der in land- und forstwirtschaftlichen Betrieben beschäftigten Personen nach dem Reichsgesetz vom 5. Mai 1886. Gr. 8°. 1896. Geb. M. 6. Schmitz und Götze, Sammlung der Bescheide, Beschlüsse und Rekursentscheidungen des Reichsversicherungsamts. 3 Bände. Geb. M. 17,50.

JULIUS SITTENFELD in BERLIN.

Gegründet 1631. Buchdruckerei und Verlagsbuchhandlung. Die Buchdruckerei ist gross angelegt und betreibt als Spezialität den Illustrationsdruck.

Leder-Album mit Proben von Illustrationsdruck; nebst Geschäftsbericht.

SIGMUND SOLDAN'sche HOFBUCHHANDLUNG in NÜRNBERG.

Hof-Buch-, Kunst- und Musikalien-Handlung, gegründet am 1. Juli 1861 und seit 1890 im Besitz von AUGUST ZEMSCH.

Dürer's sämtliche Kupferstiche. Mit Vorwort von Dr. Leitschuh. In 2 Abteilungen. In Mappe. Lichtdruck v. J. D. OBERNETTER in München. M. 180.!

Schotts, E., Bilder aus Nürnbergs Mauern. In Lichtdruck reproduziert nach Originalzeichnungen. 25 Bl. 4°. In Leinwand-Mappe. M. 15.

EMIL SOMMERMEYER, VERLAGSHANDLUNG in BADEN-BADEN.

Gegründet März 1842.

Löser, J., Geschichte der Stadt Baden von den ältesten Zeiten bis auf die Gegenwart. Mit Plänen und Abbildungen. Geb. M. 12.

SPEYER & PETERS in BERLIN.

Verlag und Buchhandlung für Universitäts-Wissenschaften. Gegründet am 1. April 1885. Besitzer FELIX SPEYER.

Kronthal, P., Schnitte durch das centrale Nervensystem der Menschen, gefertigt, photographiert und erläutert. 25 farbige Tafeln. M. 85.
Litteratur-Denkmäler, Lateinische, des 15. und 16. Jahrhunderts. Herausg. von

MAX HERRMANN u. SIEGFR. SZAMATOLSKI. Heft I—VI. Verschieden im Preise.
Schlegel, Fr., Briefe an seinen Bruder AUGUST WILHELM, herausg. von O. F. WALZEL. Geb. M. 10,50.

JULIUS SPRINGER in BERLIN.

Die Firma wurde Anfang Mai 1842 von JULIUS SPRINGER gegründet. Der Verlag zu dem schon in den ersten Jahren durch Pflege der politischen und wirtschaftlichen Tagesliteratur ein Grund gelegt war, wandte sich später mit Vorliebe der fachwissenschaftlichen Litteratur ; Forstwissenschaft. Pharmacie, technische Chemie u. s. w.) zu. Im Januar 1872 trat FERDINAND SPRINGER als Teilhaber in die Firma ein und nahm, nach dem Tode JULIUS SPRINGERs alleiniger Besitzer, am 1. Januar 1880 FRITZ SPRINGER als Mitbesitzer auf. Die Pflege guter wissenschaftlicher und fachwissenschaftlicher Litteratur, insonderheit auf den Gebieten der Chemie, Mathematik und Physik, der Forstwissenschaft, Pharmacie, Medizin und der gesamten Technik, die Fortführung des umfassenden Zeitschriften-Verlags jetzt 20 verschiedene Zeitschriften umfassend', sowie des Schulbücher-Verlages bilden in neuerer Zeit die Hauptaufgaben der Firma.

Arbeiten aus dem Kaiserlichen Gesundheitsamte. Bd. I—VII. M. 183.
Archiv für Eisenbahnwesen. Herausgegeben im K. Preuss. Ministerium der öffentlichen Arbeiten. Jahrgang XI—XV. 5 Bände. Jeder Jahrgang M. 12.
Altum, B., Forstzoologie. 3 Teile in 4 Bänden. M. 44.
Centralhalle, Pharmaceutische, für Deutschland. Zeitung für wissenschaftliche und geschäftliche Interessen der Pharmacie. Jahrgang 1869—1892. 4 Bde. M. 40.
Färbereizeitung, Zeitschrift für Färberei, Zeugdruck und den gesamten Farbenverbrauch. I.—III. Jahrgang. 3 Bde. M. 40.
Festschrift zum 10. internationalen medizinischen Kongress. Berlin 1890. 2 Bde. Geb. M. 12.
Fortschritte der Elektrotechnik. Vierteljährliche Berichte. Jahrgang I—IV. 4 Bde. M. 91.
Friedländer, P., Fortschritte der Theerfarbenfabrikation und verwandter Industriezweige. 2 Bde. M. 48.
Onolst, R., Das englische Verwaltungsrecht. 2 Bde. M. 80.
Goldschmidt, V., Index der Krystallformen der Mineralien. 3 Bde. M. 80.
Hager, H., Erster Unterricht des Pharmaceuten. 2 Bde. M. 84.
Holst, H. v., Verfassungsgeschichte der Vereinigten Staaten von Amerika. 4 Bde. M. 54.
Hartigs forst-, land- und hauswirtschaftliche Handbücher.

Jahrbuch, Klinisches. Bd. I—IV und Ergänzungsband. Geb. M. 70.
Linde, A. van der, Geschichte und Litteratur des Schachspiels. 2 Bde. Geb. M. 40.
Mitteilungen aus den Königl. technischen Versuchsanstalten zu Berlin. I.—X. Jahrgang mit Ergänzungsheften.
Monatshefte, Therapeutische. II.—VI. Jahrgang. à M. 12.
Müller, W., Politische Geschichte der Gegenwart. Bd. I—XXIII. M. 83.
Reichsbankurbuch, Übersicht der Eisenbahn-, Post- und Dampfschiff-Verbindungen in Deutschland, Österreich-Ungarn, Schweiz, sowie der bedeutenderen Verbindungsorte der übrigen Teile Europas mit den aussereuropäischen Ländern. Erscheint regelmässig Anfang Februar, April, Mai, Juni, Juli, August, Oktober, December. Preis jeder Ausgabe M. 1.
Schwarz, H. A., Gesammelte mathematische Annalen. 2 Bde. M. 23.
Serlo, A., Leitfaden zur Bergbaukunde. 2 Bde. M. 30.
Veröffentlichungen des Kaiserlichen Gesundheitsamtes. Jahrgang 1886—1891. 7 Bde. und ein Ergänzungsband. M. 72.
Zetzsche, K. E., Handbuch der elektrischen Telegraphie. Bd. I. III. IV. 3 Bde. M. 68.
Zeitschriften für Chemie, Physik, Pharmacie, Nahrungsmittelkunde, Ingenieurwissenschaften, Instrumentenkunde, Seifenfabrikation, Forst- und Jagdwesen, u. s. w.

HUGO SPAMER, VERLAGSBUCHHANDLUNG in BERLIN.
Gegründet am 1. September 1879.

Kohlenzeitung, Deutsche. Fachblatt für die Interessen der gesammten Kohlenindustrie. Unter Mitwirkung hervorragender Fachmänner herausgegeben von G. HERGEN. Jahrgang 1892. Geb. M. 16.

OTTO SPAMER in LEIPZIG.

Die Firma wurde am 31. März 1847 durch Joh. Gottl. Christ. Franz Otto Spamer gegründet. Die hervorragendsten Erscheinungen dieses rühmlichst bekannten Verlages sind das »Buch der Erfindungen« und »Spamers illustrirtes Konversations-Lexikon«. Daneben aber errang Spamer als Verleger beliebter und vielgelesener Volks- und Jugendschriften einen ganz ungeheuren Erfolg, der allen seinen übrigen Verlagswerken eine wohlwollende Aufnahme sicherte. Nach des Gründers Tode besorgte Dr. M. Lange im Namen der Erben die Leitung der Firma, die 1889 in den Besitz von Dr. Josef Petersmann, den jetzigen Leiter, überging.

Buch der Erfindungen, Gewerbe und Industrien. Rundschau auf allen Gebieten der gewerblichen Arbeit, herausgegeben von F. Reuleaux. 9 Bände. Geb. M. 90.
Spamers illustrirtes Konversations-Lexikon. Hausschatz für das deutsche Volk. 8 Bände. Geh. M. 68.
Heinze, Th., Pferd und Reiter oder die Reitkunst in ihrem ganzen Umfange. Geb. M. 10; — Pferd und Fahrer oder die Fahrkunst in ihrem ganzen Umfange. Geb. M. 10.
Koeppen, F. v., Fürst Bismarck, der deutsche Reichskanzler. Geb. M. 10.

Leixner, O. v., Deutsche Litteraturgeschichte. Geb. M. 18.
Reichard, P., Deutsch-Ostafrika. Geb. M. 9,50; — Emin Pascha. Ein Vorkämpfer der Kultur im Innern Afrikas. Geb. M. 6.
Richter, J. W. O., Das Deutsche Reich. Vaterlandskunde. Geb. M. 11.
Schmidt, F., Kaiser Wilhelm I. und seine Zeit. Geb. M. 10.
Vols, B., Geschichte Deutschlands im 19. Jahrhundert. Geb. M. 7,50.
Wilke, A., Die Elektrizität, ihre Erzeugung und ihre Anwendung. Geb. M. 9,50.

Jugendschriften und Unterhaltungslitteratur in grosser Auswahl.

FRIEDRICH STAHN in BERLIN.

Verlagsbuchhandlung, gegründet im Mai 1879.

Zeughaus, Das, zu Berlin und seine Sammlungen. Herausg. von der kgl. Zeughausverwaltung. Aufgenommen u. d. Natur von Ad. Halwas. Lieferung I—IX à M. 30.

P. STANKIEWICZ' BUCHDRUCKEREI UND VERLAGSBUCHHANDLUNG in BERLIN.

Die Firma wurde 1868 gegründet und ist 1885 in den alleinigen Besitz von Robert Fickert übergegangen. Anfertigung von Zeitschriften, Werken und sämtlichen Arbeiten für den gewerblichen Verkehr. Wertpapiere und Illustrationen. Ausführung der umfangreichsten Arbeiten in russischer, polnischer, griechischer, syrischer, schwedischer und dänischer Sprache. Verlagsbuchhandlung.

Dampfkessel-Konstruktionen, Neuere. In Atlasform in Mappe. M. 10.
Export-Hand-Adressbuch von Deutschland. 1893—1894. Geb. M. 10.
Nachweisung der im Deutschen Reich gesetzlich geschützten Warenzeichen.

3 Bde. und 3 Ergänzungsbände. M. 93.
Statistisches Jahrbuch der Stadt Berlin. Bd. X—XIII und XV à M. 6, Bd. XIV M. 10.
Russischer Reiseführer durch Europa. Geb. M. 4.

HEINRICH STEPHANUS in TRIER.

Buchhandlung und Verlag, gegründet am 1. Oktober 1865. Die Firma betreibt, neben ihrer Sortiments-Buch- und Kunsthandlung, Verlag auf den Gebieten der Pädagogik und Reiseliteratur.

Album von Trier. Ansichten der Stadt und ihrer nächsten Umgebung. Geb. M. 10.

CHRISTIAN STOLL in PLAUEN (VOGTLAND).

Buchhandlung für Kunstgewerbe und Architektur, gegründet im Januar 1889.

Hofmann, H., Stilisierte Pflanzenformen in industrieller Verwendung. 1. Serie: Spitzen. Mit 14 Lichtdruck-Tafeln. Gross-Folio. In Mappe M. 15.

EMIL STRAUSS' VERLAG in BONN a. Rhein.

Im Jahre 1873 gründete EMIL STRAUSS in Bonn eine Verlagsbuchhandlung und nahm, nach Ablossung des bereits 1870 übernommenen, 1818 gegründeten MARCUS-schen Sortiments, im Jahre 1880 für dieselbe obige Firma an.

Mannfeld, B., Vom Rhein. 20 Radierungen. Format 35×49 cm auf Japanpapier. Künstlerausgabe. In Mappe. M. 15.

Ritterhaus, E., und B. Mannfeld, Rheinlands Sang und Sage mit 20 Radierungen. Geb. M. 20.

STRUMPER & Co. in HAMBURG-UHLENHORST.

Gegründet 1873. Artistische Anstalt und Kunstverlag. Photographie und Lichtdruck. Spezialität: Verlag von Hamburger Ansichten.

Aus Hamburg's Strassen. Prachtwerk. 15 Tafeln. In Mappe. M. 11.

ROBERT TESSMER in BERLIN.

Zeitungsverlag, gegründet im Jahre 1878. Verlag verschiedener Fachzeitschriften.

Dampf, Organ für die Interessen der Dampf-Industrie. IX. Jahrgang 1891. 52 Nummern in 4 Bänden. M. 5.

Eisen und Metall, Fachblatt für Handel und Fabrikation von Eisen- und Metallwaaren. Jahrgang 1891. 24 Nummern. M. 5.

Müller, Der, Organ für die Interessen der gesamten Mühlen-Industrie. VIII. Jahrgang 1891. 24 Nummern. M. 6.

THEODOR THOMAS in LEIPZIG.

Verlagsbuchhandlung, gegründet am 1. Oktober 1839. Seit 1872 im Besitz von RUDOLF THOMAS.

Eberhard, Graf zu Erbach. Wandertage eines deutschen Touristen im Stromgebiet des Orinoko. Mit 10 Abbildungen und 1 Karten. M. 10. Geb. M. 11,50.

BERNHARD TAUCHNITZ in LEIPZIG.

Dieses grosse Verlagshaus wurde im Jahre 1837 durch BERNHARD TAUCHNITZ gegründet und schon damals mit einer Druckerei und Stereotypengiesserei verbunden. TAUCHNITZ widmete sich ursprünglich der Herausgabe juristischer Werke, welche Richtung später etwas verdrängt wurde durch die von ihm ins Leben gerufene »TAUCHNITZ-Collection«, ein sehr umfassendes und verdientes Unternehmen. Der erste Band dieser Kollektion, welche die Einführung englischer Litteratur in guten und billigen Ausgaben auf dem Kontinente bezweckt, erschien am 1. Sept. 1841. Das Unternehmen ist jetzt über die ganze Welt bekannt, und englische und nordamerikanische Autoren rechnen es sich zur Ehre an, in die »TAUCHNITZ-Collection« aufgenommen zu werden. Gegenwärtig sind nahe an 3000 Bände erschienen. Eine Sammlung englischer Jugendschriften und die »German Authors«, englische Übersetzungen deutscher Klassiker, gesellten sich dem genannten Unternehmen zu. Eine weitere Spezialität der Firma bildet eine Sammlung von Wörterbüchern, die sich, in gleichmässigen schmucken roten Bändchen erschienen, einer grossen Beliebtheit erfreuen. Im Übrigen hat sich die Firma auf dem juristischen, mathematischen, theologischen und geschichtlichen Gebiete bethätigt durch eine Anzahl Verlagsartikel von hohem wissenschaftlichen Werte. Jetzige Besitzer dieses in grösstem Ansehen stehenden Hauses sind CHRISTIAN BERNHARD FREIHERR VON TAUCHNITZ und Dr. jur. CHRIST. CARL BERNHARD FREIHERR VON TAUCHNITZ.

Collection of British Authors. ca. 2500 volumes. Da die Kollection in ihrer Gesammtheit ausgestellt werden sollte, war es unvermeidlich, auch diejenigen Bände beizugeben, die infolge des »International Copyright-Law« in den Vereinigten Staaten nicht verkäuflich sind.
Collection of German authors. 31 volumes.
Series for the Young. 30 vols.
Klassiker, Griechische und lateinische. In Auswahl.
Koehler, H. G., Logarithmisch-trigonometrisches Handbuch. M. 8.
Corpus juris canonici, Edition Lipsiensis ed. FRIEDBERG. 2 voll. M. 60.
Palingenesia juris civilis ed. OTTO LENEL. 2 voll. M. 64.

Biblia hebraica ad optimas editiones imprimis Ev. van der Hooght accurate recensa et expressa. Curavit argumentique notationem et indices nec non clavem masoreticam addidit C. G. THEILE. M. 7.
Biblia hebraica. Einzelausgaben von BAER und DELITZSCH.
Neue Testamente, griechisch und lateinisch, in Ausgaben von TISCHENDORF, GEBHARDT und THEILE.
Fürst, Jul., A hebrew and chaldee Lexicon to the Old Testament. Translated from the German by Sam. Davidson. M. 19.
James, W., A complete dictionary of the English and German language. M. 4,50.
Tolhausen, Spanisch-deutsch u. deutsch-spanisches Wörterbuch. 2 Bde. M. 15.

EDUARD TREWENDT in BRESLAU.

Verlagsbuchhandlung und Buchdruckerei, gegründet im Jahre 1845 durch EDUARD TREWENDT und von 1850—1857 in Gemeinschaft mit JULIUS GRANIER fortgeführt, später aber wieder im alleinigen Besitz TREWENDTs, der das Geschäft in kurzer Zeit zu einem sehr umfangreichen Verlag gestaltete. Die Hauptrichtung der Firma ist wissenschaftliche und schöngeistliche Litteratur. Im TREWENDTschen Verlage erscheint auch die Breslauer Zeitung und die Deutsche Revue. Seit dem Tode des Gründers (1868) ist die Handlung im Besitz der Witwe, welche ihre beiden Söhne ERNST und HANS als Teilhaber in dasselbe aufnahm.

Encyklopädie der Naturwissenschaften. Bd. I—XXIV. XXVII. XXVIII. XXXI.
Jeder Band M. 15; — Geh. M. 17,50; — Bd. XXV und XXXII erscheinen in Kürze.

J. TRAVERS in MAINZ.

Das seit 1. April 1887 von Polizeirat J. TRAVERS herausgegebene und redigierte »Internationale Kriminal-Polizeiblatt — Moniteur International de Police Criminelle — International Criminal Police Times« bezweckt eine wirksamere Verfolgung flüchtiger Verbrecher, namentlich des internationalen Verbrechertums im In- und Auslande. Es erscheint zu diesem Zwecke wöchentlich einmal gleichzeitig in deutscher, englischer und französischer Sprache. Dieses für alle mit der Strafverfolgung betrauten Behörden und Beamten unentbehrliche Organ enthält lediglich amtliche Bekanntmachungen, Steckbriefe und Signalements, sowie naturgetreue Abbildungen flüchtiger Delinquenten und solcher Verhafteten, deren Identität zu ermitteln ist, sowie unbekannter Leichen. Das Blatt ist in allen Weltteilen von Edinburg (Schottland) bis Alexandrien (Afrika) und von St. Petersburg (Russland) bis Chicago weit verbreitet.

Internationales Kriminal-Polizeiblatt. Herausgegeben von Polizeirat J. TRAVERS. Jährlich 52 Nummern. Mit zahlreichen Verbrecher-Porträts. Pro Jahrg. M. 20.

TROWITZSCH & SOHN in BERLIN.

Verlagsbuchhandlung und Druckerei, gegründet im Jahre 1711. Am 1. Dez. 1779 erhielt CARL GOTTLOB TROWITZSCH in Küstrin das Privilegium als Königl. Hofbuchdrucker, siedelte im Jahre 1815 nach Frankfurt a. O. über, woselbst er 1819 verstarb. Sein Sohn CARL FERD. SIEGISM. TROWITZSCH, seit 1815 bereits Teilhaber, übernahm im Jahre 1819 den Verlag der von der Königl. Akademie der Wissenschaften bis dahin herausgegebenen sämtlichen Kalender. Nach dessen Tode übernahm 1852 ein zweiter Sohn EUGEN RUDOLPH GEORG TROWITZSCH die Berliner Handlung, die sich jetzt im Besitz von EDMUND MANGELSDORF und Dr. OTTO Freiherr VON DER PFORDTEN befindet.

von der Pfordten, Handlung und Dichtung der Bühnenwerke RICHARD WAGNERS. Geb. M. 4.
 Das Werk ist nicht speziell für musikalische Kreise. Sein Zweck ist vielmehr das zum Vollgenusse nötige Verständnis der vornehmsten [...]

Moment-Wörterbuch der 4 modernen Hauptsprachen. Geb. M. 6,50.

TROWITZSCH & SOHN in FRANKFURT a. O.

Königl. Hofbuchdruckerei und Verlagshandlung. Gegründet 1711. Seit 1877 im Besitz von EUGEN TROWITZSCH.

Brugsch, H., Die Muse in Teheran. 1884. Geb. M. 6.
Brugsch, H., und F. H. v. Garnier. Prinz Friedrich Karl im Morgenlande. Mit Abbildungen. Fol. 1881. M. 30. Geb. M. 40.
Laudien, Th. und M., Vorlagen für Porzellan-Malerei. Heft 1—3. à M. 6.
 [In diesem Probeblätter ausgehängt]
Ratgeber, Der praktische, im Obst- und Gartenbau. Herausgegeben von BÖTTNER u. A. Jahrgang 1888—91. Jährlich 52 Nummern. M. 4.
 [Diverse Obsttafeln ausgehängt]

Schilling von Canstatt, R. Freiherr, Durch des Gartens kleine Wunderwelt. Naturfreundliche Streifzüge. Mit 113 Original-Abbildungen. M. 18. Geb. M. 20.
Wissmann, H. v., Meine zweite Durchquerung Aequatorial-Afrikas vom Congo zum Zambesi während der Jahre 1886 u. 1887. Mit 92 Abb. nach Hellgreve und Klein-Chevaliers sowie 3 Karten. M. 15. Geb. M. 18.

Eine Anzahl praktischer Handbücher für Haus, Küche, Garten und Landwirtschaft.

GEORG THIEME in LEIPZIG.

Verlagsbuchhandlung, gegründet am 1. Januar 1886. Pflegt fast ausschliesslich die Medizin und verlegt auf diesem Gebiete als besonders nennenswert: PAUL BÖHMERS Reichsmedizinalkalender und die »Deutsche medizinische Wochenschrift«. Günther, O., Einführung in das Studium der Bakteriologie mit besonderer Rücksicht der mikroskopischen Technik. Mit Abbildungen. Geb. M. 10.

KARL TRÜBNER in STRASSBURG (ELSASS).

Die Verlagsbuchhandlung von KARL J. TRÜBNER wurde am 11. Mai 1872 gegründet und hat sich in den zwei Jahrzehnten ihres Bestehens zu hohem Ansehen emporgeschwungen. Die Firma vertritt eine streng wissenschaftliche Richtung und hat namentlich auf den Gebieten der germanistischen und orientalischen Philologie, der indogermanischen Sprachwissenschaft, der Philosophie und Geschichte eine grosse Reihe der hervorragendsten Autoren aufzuweisen. TRÜBNER ist Mitherausgeber der »Minerva, Jahrbuch der gelehrten Welt«.

Abhandlungen aus dem staatswissenschaftlichen Seminar zu Strassburg unter der Leitung des Professors G. F. KNAPP. Heft I—XL. M. 66,50.

Baumeister, A., Keltische Briefe. Herausgegeben von O. KELLER. M. 4.

Bartsch, K., Beiträge zur Quellenkunde der altdeutschen Literatur. M. 8.

Boehmer, Ed., Bibliotheca Wiffeniana. Spanish Reformers of two Centuries from 1520. Their Lives and Writings. 2 Bde. M. 17.

Brandl, A., Samuel Taylor Coleridge und die englische Romantik. Geb. M. 9.

Brugmann, K., Grundriss der vergleichenden Grammatik der indogermanischen Sprachen. 2 Bde. 2 Teile.) M. 50.

Cappeller, Carl, Sanskrit-Wörterbuch. Nach den Petersburger Wörterbüchern bearbeitet. M. 13; — A Sanskrit-English-Dictionary. Based upon the St. Petersburg Lexicons. M. 21.

Dissertationes philologicae Argentoratenses selectae. Vol. I—X. M. 56.

Ehni, J., Der vedische Mythus des Yama. Verglichen mit den analogen Typen der persischen, griechischen und germanischen Mythologie. M. 3.

Elze, K., Lord Byron. M. 7,50.

Euting, J., Sammlung der Carthagischen Inschriften. Bd. I. M. 60.

Indogermanische Forschungen, Zeitschrift für indogermanische Sprach- und Altertumskunde, herausgegeben von KARL BRUGMANN. Bd. I. Geb. M. 16.

Grundriss der germanischen Philologie, herausgegeben von H. PAUL. Bd. I. Geb. M. 11. Bd. II. 1. Abteil. Geb. M. 12,50.

Grundriss der romanischen Philologie, herausgegeben von G. GRÖBER. Bd. I. Geb. M. 16. Zweiter Band unter der Presse.

Jensen, P., Die Kosmologie der Babylonier. Studien und Materialien. M. 10.

Kluge, F., Etymologisches Wörterbuch der deutschen Sprache. In 10 Lief. zu M. 1.

Miniaturen, Die, der Manesse'schen Liederhandschrift nach dem Originale der Pariser Nationalbibliothek, herausgegeben von F. X. KRAUS. In Mappe. M. 60.

Minerva, Jahrbuch der gelehrten Welt. 1. Jahrgang: 1892—93. Geb. M. 7.

Litteraturdenkmäler, Elsässische, aus dem XIV.—XVII. Jahrhundert. Herausgegeben von ERNST MARTIN und ERICH SCHMIDT. 5 Bde. M. 14.

Meyer, G., Etymologisches Wörterbuch der albanesischen Sprache. Bd. III. M. 14; — Essays und Studien zur Sprachgeschichte und Volkskunde. M. 7.

Quellen und Forschungen zur Sprach- und Kulturgeschichte der germanischen Völker, herausgegeben von BERNHARD TEN BRINK, ERNST MARTIN, E. SCHMIDT. 1.—71. Heft. M. 215,30.

Spach, L., Moderne Kulturzustände im Elsass. 2 Bde. M. 12.

Sammlung der in Elsass-Lothringen geltenden Gesetze. 4 Bde. u. Reg. M. 52,50.

Studien, Bibliographische, zur Buchdruckergeschichte Deutschlands. I. Heinrich Knoblochzer in Strassburg (1477 bis 1484) von KARL SCHORBACH und MAX SPIRGATIS. Geb. M. 10.

Urkunden und Akten der Stadt Strassburg. 2 Bde. M. 52.

Ziegler, Th., Geschichte der christlichen Ethik. M. 9.

Zeitschrift für physiologische Chemie, herausgegeben von F. HOPPE-SEYLER. Bd. I—XVI à M. 10. Sach- und Namenregister zu Bd. I—IV und V—VIII. M. 4.

E. TWIETMEYER in LEIPZIG.

Verlagsbuchhandlung, gegründet am 1. Juli 1882. Im Besitz von ALEXANDER und
EUGEN TWIETMEYER. Vertreter und Verkaufsstelle in Chicago: KOLLING & KLAPPEN-
BACH, 48 Dearborn Street. Die Firma verlegt hauptsächlich auch Werke über
Geflügelzucht und Sport.

Hofmann, R., Blumenstudien nach der Natur. Ein Vorlagenwerk für den Unterricht im Blumenmalen. 2 Serien. In Mappe. M. 24,10; — Blätter und Blumen für Flächendekoration. In Mappe. M. 30.
Theden, D., Fürs Kind. Bilderbuch. Geb.

M. 3; — Lasst Euch erzählen. Bilderbuch. Geb. M. 3.
Zimmermann, E., Bucheinbände aus dem Bücherschatze der Kgl. Öffentlichen Bibliothek in Dresden. 2 Serien. In Mappen. à M. 30.

HERMANN UFLACKER's BUCHHANDLUNG in ALTONA.

Buch- und Kunsthandlung. Gegründet am 1. Nov. 1853 und seit 1885 im Besitz
von CARL HOLZBRECHER.

Altona und Umgegend. 16 photographische Ansichten. Folio-Format. In
Mappe; — 16 photographische Ansichten. Kabinet-Format. In 2 Mappen.

ARTISTISCHE UNION (E. K. MÜLLER & Co.) in BERLIN.

Gegründet am 1. Oktober 1890. Besitzer EDUARD KARL MÜLLER und CARL EDM.
ADOLF LAEMMERHIRT. Verlegt eine grosse Anzahl Kunstblätter, durch Photographie unmittelbar nach dem Leben, nicht nach Gemälden hergestellt.

Vianna de Lima. Nach der Natur. 2 Mappen mit je 15 Blatt. M. 72.

ALLGEMEINER VEREIN FÜR DEUTSCHE LITTERATUR in BERLIN.

Verlagsbuchhandlung. Leiter des Vereins: Dr. HERMANN PAETEL, seit 15. Mai
1884. Protektorat: Seine Königliche Hoheit Grossherzog KARL ALEXANDER von
Sachsen-Weimar. Seine Königliche Hoheit Prinz GEORG von Preussen. Vorstand:
Dr. R. VON GNEIST, Dr. C. WENDER, Dr. H. BRUGSCH-PASCHA, Prof. ANTON v.
WERNER, Stadtrat ADOLF HAGEN. Dieser Verein ist eine in jeder Hinsicht erfreuliche und lobenswerte Einrichtung, welche durch ihren populär wissenschaftlichen
Charakter für das gebildete Publikum im weiteren Sinne bestimmt ist. Die Publikationen des Vereins sind fast ausnahmslos Werke der hervorragendsten deutschen Schriftsteller und umfassen das Gebiet der Geschichte, Biographie, Länder-
und Völkerkunde, Naturwissenschaft, Philosophie, Musik und Kunst. Die Mitglieder
des Vereins erhalten die Publikationen zum Vorzugspreise. Erschienen sind bis
jetzt 82 Bände in 18 Serien.

Publikationen des Vereins für deutsche Litteratur. Auswahl von 10 Bänden in
Octav gut gebunden. Im Preise von M. 6 bis M. 6.

„UNION", DEUTSCHE VERLAGSGESELLSCHAFT in STUTTGART.

Aktiengesellschaft, gegründet am 1. Januar 1890, unterhält neben der Verlagsbuchhandlung eine Buchdruckerei, Schriftgiesserei, Stereotypie, Galvanoplastik, Xylographie und Buchbinderei. Die Firma übernahm bei ihrer Gründung mehrere bis dahin selbständige grosse Verlagshandlungen und glänzt durch eine grosse, vielumfassende und umsichtig geleitete Verlagsthätigkeit. Ein besonderer Schwerpunkt ihrer Veröffentlichungen liegt in einer Anzahl vorzüglicher Prachtwerke, die sich durch Gediegenheit und vornehme künstlerische Ausstattung auszeichnen. Die Verwaltung liegt in den Händen angesehener Persönlichkeiten des deutschen Buchhandels: Vorsitzender des Aufsichtsrates ist der Geheime Kommerzienrat ADOLF KRÖNER, Direktoren sind PAUL KRÖNER und WILHELM SPEMANN.

Allers, C. W., Fürst von Bismarck in Friedrichsruh. Mit 70 Lichtdrucktafeln. Text von SIDNEY W. WHITMANN. Geb. M. 50.
Falke, J. v., Hellas und Rom. Eine Kulturgeschichte des klassischen Altertums. Geb. M. 70.
Kaden, W., und H. Nestel, Die Riviera. Wanderziele und Wintersoyle der ligurischen Küste von Nizza bis Spezia. Geb. M. 16.

Scherr, J., Germania. Zwei Jahrtausende deutschen Lebens kulturgeschichtlich geschildert. Pracht-Ausgabe. Geb. M. 70.
Unser Vaterland: I: Wanderungen im bayerischen Gebirge und Salzkammergut. Geb. M. 24; — II: Durch Tyrol und Vorarlberg. Geb. M. 30; — III: Durch Steiermark und Kärnten. M. 20; — IV: Küstenfahrten an der Nord- und Ostsee. Geb. M. 30; — V: Rheinfahrt. Geb. M. 40.

FRANZ VAHLEN in BERLIN.

Diese Verlagsbuchhandlung wurde im Jahre 1870 von FRANZ VAHLEN, der noch heute an der Spitze des Geschäftes steht, begründet. Vornehmlich sind es die Rechts- und Staatswissenschaften, mit denen sich die Firma fast ausschliesslich befasst. Die auf der Ausstellung befindlichen, nachstehend näher bezeichneten Werke bilden fast die einzige Ausnahme von dieser Richtung.

Müller, Dav., Geschichte des deutschen Volkes. Neue Prachtausgabe. Halbsaffianband. M. 48; — Dieselbe. Schulausgabe (12. Auflage). Mit 8 historischen Karten. Geb. M. 6; Mit der

Schillingschen Germania. Geb. M. 7.
Junge-Müller, Leitfaden für den Geschichtsunterricht in den oberen Klassen höherer Töchterschulen. Mit 9 Karten und 5 Bildertafeln. Geb. M. 3.

VANDENHOECK & RUPRECHT'S VERLAG in GÖTTINGEN.

Verlagsbuchhandlung, gegründet um 1710 durch den Holländer ABRAHAM VAN DEN HOECK, welcher dieselbe 1735 nach Göttingen verlegte. Seit 1818 ist die Handlung im Besitz von CARL RUPRECHT, dessen Grossvater erst dem Gründer und später dessen Witwe treu zur Seite gestanden hatte. Der jetzige Inhaber nahm seine beiden Söhne GUSTAV und Dr. WILHELM RUPRECHT als Teilhaber auf. Die Hauptverlagsthätigkeit dieser altberühmten Verlagsfirma erstreckt sich besonders auf die Gebiete: Theologie, Philologie, Linguistik, Pharmacie, Bibliographie.

Wolf, L., Haus-Kapelle zur Feier des Kirchenjahres. Schriftstyle und Gebete aus dem 12. Jahrhundert. Mit Zeichnungen herausgegeben von SCHOEBERLEIN. 60 Blatt Text und 64 Blatt Stahlstiche. Geb. M. 16.

VELHAGEN & KLASING in BIELEFELD und LEIPZIG.

Die Firma wurde am 1. August 1835 begründet, indem AUGUST KLASING an diesem Tage in das seit zwei Jahren bestehende Geschäft von AUGUST VELHAGEN eintrat. Die Gründer hatten mit erheblichen Schwierigkeiten zu kämpfen, ehe sie einige Früchte ihrer rastlosen Thätigkeit ernten konnten. Grosse Verlagsunternehmungen endlich, wie die 1844 begonnene Polyglottenbibel, LANGES Bibelwerk und das Théâtre français, hatten den erwarteten Erfolg und brachten bald eine sehr erfreuliche Entwickelung der jetzt hochangesehenen Firma. Ausser diesen und den nachstehend genannten Hauptwerken, die als Merksteine der Entwickelung des Geschäftes dienen, publizierte die Firma noch eine bedeutende Anzahl anderer gediegener Verlagswerke, vorzugsweise aus dem Gebiete der Theologie, Jugend- und Schullitteratur. Besonders zu erwähnen sind das Familienblatt »Daheim«, der epochemachende ANDREEsche Handatlas, die »Monatshefte«, sowie einige grosse geschichtliche und litteraturgeschichtliche Werke. Die mit der Firma verbundene Geographische Anstalt hat hervorragende Erfolge erreicht. Besitzer der Firma sind jetzt AUG. und JOH. KLASING und WILH. VELHAGEN in Bielefeld.

Adami, F., Das Buch vom Kaiser Wilhelm. Ein Lebensbild. 1 Bde. Geb. M. 17.
Andree, R., Allgemeiner Handatlas in 140 Kartenseiten nebst alphabetischem Namensverzeichnis. Abteilung 1—5 à M. 2. Wird in 12 Abteilungen vollständig sein.
Burkhardt's, G. E., Kleine Missionsbibliothek, fortgeführt von R. GRUNDEMANN. 4 Bände und Register. M. 26.
Daheim. Ein deutsches Familienblatt mit Illustrationen. Herausgegeben von Tit. H. PANTENIUS. Erscheint in wöchentlichen Nummern oder in 15 Heften (à 2—3 Nummern). Jährlich M. 8; — Gesamt-Inhaltsverzeichnis des Daheims 1.—25. Jahrgang. Kart. M. 3,50.
Davidis, H., Praktisches Kochbuch für die gewöhnliche u. feinere Küche. Geb. M. 4,50.
Droysen, G., Allgemeiner historischer Handatlas in 96 Karten mit Erläuterungen im Text. Geb. M. 25.
Gerok, K., Jugenderinnerungen. Geb. M. 6.
Grau, R. F., Bibelwerk für die Gemeinde. Neues Testament. 2 Bände. M. 12.
Hiltl, G., Der französische Krieg von 1870 und 1871. Nach den besten Quellen geschildert. Geb. M. 15.
Jäger, O., Weltgeschichte in 4 Bänden. Mit 1147 Abbildungen im Text und 50 Beilagen in Schwarz- u. Farbendruck. M. 40.

Knackfuss, H., Deutsche Kunstgeschichte. 2 Bde. Geb. M. 12.
Koenig, R., Deutsche Litteraturgeschichte. 2 Bde. Geb. M. 10.
Lange, J. P., Theologisch-homiletisches Bibelwerk. Altes Testament. 20 Teile. M. 88; Neues Testament 16 Teile. M. 53,60.
Polyglotten-Bibel, zum praktischen Handgebrauch bearbeitet von STIER und THEILE. 5 Bände. M. 36. Geb. M. 45.
Sammlung deutscher Schulausgaben, herausgegeben von J. WYCHGRAM. 60 Lieferungen. Einzeln käuflich. Verschieden im Preise.
Spengler, H., Pilgerstab. Morgen- und Abendandachten. Geb. M. 9.
Stacke, L., Deutsche Geschichte. 2 Bde. Geb. M. 20.
Vogt, H., Das Buch vom deutschen Heere. Bearbeitet durch H. v. ZOBELTITZ. M. 9.
Werner, R., Das Buch von der deutschen Flotte. Geb. M. 9.
Wörishoeffer, S., Im Goldlande Kaliforniens. Fahrten und Schicksale goldsuchender Ausländer. Geb. M. 5.
Velhagen & Klasing's Monatshefte. Herausgegeben von TH. H. PANTENIUS und P. v. SZCZEPANSKI. 6. Jahrgang. 2 Bde. Geb. M. 18.

VERLAG DES BUCHGEWERBEBLATTES in LEIPZIG.
Kommissionär: Breitkopf & Härtel. Geschäftsstelle G. A. Grumpelt.

Buchgewerbeblatt. Monatsschrift für alle Zweige des Buchgewerbes. Herausg. von KONRAD BURGER, Kustos des Buchgewerbe-Museums in Leipzig. Jahrgang 1. Jährlich 12 Nummern. M. 12. Einband von JULIUS HAGEN in Leipzig.

VEREINIGUNG DER KUNSTFREUNDE in BERLIN.

Diese Vereinigung besteht seit dem Jahre 1881 und befasst sich mit dem Vertrieb der amtlichen Publikationen der Königl. National-Galerie zu Berlin. Die Verwaltung und Aufnahme der Mitglieder (Jahresbeitrag M. 20.—) besorgt die Königliche National-Galerie. Die artistische Direktion und Geschäftsleitung liegt in den Händen des Herrn O. TROITZSCH. Das Institut leistet Hervorragendes auf dem Gebiete der farbigen Reproduktion von Ölgemälden und Aquarellen. Das Reproduktions-Verfahren ist eine kunstvolle Kombination von Licht- und Steindruck. Die Blätter erreichten öfters ein sehr grosses Mass.

8 farbige Lichtdruck-Reproduktionen in sehr eleganten Rahmen unter Glas.

VERLAGSANSTALT FÜR KUNST & WISSENSCHAFT in MÜNCHEN.

Die Firma wurde am 15. Nov. 1858 in Frankfurt a. M. durch FRIEDRICH BRUCKMANN gegründet, wurde jedoch 1861 nach Stuttgart verlegt, von wo die Handlung bereits nach zwei Jahren nach München übersiedelte. Hier wurde im Jahre 1864 eine artistische Reproduktionsanstalt mit der Firma verbunden. Bereits sehr frühzeitig erregte die Anstalt durch ihre grossen Fortschritte und Erfolge auf dem Gebiete der photographischen Kunst berechtigtes Aufsehen. Die Firma hat auf dem Gebiete der Kunst das Höchste erreicht, und die namhaftesten Künstler zählen zu ihren Mitarbeitern, vorzüglich waren ihre Leistungen im Woodburydruck, die von der Photographie kaum zu unterscheiden waren. In dieser Weise wurden grosse Illustrationswerke, namentlich die Galerien zu den Werken der deutschen Klassiker hergestellt. Neuerdings hat die Anstalt sich namentlich der Reproduktion altklassischer Kunstdenkmäler gewidmet. Neuerdings wurden auch grössere wissenschaftliche Werke in den Wirkungskreis der Verlagsanstalt gezogen. Seit 1883 ist die Firma in den Händen einer Aktiengesellschaft, als deren Direktoren HUGO BRUCKMANN und FRITZ SCHWARTZ thätig sind.

Denkmäler griechischer und römischer Sculptor in historischer Anordnung unter Leitung von H. BRUNN herausg. In Lieferungen (à 5 Lichtdruck-Tafeln) à M. 20.
Collection Barracco. Publiée par J. BRUCKMANN d'après la classification et avec le texte de G. BARRACCO et W. HELBIG.

Livraison 1. Mit 10 Lichtdrucktafeln und Widmungsblatt. Fol. M. 20.
Architektur, Die, der Renaissance in Toscana, nach den Meistern geordnet. Herausg. von A. v. GEYMÜLLER und A. WIDMANN. Lieferung 1—9. Mit vielen Tafeln. à Lieferung M. 30.

VERLAG DER ARBEITSSTUBE (EUGEN TWIETMEYER) in LEIPZIG.

Dieser Verlag wurde durch Übernahme der seit 1872 erscheinenden Zeitschrift »Arbeitsstube« von F. GRIMANN in Berlin durch EUGEN TWIETMEYER am 12. März 1890 begründet.

Arbeitsstube, Zeitschrift für leichte und geschmackvolle Handarbeiten. Jahrgang 1881—1892. Geb. à M. 4,50.
Probeband mit 40 bunten Tafeln aus der »Arbeitsstube«. M. 50.

Davidis, H., Die Hausfrau. M. 4,50; — Der Beruf der Jungfrau. Geb. M. 2,50.
Steffahny, H., Stickereimuster. Neue Entwürfe in verschiedenen Stilarten für allerlei Nadelarbeit. In Mappe M. 3.

FRIEDRICH VIEWEG & SOHN in BRAUNSCHWEIG.

Dieser Verlag wurde Anfang April 1786 durch FRIEDRICH VIEWEG zu Berlin begründet und siedelte im Frühjahr 1799 nach Braunschweig über. FRIEDRICH VIEWEG war ein unermüdlicher Geschäftsmann und brachte sein Geschäft bald zu Ansehen und Blüte. Er stand mit den bedeutendsten Männern seiner Zeit in persönlichem Verkehr, der für ihn in jeder Weise ersprießlich war. Mit einer gediegenen Bildung und vorzüglichen Geschäftskenntnis ausgerüstet, war VIEWEG einer der wenigen Verleger seiner Zeit, die ihren Druckwerken ein elegantes und geschmackvolles Äussere verliehen, und die neuere deutsche Typographie verdankt ihm viel. Im Jahre 1823 nahm er seinen Sohn EDUARD als Teilhaber in das Geschäft auf, und dieses erhielt bei dieser Gelegenheit die noch heute bestehende Firma FRIEDRICH VIEWEG & SOHN; nach dem Tode des Vaters (1835) ging das Geschäft in den Besitz des Sohnes über. EDUARD VIEWEG war ein hervorragender Geschäftsmann. Er fühlte sich vorzugsweise zu den Naturwissenschaften in allen ihren Verzweigungen hingezogen und betrachtete diese mit Recht als Grundpfeiler alles Wissens, aller Aufklärung, aller industriellen und kommerziellen Entwickelung; seine Verlagswerke, die in der bereits früher eingerichteten eigenen Druckerei mit Schriftgiesserei etc., hergestellt wurden, sind ein Spiegelbild seiner eigenen Persönlichkeit †1869. Unter den späteren Besitzern hat das Geschäft die Stellung als Weltfirma behauptet.

Archiv für Anthropologie. Zeitschrift für Naturgeschichte und Urgeschichte des Menschen. Redigiert von LINDENSCHMIT und J. RANKE. Bd. I—XX und Bd. XXI, Heft 1—2. Geb. M. 1050.

Bernthsen, A., Kurzes Lehrbuch der organischen Chemie. M. 10.

Bode, W., Studien zur Geschichte der holländischen Malerei. M. 43.

Brillat-Savarin, Physiologie des Geschmacks oder physiologische Anleitung zum Studium der Tafelgenüsse. M. 3.

Brinkmann, Fr., Syntax des Französischen und Englischen. 2 Bde. M. 13,75.

Bunsen, R., Gasometrische Methoden. Mit 70 Holzstichen. 2. Aufl. gr. 8°, 1857. M. 8.

Busemann, L., Naturkundliche Volksbücher. 1 Bde. M. 10.

Calm, A., Die Chemie des Pyridins und seiner Derivate. Herausg. von K. BUCHKA. Geb. M. 25.

Campe, J. H., Die Entdeckung von Amerika. 3 Teile. Illustrierte Ausgabe. M. 5,50.

Clausius, R., Die mechanische Wärmetheorie. 2 Bde. M. 35.

Cultur-Ingenieur, Der. Herausg. von FR. W. DÜNKELBERG. 3 Bde. Geb. M. 35.

Dippel, L., Das Mikroskop und seine Anwendung. I.—III. Abteilung. M. 34.

Dünkelberg, F. W., Die landwirthschaftliche Betriebslehre. 2 Bde. M. 14.

Eger, O., Technolog. Wörterbuch in englischer u. deutscher Sprache. 2 Tle. M. 10.

Engelbrecht, Th., Deutschlands Apfelsorten. Illustrierte, system. Darstellung der im Gebiete des D. Pomologen-Vereins gebauten Apfelsorten. M. 20.

Fresenius, C. R., Anleitung zur qualitativen chemischen Analyse. Kart. M. 11; — Anleitung zur quantitativen chemischen Analyse. 2 Bde. M. 30.

Frühling, R., und J. Schulz. Anleitung zur Untersuchung der für die Zuckerindustrie in Betracht kommenden Rohmaterialien. M. 14.

Globus. Illustrierte Zeitschrift für Länder- und Völkerkunde, herausg. v. R. KIEPERT. 31.—42. Bd. (12 Bde. geb. M. 168.

Gorup-Besanez, E. F. von, Lehrbuch der Chemie. 3 Bde. M. 42.

Graham-Otto's Ausführl. Lehrbuch der Chemie. Bd. I—V in 10 Bdn. geb. M. 2,15.

Handbuch der chemischen Technologie, bearb. und herausg. von P. A. BOLLEY und K. BIRNBAUM. Nach dem Tode des Herausgebers fortgesetzt von C. ENGLER. 2 Bände. Verschieden im Preise.

Handwörterbuch der Chemie, Neues. Redigiert von II. von FEHLING, fortg. von C. HELL. Bd. I—VI, 1. Abteil Geb. M. 192.

Helmholtz, H. von, Die Lehre von den Tonempfindungen. M. 12; — Vorträge und Reden. M. 14.

Henle, J., Grundriss der Anatomie des Menschen. Herausg. von FR. MERKEL. M. 20; — Handbuch der systemat. Anatomie des Menschen. 2 Bde. Geb. M. 22,50.

Hettner, H., Geschichte der deutschen Litteratur. M. 26,50; — Geschichte der englischen Litteratur. Geb. M. 10; — Geschichte der französischen Litteratur im XVIII. Jahrhundert. Geb. M 12; —

Goethe und Schiller. In 2 Abteilungen. Geb. M. 16,75.
Hofmann, A. W., Zur Erinnerung an vorangegangene Freunde. Gesammelte Gedächtnisreden. 2 Bde. M. 20.
Jahresbericht über die Fortschritte der Chemie etc. Herausg. von F. Fittica. 1854—1882 u. 1889, Heft 1, 2 geb. M. 198.
Ketteler, E., Theoretische Optik, gegr. auf das Bessel-Seilmeier'sche Prinzip. M. 14.
Klein, H. J., Anleitung zur Durchmusterung des Himmels. Astronomische Objekte für gewöhnliche Teleskope. M. 4½; — Handbuch der allg. Himmelsbeschreibung vom Standpunkte der kosmischen Weltanschauung. 2 Bde. M. 19.
Kopp, H., Beiträge zur Geschichte der Chemie. 3 Stücke. M. 30.
Lembcke, E. R., Mechanische Webstühle. Anleitung zur Kenntnis, Wahl, Aufstellung und Behandlung dieser Maschinen. 2 Bde. mit Atlas. Geb. M. 60.
Liebig, J. v., Die Chemie in ihrer Anwendung auf Agricultur und Physiologie. M. 16,50.
Lindenschmit, L., Handbuch der deutschen Alterthumskunde. 1. Theil: Die Alterthümer der merovingischen Zeit. M. 30.
Lockyer, J., Die Beobachtung der Sterne sonst und jetzt. M. 18.
Lunge, G., Die Industrie des Steinkohlentheers und Ammoniaks. M. 20.
Merkel, Fr., Handbuch der topographischen Anatomie. 1. Bd. M. 22.
Mohr, Fr., Lehrbuch der chemisch-analytischen Titriermethode. Neu bearbeitet von Dr. Alex. Classen. M. 10.
Müller-Pouillet's Lehrbuch der Physik und Meteorologie. Bearb. von Dr. Leop. Pfaundler. 2 Bde. Bd. I und III M. 24,40.
Band II ist in neuer Auflage in Vorbereitung.
Muspratt's theoretische, praktische und analytische Chemie. Frei bearbeitet von Bruno Kerl und F. Stohmann. Bd. I—III und IV. 1.—19. Liefg. M. 135,60.
Otto, Fr. Jul., Anleitung zur Ausmittelung der Gifte und zur Erkennung der Blutflecke bei gerichtl. Untersuchungen. M. 7.
Otto-Birnbaum. Lehrbuch der rationellen Praxis der landwirthschaftlichen Gewerbe. Encyklopädie. 14 Bde. mit Register. Geb. M. 123,30.
Pape, Dr. W., Handwörterbuch der griechischen Sprache. In 5 Bden. Geb. M. 57.
Post, Jul., Chemisch-technische Analyse. Handbuch der analytischen Untersuchungen. 2 Bde. M. 44.
Regnault, V., und A. Strecker. Kurzes Lehrbuch der Chemie von Dr. Johannes Wislicenus. In 2 Bden. M. 27.
Reuleaux, F., Der Konstrukteur. M. 23.
Roscoe, H. E., Die Spektralanalyse in einer Reihe von 6 Vorlesungen. M. 14.
Roscoe, H. E., und C. Schorlemmer.
Ausführliches Lehrbuch der Chemie. Bd. I—V, 1. Abteilung. Geb. M. 97; — Kurzes Lehrbuch der Chemie. M. 3,50.
Rosenberger, F., Die Geschichte der Physik. 3 Teile. M. 22,50.
Rühlmann, J., Die Geschichte der Bogeninstrumente, insbesondere derjenigen des heutigen Streichquartetts. Mit einem Atlas von 13 Tafeln. M. 20.
Rühlmann, R., Handbuch der mechanischen Wärmetheorie. M. 48.
Rundschau, Naturwissenschaftliche, Wöchentliche Berichte über die Fortschritte auf dem Gesammtgebiete der Naturwissenschaften. I.—VII. Jahrg. Geb. M. 114.
Sammlungen, Die anthropologischen, Deutschlands. Ein Verzeichnis der in Deutschland vorhandenen anthropologischen Materials. 14 Bände und Privatsammlungen. Bd. I geb. M. 23,30.
Schellen, H., Der elektromagnetische Telegraph in den Hauptstadien seiner Entwickelung. M 30.
Schlömilch, O., Compendium der höheren Analysis. 2 Bde. M. 18.
Schoedler, Fr., Das Buch der Natur. In 2 Teilen. M. 9,60.
Schultz, G., Die Chemie des Steinkohlentheers. 2 Bde. Geb. M. 74.
Stammer, K., Jahresbericht über die Untersuchungen und Fortschritte auf dem Gesammtgebiete der Zuckerfabrikation. XII.—XXXI. Jahrgang. 20 Bde. Geb. M. 175,20; — Lehrbuch der Zuckerfabrikation. 2 Bde. und 1 Atlas. Geb. M. 45.
Stein, G., Die Bleicherei, Druckerei, Färberei und Appretur der baumwollenen Gewebe. M. 14.
Stöckhardt, J. A., Die Schule der Chemie. M. 7.
Stölzel, C., Die Metallurgie. Gewinnung der Metalle. M. 48.
Tiemann, F., und A. Gärtner. Die chemische und mikroskopisch-bakteriologische Untersuchung des Wassers. M. 22,50.
Tyndall, J., Der Schall. 8 Vorlesungen. Deutsch durch H. Helmholtz und G. Wiedemann. M. 6.
Uffelmann, J., Jahresbericht über die Fortschritte auf dem Gebiete der Hygiene. I.—IX. Jahrgang. 9 Bde. Geb. M. 65,20.
Vierteljahrschrift, Deutsche, für öffentl. Gesundheitspflege. Redigiert von A. Spiess und M. Piston. L—XXIV. Bd., Supplement und Generalregister M. 591,20.
Weisbach, L., Lehrbuch der Ingenieur- und Maschinen-Mechanik. 1.—III. Teil in 4 Bden. Geb. M. 152,40.
Wiedemann, G., Die Lehre von der Elektricität. 5 Bde. Geb. M. 130.
Willmann, O., Didaktik als Bildungslehre nach ihren Beziehungen zur Socialforschung. 2 Bde. M. 13.

BERNHARD FRIEDRICH VOIGT in WEIMAR.

Verlagsbuchhandlung, gegründet im Jahre 1812 in Sondershausen. Die Firma siedelte später nach Ilmenau über und befindet sich seit 1831 in Weimar. Seit 1. Oktober 1877 ist Heinrich Voigt alleiniger Besitzer. Sie verlegt hauptsächlich und in umfangreichster Weise Lehr- und Handbücher für die praktische Ausübung der Gewerbe. Bietet schon derjenige Teil des Verlages, der aus den ersten Jahrzehnten des Bestehens der Firma stammt, ein interessantes Bild damaliger Verlegerthätigkeit, so zeigt diese zugleich, wie der unermüdlich schaffende Gründer frühzeitig schon, da es eine gewerbliche Litteratur in Deutschland eigentlich noch nicht gab, mit richtigem Blick für das Bedürfnis der Zukunft dem Geschäfte die Richtung zu geben wusste, die ihm mit der Zeit eine erfreuliche Entwickelung und eine, in ihrer Art wohl einzige Verbreitung über die ganze Welt verschafft hat. Insbesondere sind es die Lehr-, Hand- und Musterbücher für die einzelnen Gewerbe, die fast in jeder Werkstatt des deutschen Vaterlandes Eingang gefunden und dort, zum Nutzen des Handwerkes wie fast aller Industriezweige, ihre Aufgabe in segensreicher Weise erfüllt haben. Aber auch andere grosse Unternehmungen, wie z. B. der unter grossen Opfern in 30 Jahrgängen erschienene Nekrolog der Deutschen, Cannabich's Lehrbuch der Geographie verdienen hier Erwähnung.

Apian-Bennewitz, P. O., Die Geige, der Geigenbau und die Bogenverfertigung. Mit einem Atlas. Geb. M. 16.

Auerheimer, Fr., Elementarbuch der Differential- und Integralrechnung mit zahlreichen Anwendungen aus der Analysis, Geometrie, Mechanik, Physik u. s. w. Geb. M. 10,50.

Bolelstein, W., Die Wasserleitung im Wohngebäude. Eine Beschreibung sämtlicher Installations-Arbeiten. Mit Atlas. M. 4.

Bergerhoff, H., Der praktische Tapezierer und Dekorateur. Ein Wegweiser für sämtliche in diesem Gewerbe vorkommenden Arbeiten. Mit einem Atlas. M. 7,50.

Blüthner, J., und H. Gretschel, Lehrbuch des Pianofortebaues in seiner Geschichte, Theorie und Technik oder Bau und Zusammenfügung der Flügel, Pianinos und tafelförmigen Pianofortes. M. 6,50.

Bornemann, G., Die fetten und die flüchtigen Öle des Pflanzen- und Tierreichs, ihre Gewinnung etc. 2 Bände. M. 10,50.

Bosshard, O., Die mechanische Baumwoll-Zwirnerei mit ihren neuesten Maschinen und Apparaten. Mit einem Atlas. M. 7,50.

Böttger, C. A., A. Graef und M. Graef, Die Arbeiten des Schlossers. 1. Folge. 2. Folge: Der Kunstschlosser. 10 Foliotaf. in Farbendruck. In Mappe. M. 9.

Brandeis, Fr., Die moderne Gewehrfabrikation. Praktisches Hand- und Lehrbuch für Gewehrfabrikanten, Büchsenmacher, u. s. w. Mit einem Atlas von 24 Foliotafeln. M. 7,50.

Burg, P. van der, Die Holz- und Marmormalerei. Mit einem Atlas von 24 Foliotafeln. M. 13.

Fischer, M. O., Musterbuch für den dekorierten Eisenguss. Erste Folge. Vorlagen zur Anfertigung von Kandelabern, Pumpen, Gittern, Säulen, Veranden, u. s. w. 27 Foliotafeln in Mappe. M. 6.

Franke, C. A., Handbuch der Buchdruckerkunst. Nach eigenen Erfahrungen und denen andrer namhafter Buchdrucker bearbeitet. M. 4.

Ganswindt, A., Handbuch der Färberei und der damit verwandten Gewerbe. Geb. M. 13.

Graef, Aug., Der innere Ausbau der Kirchen in Tischlerarbeit, sowie Kirchenmöbel und Kirchengeräte. 3 Hefte, enthaltend 42 Tafeln mit Modellen in natürlicher Grösse. M. 21,50.

Graef, M., Renaissance-Geräte und Galanteriestücke. 123 Gegenstände in jetzigem Renaissancestil nach den neuesten und beliebtesten Formen komponiert und für Feintischler, Bildhauer und Drechsler bestimmt. 24 Tafeln in Folio. Erste Sammlung. In Mappe. M. 9; — Möbel in brauchbarstem Rokoko. Moderne Zimmereinrichtungen. 24 Foliotafeln nebst 2 Grossplanoseiten. In Mappe. M. 9.

Graef, A., und M. Graef, Die moderne Bautischlerei für Tischler und Zimmerleute. Mit einem Atlas, enthaltend 40 Foliotafeln. M. 10,50; — Der Möbeltischler für das bürgerliche Wohnhaus in allen seinen Räumen. Vorlagen zu Möbeln. 40 Foliotafeln. In Mappe. M. 10.

Händel, E., Die Schablonen in natürlicher Grösse für Decken, Wände, Säulenschäfte u. s. w. aus dem Ende des 15. und Anfang des 16. Jahrhunderts, ausgeführt auf der Königlichen Albrechtsburg zu Meissen. 23 Tafeln. In Mappe. M. 6.

Hintz, L., Die Baustatik. Ein elementarer Leitfaden zum Selbstunterricht und zum praktischen Gebrauch für Architekten, Baugewerbsmeister und Schüler bautechnischer Lehranstalten. M. 8.

Klasson, N., Der Maschinenbauer für Gewerbe und Landwirtschaft. Mit einem Atlas von 43 Foliotafeln. M. 10.

Koch, G., Die Jagdgewehre der Gegenwart. Geh. M. 5.

Knoblauch, C., Entwürfe zu Grabdenkmalen in einer Auswahl teils selbst entworfener, teils gesammelter Vorlagen. 96 Blatt in feinstem Farbendruck ausgeführt. In Mappe. M. 10.

Kopp, W. und A., und M. Graef, Die Arbeiten des Schlossers. Erste Folge. Leicht ansführbare Schlosser- und Schmiedearbeiten für Gitterwerk aller Art. 24 Foliotafeln. In Mappe. M. 7.50.

Kulmer, Rud. Freih. von, Handbuch für Gold- und Silberarbeiter und Juweliere. Nebst Atlas von 81 Foliotafeln. M. 10,50.

Ledebur, A., Handbuch der Eisen- und Stahlgiesserei. Eine Darstellung des gesamten Betriebes, Regeln für die Anlage der Giessereien und eine Anleitung zur Durchführung und Selbstkostenrechnung enthaltend. Geb. M. 18.

Löbe, W., Handbuch der rationellen Landwirtschaft für praktische Landwirte, Ökonomieverwalter und Schüler landwirtschaftlicher Lehranstalten. Geb. M. 7,50.

Martin, Praxis der Naturgeschichte. Ein vollständiges Lehrbuch über das Sammeln lebender und toter Naturkörper etc. 3 Teile in 4 Bänden. M. 26.

Meisel, Ferd., Lehrbuch der Optik. Mit einem Atlas von 17 Foliotafeln. M. 12.

Mierzinski, St., Die Riechstoffe und ihre Verwendung zur Herstellung von Duftessenzen. M. 4,78.

Niedling, A., Bücher-Ornamentik in Miniaturen, Initialen, Alphabeten u. s. w. In historischer Darstellung, das 9. bis 16. Jahrhundert umfassend. 30 Foliotafeln. M. 12.

Nions, B., Die Baumwollspinnerei in allen ihren Teilen. Mit 50 Foliotaf. Geb. M. 10.

Reh, Fr., Der mechanische Seidenwebstuhl in Bezug auf Bau, Vorrichtung n. s. w. Mit 3 Plano- und 5 Foliotafeln. M. 7.

Reichmann, St., Der Zimmer-Dekorateur. Vorlagen zu Fenstervorhängen, Draperien, Portieren u. s. w. 94 Tafeln. M. 7,50.

Reineck, Th., Verzierte farbige Alphabete. Vorlagen für Firmenschreiber, Dekorations-, Glas- und Porzellanmaler, u. s. w. 15 Gross-planotafeln. M. 10.

Robrade, Herm., Taschenbuch für die Praxis des Hochbautechnikers und Bauunternehmers. Geb. M. 4,50.

Schams, J., Handbuch der gesamten Weberei. Mit einem Atlas von 62 Foliotafeln. Geb. M. 21.

Schaupert, K., Plafonds - Dekorationen. Entwürfe zur Verzierung der Decken. 30 Tafeln mit Text. Mit Details in natürlicher Grösse. In Mappe. M. 11,50.

Schumacher, W., Die Thonfabrikate. I. Allgemeine Keramik. II. Die Thonfabrikate mit einfachem Scherben oder Fabrikation der Terrakotten, des Sideroliths, der modernen Majolika, der Fayence oder italien. Majolika. Mit Atlas von 9 Tafeln. M. 10.

Stöckel, H. F. A., Bau-, Kunst- und Möbelschreiner. Mit einem Atlas von 36 Tafeln. M. 10,50.

Töpfer, K. A. F., Der praktische Gasschlosser mit Rücksicht auf die mannigfaltige Verwendbarkeit des Gases. M. 9,50.

Töpfer, J. G., Die Theorie und Praxis des Orgelbaues. Mit 61 Tafeln. Geb. M. 24.

Torain, B., Bauschlüssel für Zimmerer, Maurer, Dachdecker, Bauunternehmer, Schachtmeister, Kommunal-Wege- und Eisenbahn-Baubeamte. Geb. M. 5.

Tschenschner, E., Handbuch der Glasfabrikation nach allen ihren Haupt- und Nebenzweigen. Mit 84 Foliotaf. Geb. M. 21.

Ulbricht, B., und L. v. Wagner, Handbuch der Spiritusfabrikation. Mit einem Atlas von 12 Foliotafeln. M. 10.

Wagner, L. v., Tabakkultur, Tabak- und Zigarrenfabrikation. M. 6.

Wesselhöft, J., Der Rosenfreund. Vollständige Anleitung zur Kultur der Rosen. Geb. M. 5; — Die Kultur der Rosen in Töpfen. Geb. M. 2.

Zürn, F. A., Die Krankheiten des Hausgeflügels. M. 6; — Die Lehre vom Hufbeschlag und von den wichtigsten äusseren Krankheiten des Pferdes. M. 5; — Katechismus der landwirtschaftlichen Tierheilkunde. Erster Band: Die hauptsächlichsten inneren Krankheiten der Haussäugetiere. Geb. M. 7.

SÜDDEUTSCHES VERLAGS-INSTITUT in STUTTGART.

Eine Aktiengesellschaft, die sich in erster Linie mit dem Verlag von Tageszeitungen religiöser und populärer Litteratur befasst und ausserdem einen im Jahre 1876 gegründeten Verlag von Jugendschriften und Anthologien übernahm. Neben der Verlagsbuchhandlung unterhält sie eine Buchdruckerei und eine Buchbinderei.
Den Vorstand bilden JULIUS MÜLLER und FERDINAND HOBEK.

Bibel, Die, nach Luthers Übersetzung. Mit Bildern der Meister christlicher Kunst herausg. von R. Pfleiderer. Mit zahlr. Illustr. Erscheint in Liefgn á M. —,50.
Deutscher Sang und Klang. Anthologie. Geb. M. 10.

Ebner, Th. und M. Bach, Illustrierte Geschichte von Deutschland. 3 Bde. Geb. M. 33.
Lutz, K. G., Das Buch der Schmetterlinge. Geb. M. 12.
Jugendschriften.

VERLAG DES KÖNIGL. STATISTISCHEN BUREAUS in BERLIN.

Eingerichtet seit 1. Januar 1869. Verantwortlicher Vertreter Geheimer Oberregierungsrat E. BLENCK. Lediglich für den Vertrieb der Veröffentlichungen des Königlichen Statistischen Bureaus bestimmt.

Kalender-Materialien für 1893. M. 13. Geb. M. 17,75.
Preuss. Statistik (Quellenwerk). 4°. Eine Anzahl Hefte zu verschiedenen Preisen.
Statistisches Handbuch für den preussischen Staat. I. M. 13.

Zeitschrift des Königl. preuss. statistischen Bureaus. Jahrgang 1887, 1888, 1889, 1890, 1891. 4°. pro Jahrg. Brosch. M. 10; — Inhaltsverzeichnis zu dieser Zeitschrift 1.—30. Jahrgang. Brosch. M. 7,50.

„VON HAUS ZU HAUS", ADOLF MAHN in LEIPZIG.

Eine Wochenschrift für die deutsche Frauenwelt, die unter der Redaktion von ANNY WOTHE seit dem Jahre 1887 erscheint und sich allgemeiner Beliebtheit und grosser Verbreitung zu erfreuen hat.

Von Haus zu Haus, Wochenschrift für die deutsche Frauenwelt. Herausgegeben von ANNY WOTHE. Mit Abbildungen. Jährl. 52 Nummern. Jahrgang M. 8. Geb. M. 8.

F. VOLCKMAR in LEIPZIG.
Verlagsabteilung, gegründet 1829.

Volckmar, F., Atlas Universal para las Escuelas primarias, secundarias y normales. Spanischer Text. Edición Grande. Geb. M. 10; — Edición Costaricense. Geb.
M. 3,50; — Edición Chilena. Geb. M. 3,40; — Edición Mexicana. Geb. M. 3,60; — Illustrierter Weihnachts-Katalog. Jahrgang 1877—1892. 16 Bde. Geb.

F. VOLCKMAR in LEIPZIG.
Abteilung: Barsortiment.

Die Einrichtung dieser Abteilung der Welt-Firma F. VOLCKMAR erfolgte durch Ankauf des bis dahin in bescheidenem Umfange betriebenen Barsortiments von LOUIS ZANDER (begründet 1848). Massgebend für die Einrichtung und Erweiterung dieses Geschäftszweiges war das rege Bedürfnis nach einer Zentralstelle für Lieferung gebundener Bücher. Wie sehr dieses Vorgehen, das anfänglich mit einem beträchtlichen Risiko verbunden war, vom Buchhandel und den Bücherfreunden geschätzt wird, ist eine in der Praxis längst bewiesene Thatsache. Das »Barsortiment« kauft auf eigene Rechnung Partien guter und gangbarer Werke an, lässt dazu einen von ihr gewählten geschmackvollen und soliden Einband anfertigen und vertreibt diese Bücher dann nur im gebundenen Zustande im deutschen Buchhandel. Mit wie grossem Erfolg dieses Verfahren begleitet ist, beweisen die von Jahr zu Jahr stärker werdenden Kataloge.

Eine Spezialausstellung eben dieses Geschäftszweiges der Firma ist:

Eine deutsche Hausbibliothek im „Deutschen Hause" in Chicago.

Unmittelbar aus den Räumlichkeiten der deutschen buchgewerblichen Ausstellung in Chicago gelangt man in den Salon des Herrn Reichskommissars, der ein wirkliches Kleinod des deutschen Kunsthandwerks ist. Alle darin befindlichen Gegenstände, die Decke, die Vertäfelung sind zugleich Ausstellungsgegenstände ersten Ranges. Es muss als ein glücklicher Gedanke des Herrn Reichskommissars bezeichnet werden, dass ein deutscher Salon nicht ohne eine deutsche Büchersammlung sein dürfe und dass es nicht genüge, wenn die deutsche Litteratur durch einige Albums auf dem runden Tische vertreten wäre. Möge dieser Gedanke zugleich ein Mahnruf an jedes aristokratische und jedes wohleingerichtete bürgerliche Haus der alten und neuen Welt sein.

Auf einen dem Ausstellungs-Ausschuss ausgesprochenen Wunsch des Herrn Reichs-Kommissars ist die Firma F. VOLCKMAR in Leipzig darauf eingegangen, eine Bibliothek für eine gebildete Familie, die eine mässige Ausgabe nicht zu scheuen hat, zusammenzustellen. In würdiger Weise untergebracht, bildet sie ein wirkliches Salonstück. Diese Bibliothek umfasst 181 Werke in 316 Bänden zum Gesamtpreise von 3000 Mark, und ist, was Auswahl, äussere und innere Ausstattung betrifft, mit grösster Sorgfalt behandelt. Bei der Auswahl ist vor allem darauf Wert gelegt, ein möglichst reiches Bild deutschen Geisteslebens zu schaffen, dabei aber auch den Rahmen nicht weiter zu spannen, als es den Bedürfnissen des Gebildeten entspricht. Nur sorgfältig ausgestattete Ausgaben sind gewählt worden. Auf die Güte der Einbände, die — fast durchweg für diese Bibliothek besonders angefertigt — in Schönheit und Dauerhaftigkeit schätzenswerte Leistungen einer grossen Anzahl deutscher Buchbinder darbieten, wurde besonderes Gewicht gelegt. Der Ausstellungsplatz im Salon ist von dem Architekten des Reichskommissariats sinnig gewählt und die Umrahmung sehr gelungen. Die Bibliothek ist zu einem Teil an den beiden inneren Seiten einer tiefen Nische aufgestellt und wird zum andern Teil in der Vertäfelung der beiden Wände neben der Nische eingelassen, sodass die leichtere Unterhaltungs-Lektüre die inneren Seiten, die ernstere Litteratur die äusseren Regale in Beschlag nimmt. (Besonderer Katalog.)

VERLAGSANSTALT und DRUCKEREI, A.-G. in HAMBURG
(vormals J. F. Richter).

Am 1. September 1841 wurde von Frau MARIA THERESIA RICHTER unter der Firma Hamburg-Altonaer Volksbuchhandlung eine Buch- und Steindruckerei begründet, die namentlich nach dem grossen Brande 1842 einen ungemeinen Aufschwung nahm. 1848 gründete RICHTER die »Reform«, die lange Zeit in einer grossen Auflage erschien und eine der grössten Hamburger Tageszeitungen war. Gegenwärtig ist sie durch das im gleichen Verlage erscheinende »Hamburger Tageblatt« ersetzt. Später ging die Handlung von J. F. RICHTER an seinen Sohn DR. EUGEN RICHTER über und wurde, nachdem sie in verschiedenen anderen Händen gewesen war, im Jahre 1888 in eine Aktiengesellschaft unter obiger Firma umgewandelt, deren Geschäfte nunmehr neben dem Zeitungs- und Buchverlag fast alle technischen Zweige der Buchherstellung und des Illustrationswesens umfassen.

Ballestrem, E., Maria Stuart, Königin von Schottland. Blätter zu ihrem Andenken und zu ihrer Ehre. Geb. M. 100.
Bungarts, J., Illustriertes Muster-Hunde-Buch. Geb. M. 11.
Bismarck, F., u. D. Kulenkampff, Die elephantiastischen Formen. Eine umfassende Darstellung der angeborenen und erworbenen Elephantiasis. Geb. M. 60.
Hamerling, Rob., Ahasver in Rom. Illustrierte Prachtausgabe. Geb. M. 19; — Der König von Sion. Illustrierte Prachtausgabe. Geb. M. 75; — Einzelwerke in guten Ausgaben.
Kunst, Deutsche, zu Hamburg. (Kunst.

Deutsches Künstler- und Schriftsteller-Album. Herausg. zum Besten der Notleidenden in Hamburg und Altona. Prachtausgabe. Geb. M. 32.
Handbuch des Völkerrechts, herausg. von F. v. HOLTZENDORFF. 4 Bde. und Register. Geb. M. 117; — des Gefängniswesens. Herausg. von F. v. HOLTZENDORFF und E. v. JAGEMANN. 2 Bde. Geb. M. 33.
Sammlung gemeinverständlicher wissenschaftlicher Vorträge. In Serien und Heften.
Kurfee, herausg. von HRSG. NIETHE, WERNER u. A. Mit vielen Illustrationen. Geb. M. 10.

DEUTSCHES VERLAGSHAUS BONG & Co., BERLIN u. LEIPZIG.

Die Firma wurde im Jahre 1887 gegründet und befindet sich im Besitz von RICHARD BONG und EMIL RUPPRECHT. Dieser Kunstverlag nimmt auf dem Gebiete der modernen Illustration eine sehr hervorragende Stellung ein und ist die einzige deutsche Firma, die künstlerisch ausgeführte Farbenholzschnitte im Text einführte und in Zeitschriften reproduziert. Aquarell- und Schwarz-Drucke werden von der Firma in vollendeter Schönheit hergestellt. — RICHARD BONG verlegt ausserdem noch als selbständige Firma die Monatsschrift »Moderne Kunst«, ein Unternehmen, das sich um die Kunst der Neuzeit ausserordentlich verdient macht.

Originalzeichnungen zu Heine's Buch der Lieder.
Aquarell- und Schwarz-Drucke in Gold- und Nussbaumrahmen.
Zur guten Stunde. Illustrierte Zeitschrift. Erscheint in Heften à M. —,50 und in Halbmonatsheften à M. —,40.
Illustrierte Klassikerbibliothek. Bd. I

bis VI. Bd. I: Heine, Buch der Lieder. Geb. M. 4; — Bd. II: Goethe, Faust, erster Teil. M. 4; — Bd. III: Goethe, Hermann und Dorothea. Geb. M. 1,30; — Bd. IV Koerner, Leyer und Schwert und Knospen. Geb. M. 4; — Bd. V: Schiller, Kabale und Liebe. Geb. M. 4; — Bd. VI: Heinrich von Kleist, Der zerbrochene Krug. Geb. M. 1.

LEOPOLD VOSS in HAMBURG.

GEORG VOSS begründete zusammen mit FRIEDR. AUG. LEO am 4. April 1791 in Leipzig eine Buch- und Kunsthandlung unter der Firma VOSS & LEO. Am 1. Januar 1794 trat LEO bereits wieder aus und CHRIST. GOTTL. RABENHORST trat für ihn ein; die Firma hiess nunmehr VOSS & COMP. Am 1. September 1795 ging sie nach dem Austritt RABENHORSTs in den alleinigen Besitz von GEORG VOSS über und wurde am 1. Januar 1804 in GEORG VOSS geändert. Am 21. März 1818 trat der Sohn des Vorgenannten, DAVID LEOPOLD VOSS, den Besitz des Geschäftes an und änderte die Firma in LEOPOLD VOSS. Am 1. Januar 1882 schliesslich ging der gesamte Verlag an ERNST MAASS über, der denselben unter der alten Firma weiter führt. Die Richtung des Verlages ist eine streng wissenschaftliche, seine Hauptthätigkeit erstreckt sich auf die exakten und die Naturwissenschaften, die Medizin und Philosophie.

Arendt, R., Technik der Experimental-Chemie. Geb. M. 15.
Atlas, internationaler, seltener Hautkrankheiten. Herausg. von UNNA, MALCOLM MORRIS, DUHRING, LELOIR. Deutsch-englischer und französischer Text mit Tafeln. Heft 1—7. Geb. M. 88.
Beilstein, R., Handbuch der organischen Chemie. 3 Bde. Geb. M. 103,90.
Ehrenberg, C. G., Infusionstierchen. Text und Atlas. Geb. M. 310; — Mikrogeologie. Mit Tafeln. Gr.-Fol. Geb. M. 256.
Eisenberg, J., Bakteriologische Diagnostik. Geb. M. 18.

Kiessling, J., Untersuchungen über Dämmerungserscheinungen. Geb. M. 16.
Liebmann, F. M., Chênes de l'Amérique tropicale. Mit vielen Abbildungen. Gr.-Fol. Geb. M. 116.
Strebel, H., Alt-Mexiko. Archäologische Beiträge zur Kulturgeschichte seiner Bewohner. 2 Bde. Geb. M. 172.
Centralblatt, Chemisches. Jahrgang 1699 bis 1892. 6 Bde. Geb. M. 210.
Zeitschrift für organische Chemie. Bd. I. und II. Geb. M. 46; — für Psychologie. Bd. I—III. Geb. M. 60; — für Schulgesundheits-Pflege. Bd. I—V. Geb. M. 60.

R. WAGNER in BERLIN.

Kunst- und Verlagshandlung, gegründet am 1. Januar 1857 und jetzt im alleinigen Besitz von HERMANN PAECHTER. Ein hochangesehener Kunstverlag, der sich seit einer Reihe von Jahren mit dem Vertrieb MENZELscher Radierungen, Lithographien und Holzschnitte vorwiegend befasst. Mit der Firma ist eine besondere Abteilung für japanische Kunst und Kunstarbeiten verbunden.

Menzel, Ad., Illustrationen zu den Werken Friedrichs des Grossen. Jubiläums-Ausgabe. In Holz geschnitten von O. VOGEL,
A. VOGEL, FR. UNGELMANN und H. MÜLLER. 200 Tafeln mit Text von L. PIETSCH. 2 Bde. 4°. Geb. M. 50.

M. WACHTER in FREIBURG i. Br.

Lithographische Anstalt. Fertigt lithographische Arbeiten in Gold-, Schwarz- und Farbendruck an, und verfügt über die neuesten technischen Einrichtungen.

9 Canontafeln. Unter Glas und Rahmen. 11. Jahrhundert. In vorzüglicher Ausführung.
4 Tafeln geschrieben im Style des 10.—16. Jahrhunderts.

H. WAGNER & E. DEBES in LEIPZIG.

Geographische Anstalt, Steindruckerei und Verlagsbuchhandlung. Gegründet am 1. November 1835 unter der Firma: EDUARD WAGNER in Darmstadt. Am 1. Januar 1873 unter der jetzigen Firma nach Leipzig verlegt. Die Firma beschäftigt sich ausschliesslich mit dem Verlag und der Herstellung geograph. Werke, Karten u. s. w. Pläne u. s. w.

Debes-Kirchhoff-Kropatscheck, Schulatlas für die Oberklassen höherer Lehranstalten in 63 Haupt- und 85 Nebenkarten. Geb. M. 5,80.
Debes, M., Physikalische Wandkarte der Erde in Merc. Proj. 8 Blatt in Farbendruck, 1,80 m hoch, 2,10 m breit. Roh. M. 19. Aufgezogen M. 21; — Physikalische Schulwandkarte des Deutschen Reiches und seiner Nachbargebiete. 1:850000. 6 Blatt in Farbendruck. 1,60 m hoch,

1,60 m breit. Roh. M. 6; Aufgezogen M. 10; — Physikalisch-politische Schulwandkarte von Europa. 1:3,870000. 6 Blatt in Farbendruck, 1,6 m hoch, 1,80 m breit. Roh M. n. Aufgezogen M. 13.
Boettcher, O., und A. Freitag, Schulwandkarte von Mittel-Europa für den Unterricht in der mittleren und neueren Geschichte. 9 Blatt in Farbendruck. 1.74 m hoch, 2,07 m breit. Roh M. 13,50. Aufgezogen M. 12.

ALEXANDER WALDOW in LEIPZIG.

Gegründet 1869. Buchdruckmaschinen- und Utensilien-Handlung, Buchdruckerei und Verlagsbuchhandlung. Spezialität: Handbücher der Typographie und Lithographie, Werke über alle Zweige der Typographie. Lager von deutschen, englischen und amerikanischen Maschinen und Utensilien für Buchdruckereien.

Archiv für Buchdruckerkunst und verwandte Geschäftszweige. Jahrgang 1891 und 1892. Geb. je M. 15.
Waldow, A., Encyklopädie der graphischen Künste. Geb. M. 26,50; — Die Buch-

druckerkunst und die ihr verwandten Geschäftszweige. 2 Bände nebst Atlas. Geb. M. 26,50.
Hilfs- und Lehrbücher für Schriftsetzer, Buchdrucker und Lithographen.

MORITZ WARSCHAUER in BERLIN.

Verlag der Musik-Instrumenten-Zeitung, seit Juli 1891 bestehend.

Musik-Instrumenten-Zeitung. Fach- und Anzeigeblatt für Fabrikation, Handel und

Export von Musik-Instrumenten. Jahrg. 1891—92. Jährlich 52 Nummern) M. 8.

HELLMUTH WOLLERMANN in BRAUNSCHWEIG.

Verlagsbuchhandlung, gegründet am 1. September 1879. Die von der Firma unter anderen guten Werken verlegte und auf der Ausstellung befindliche »Deutsche Bibelübersetzung« von W. WALTHER ist ein vorzügliches Quellenwerk in sorgfältiger Ausstattung mit voller Objectivität bearbeitet.

Walther, W., Die deutsche Bibelübersetzung des Mittelalters. Mit 18 Kunstbeilagen. Prachtband M. 14,n. In gewöhnlichem Einband M. 10. Brosch. M. 8.

J. J. WEBER in LEIPZIG.

Die Firma wurde im Jahre 1834 von JOHANN JACOB WEBER begründet und wurde 1858 durch Übernahme des xylographischen Instituts von ED. KRETZSCHMAR in Leipzig und Einrichtung einer eigenen Buchdruckerei 1860, bedeutend erweitert. J. J. WEBER zählt zu den verdienstvollsten Buchhändlern aller Zeiten, er schlug als Verleger seine eigenen Bahnen ein und entfaltete namentlich auf dem Gebiete der Illustration eine äusserst fruchtbare Thätigkeit, womit er zugleich eine Richtung betrat, die für die Folge für sein Geschäft ausschlaggebend geworden ist. Durch die seit 1843 erscheinende »Illustrierte Zeitung«, die beste ihrer Art, hat WEBER die deutsche Holzschneidekunst wieder zu Ehren und zur Blüte gebracht. Die anderen Verlagsunternehmungen der Firma zeichnen sich durch ihre vornehme Richtung, ihre praktische Bedeutung und vorzügliche Herstellung aus. Nach dem Tode des Gründers 1880 wurde die Firma von seinen drei Söhnen übernommen und befindet sich jetzt, nachdem im Jahre 1889 die beiden ältesten Söhne verstarben, unter alleiniger Leitung von DR. FELIX WEBER.

Illustrierte Zeitung. Wöchentliche Nachrichten über alle Zustände, Ereignisse und Persönlichkeiten der Gegenwart. Mit jährlich über 1600 in den Text gedruckten Abbildungen. Erscheint von 1843 ab in fortlaufender Nummernfolge. Jährlich M. 26. Bd. 1—99. Geb. à M. 20.

Alpenlandschaften. Ansichten aus der deutschen, österreichischen u. schweizer Gebirgswelt. Geb. M. 20.

Benedix, Rod., Gesammelte dramatische Werke. 27 Bde. M. 121,50.

Biedermann, K., Deutschland im 18. Jahrhundert. 2 Bde. mit Register. Geb. M. 50.

Dammer, O., Illustriertes Lexikon der Verfälschungen und Verunreinigungen der Nahrungs- und Genussmittel. Geb. M. 25.

Galerie schöner Frauenköpfe. Pracht-Ausgabe. Geb. M. 20.

Illustrierte Gesundheitsbücher, Belehrungen über den gesunden und kranken Menschen. Bd. 1—23. Verschieden im Preise.

Honegger, J. J., Grundsteine einer allgemeinen Kulturgeschichte der neuesten Zeit. 5 Bde. Geb. M. 52.

Illustrierte Katechismen. Belehrungen auf dem Gebiete der Wissenschaften, Künste und Gewerbe. Nr. 1—143. Verschieden im Preise.

Meisterwerke der Holzschneidekunst aus dem Gebiete der Architektur, Skulptur und Malerei. 14 Bde. Geb. à M. 18.

Naturwissenschaftliche Bibliothek. 5 Bde. Einzeln käuflich. Verschieden im Preise.

Novellen-Bibliothek der Illustrierten Zeitung. 10 Bde. Geb. M. 29.

Smiles, S., Die Pflicht. — Der Charakter. — Die Sparsamkeit. — Leben und Arbeit. 4 Bde. Geb. à M. 7,50.

Universal-Lexikon der Kochkunst. 2 Bde. Geb. M. 20. Regal extra.

Zacharias, O., Die Tier- und Pflanzenwelt des Süsswassers. 2 Bde. Mit 31 Abbildungen. Geb. M. 30.

ADOLF WEIGEL in LEIPZIG.

Buchhandlung und Antiquariat. Verlag streng wissenschaftlicher Werke; Kommissions-Verlag von Publikationen wissenschaftlicher Institute und Gelehrten-Gesellschaften Deutschlands und des Auslandes. Die Firma befasst sich auch mit dem Vertrieb von Restauflagen guter Werke zu billigen Preisen und unterhält, in Vertretung von Instituten und Bibliotheken, rege Verbindungen mit dem Auslande.

Lager- und Antiquariatskatalog Nr. 1—5 mit Anhang.

L. WERNER in MÜNCHEN.

Buch- und Kunstverlag, gegründet am 1. April 1891. Betreibt als Spezialität den Verlag architektonischer und kunstgewerblicher Werke.

Süddeutsche Architektur und Ornamentik im 18. Jahrhundert. Bd. I—VI. M. 180. Otto Aufleger, Die reichen Zimmer der Kgl. Residenz in München. Photograph. Aufnahmen. Mit geschichtl. Einleitung v. R. Trautmann. Fol. M. 60 Taf. Lichtdr.

GUSTAV WEIGEL in LEIPZIG.

Verlagsbuchhandlung, gegründet am 1. Januar 1874. Das angestellte Werk von E. v. Hesse-Wartegg ist eine in jeder Beziehung naturgetreue Schilderung von Land und Leuten der Staaten Nord-Amerikas.

Hesse-Wartegg, E. v., Nord-Amerika, seine Städte und Naturwunder, sein Land und seine Bewohner. In Schilderungen. Mit zahlr. Illustr. Geb. M. 23,50.

THEOD. & A. WEGER in LEIPZIG.

Artistisches Institut, Kunst- und Gemäldehandlung. Verlag. Gegründet 1850. Bestbekanntes Atelier zur Anfertigung von lebensgrossen Porträts nach Photographien, in Kreide, Pastell, Aquarell und Öl gemalt. Kupfer- und Stahlstich-Anstalt.

Proben von Kupfer- und Stahlstichen ausgeführt im Weger'schen Atelier.

GEORGE WESTERMANN in BRAUNSCHWEIG.

Eine hochgeschätzte Verlagsbuchhandlung, die im Jahre 1838 durch George Westermann begründet und 1845 um eine Druckerei und Kupferdruckanstalt erweitert wurde. Besonders erfolgreich war Westermann auf den Gebieten der Lexikographie, der schönwissenschaftlichen Litteratur und der Geographie thätig. Eine grosse Verbreitung fanden auch die im gleichen Verlage erschienenen »Westermanns Monatshefte, die sich unentwegt bis auf den heutigen Tag äusserlich und innerlich in gleicher Vorzüglichkeit behaupten. Die Druckerei kann als eine Musteranstalt bezeichnet werden. Seit 1. Januar 1889 ist der Sohn des Begründers, Friedrich Westermann, Inhaber dieses umfangreichen Geschäftes.

Diercke, C., und E. Gebler, Schulatlas. Oberstufe. Geb. M. 5,80; Mittelstufe. Geb. M. 3,75.
Flügel, F., Allgemeines englisch-deutsch und deutsch-englisches Wörterbuch. 4. Aufl. 2 Teile in 3 Bden. Geb. M. 45.
Herrig, L., British classical authors. Geb. M. 5,70.
Herrig, L., und G F. Burgery, La France littéraire. Geb. M. 5,60.
Lange, H., Volksschulatlas. M. 1.
Liechtenstern, Th. v., und H. Lange, Schulatlas. In 44 Karten. Geb. M. 6,70.
Storm, Th., Sämtliche Schriften. 19 Bde. in 10 Bdn. Eleg. geb. M. 44,50.
Thibaut, M. A., Vollständiges Wörterbuch der französischen und deutschen Sprache. 2 Teile in 1 Bd. Geb. M. 8,85.
Westermann's Holzschnittillustrationen-Katalog. 5 Bde.
Romane und Erzählungen von W. Raabe und O. Schubin.

ERNST WASMUTH, ARCHITEKTUR-BUCHHANDLUNG in BERLIN.

Das Geschäft wurde 1872 von ERNST WASMUTH begründet. Bestimmend für die Richtung seines Verlags war sein Wirken in der berühmten Architektur-Buchhandlung von A. MOREL in Paris, dessen Vertreter in Deutschland er ward. Sein praktischer Blick zeigte ihm seine Laufbahn vor. Unterstützt durch seine verschiedenen Reproduktionsanstalten für die vielseitigen photomechanischen Verfahren entstand eine Reihe von grossartigen Verlagswerken in so schneller Folge, dass sie fast an die zahllosen Bouquets, eins schöner wie das andere, welche der Prestidigitator aus irgend einem Vacuum hervorzaubert, erinnern. Hierbei hatte WASMUTH seit 1874 einen treuen Mitarbeiter an seinem jüngeren Bruder EMIL. Alle die prächtigen Artikel hier aufzuzählen, würde zu weit führen, die unten verzeichneten sprechen genügend für die Grossartigkeit des Geschäfts.

Backsteinbauten, Ausgeführte, der Gegenwart. 10 Lief. v. je 10 Taf. à M. 10.
Bretschneider's, A., neues Modellbuch 1010. Neu herausgegeben von P. JESSEN. 15 Taf. Geh. M. 20.
Decken-Malereien des ersten Korridors der Königl. Galerie zu Florenz, gemalt von A. ALLORI, G. M. BUTTERI u. A. 1581—1582. 44 Taf. M. 44.
Details, Architektonische, v. ausgeführten Bauwerken. 5 Liefgn. von je 20 Blatt à M. 12.
Dohme, R., Barock- und Rococo-Architektur. Naturaufnahmen in Lichtdruck. 3 Bände 200 Taf. M. 200; — Möbel aus den königlichen Schlössern zu Berlin und Potsdam. 50 Taf. M. 50.
Fritsch, K. E. O., Denkmäler deutscher Renaissance. Naturaufnahmen. 4 Bände (300 Taf.). M. 300.
Funde von Olympia. Auswahl aus den »Ausgrabungen zu Olympia«. 10 Taf. M. 40.
Genick, A., Griechische Keramik. Text von FURTWÄNGLER. 40 Taf. M. 70.
Gurlitt, C., Möbel deutscher Fürstensitze. 40 Taf. M. 40.
Jacobsthal, Joh. F., Süditalienische Fliesen-Ornamente. 30 Taf. in reichstem Farbendruck. M. 65.
Lampué, F., Portale von Pariser Monumentalbauten. 23 Taf. M. 50.
Lessing, J., Altorientalische Teppichmuster. 30 Taf. Farbendruck. Fol. M. 60. — Holzschnitzereien des 15. und 16. Jahrhunderts im Kgl. Kunstgewerbe-Museum zu Berlin. 44 Taf. M. 40.
Lessing, O., Bauornamente Berlins. 100 Taf. M. 100; — Bauornamente der Neuzeit. Bd. I. 100 Taf. M. 100.

Licht, H., Architektur Deutschlands. Text von A. ROSENBERG. 2 Bde. 200 Taf. M. 200; — Architektur der Gegenwart. Text von A. ROSENBERG. Bd. I und II je 100 Taf. à M. 100. Bd. III im Erscheinen.
Marot, Das Ornamentwerk des. 261 Taf. 1°. Geb. M. 140.
Monumente und Standbilder Europas. in 12 Lfgn. v. je 10 Taf. (Im Erscheinen.) à M. 10.
Ornamente aller Art. Handzeichnungen alter Meister in den Uffizien zu Florenz. 45 Taf. M. 48.
Racinet, A., Geschichte des Costüms. 500 Tafeln in Gold-, Silber- und Farbendruck. Deutsche Ausgabe von A. ROSENBERG. 6 Bde. 8°. Hfrz. M. 250.
Reinhardt, E., Palast-Architektur von Oberitalien und Toscana vom 13.—17. Jahrhundert. »Genua«. 100 Tafeln. Hfrz. M. 175.
Sammel-Mappe hervorragender Concurrenz-Entwürfe. Heft 1—21. Mit zahlr. Taf. Zu versch. Preisen.
Schäfer, C., und A. Rossteuscher, Ornamentale Glasmalereien des Mittelalters u. der Renaissance. 45 Taf. M. 150.
Strack, H., Baudenkmäler des alten Roms. Originalaufnahmen. 40 Taf. M. 40; — Baudenkmäler Roms des 15.—19. Jahrhunderts. Original-Aufnahmen als Ergänzung zu Letarouilly. »Edifices de Rome moderne«. 100 Taf. M. 100.
Uhde, C., Baudenkmäler in Gross-Britannien. 6 Lieferungen von je 25 Tafeln Lichtdruck und Text. Jede Liefg. M. 15. (Liefg. 1—4 erschienen.)
— Baudenkmäler in Spanien und Portugal. 120 Tafeln. M. 120.
Watteau, A., Decorationen und Malereien. 40 Tafeln. Geb. M. 40.

Wo nicht anders angegeben wurde, sind die Werke in Folio und in Mappe.

H. WELTER in LEIPZIG und PARIS.

Verlagsbuchhandlung, Ausländisches Sortiment und Antiquariat, gegründet am 1. August 1883. Zweigniederlassung in Leipzig. Die Firma ist mit dem deutschen Buchhandel auf das engste verbunden und hat sich namentlich viel um die Einführung deutscher wissenschaftlicher Werke in Frankreich verdient gemacht. Die Firma bewegt sich auf streng wissenschaftlichem Gebiet und vertrieb besonders im Laufe der letzten fünf Jahre eine Reihe wichtiger Werke, von welchen eine Anzahl in Chicago ausgestellt sind, von welchen die auf Amerika bezüglichen besonders Interesse bieten. Das Haus Welter besorgt zugleich die Vertretung einer Anzahl namhafter Bibliotheken.

Amiaud, A., et V. Scheil, Les inscriptions de Salmanasar II, roi d'Assyrie 860 841, Transcrites, combinées, traduites et commentées. 12 fr. 50.

Analecta liturgica, Recueil trimestriel publié par W. J. Weale et M. l'abbé Misset. Tome I (1888—1889) fr. 25.

Annuaire de numismatique Bd. I—XV et comptes rendus. Bd I—VI.

Blanc, J., Bibliographie italo-française. (1491 1885. 2 vols. 30 fr.

Du Cange, Glossarium mediae et infimae latinitatis. 10 vols. 420 fr.

Gautier, L., Les Epopées françaises, Etude sur les origines et l'histoire de la littérature nationale. 5 vols. 40 fr.

Harrisse, H., History of the discovery of North-America. A critical, documental, and historic investigation. With, a Carthographia Americae Vetustissima. 150 fr.; —

Excerpta Columbiniana. Bibliographie de 500 pièces gothiques du commencement du 16e siècle. 35 fr.; — Canada. Notes pour servir à l'histoire, à la bibliographie et à la cartographie de la Nouvelle France. 30 fr.; — Christophe Colomb devant l'histoire. 5 fr.

Mas-Latrie, Le trésor de chronologie, d'histoire et de géographie. 70 fr.

Meyer-Lübke, Grammaire des langues romanes. Traduite de l'allemand par Eug. Rabiet, Tome I, 20 fr.

Recueil des Historiens des Gaules et de la France. 19 vols. Geb. 330 fr.

Revue des questions historiques. Tomes 1—44 und Register zu Tomes 1—40. Zusammen 15 Bde. 350 fr.; — des Patois gallo-romans, publiée par J. Gilliéron et l'abbé Rousselot. Bd. I—V. 100 fr.

Welter's Kataloge Nr. 1—50 in 2 Bdn.

WIEGANDT & GRIEBEN in BERLIN.

Die Keime zu dieser seit 45 Jahren bestehenden Verlagsfirma wurden schon in dem Geschäfte des 1868 verstorbenen Buchhändlers Wilhelm Besser gelegt, wo sich die Besitzer Wiegandt und Grieben kennen lernten und zusammen arbeiteten. Karl Wiegandt eröffnete am 1. Januar 1858 eine eigene Buchhandlung, der zwei Jahre später L. Grieben als Teilhaber beitrat. Die Firma wurde gleichlautend weitergeführt und befindet sich jetzt im Besitz von Leo Grieben und D. J. L. Grieben. Der Verlag pflegt hauptsächlich ernste Unterhaltungs- und Erbauungslitteratur, Theologie, Missionsangelegenheiten, Pädagogik und Geschichte.

Fechner, H., Methoden des ersten Lehrunterrichts. Geb. M. 8,10; — Der erste Lehrunterricht. Geb. M. 4.

Niedner, C. W., Lehrbuch der Kirchengeschichte. Geb. M. 12.

Nordenflycht, F. O. Freiherr v., Die französische Revolution von 1789. Darlegung ihrer Anlässe, Ziele und Mittel. 2 Teile. Geb. M. 9,84.

Schneider, Volksschulwesen und Lehrerbildung in Preussen. Geb. M. 9,25.

Steinmeyer, F. L., Beiträge zum Verständnis des Johanneischen Evangeliums. 2 Bde. Geb. M. 10.

Wiese, L., Deutsche Briefe über englische Erziehung Geb M. 9; — Lebenserinnerungen. 2 Bde Geb M 11; — 7 Vorträge. Geb. M. 7.

D.r E. MERTENS & Co., KUNST-ANSTALT u. -VERLAG, BERLIN.

Dies noch junge Kommandit-Geschäft verantw. Gesellschafter Dr. E. MERTENS 1890, entwickelt eine grosse Thätigkeit. Eine Spezialität ist eine kolossale Sammlung grösserer Aufnahmen von deutschen Landschafts- und städtischen Ansichten, die auch abteilungsweise als Mappenwerke in brillanter Ausstattung in den Handel kommen.

Der Harz in Bildern. Eine Harzwanderung. Dichtung von FRIDA SCHANZ. 10 Foliobilder in photograph. Kunstdruck. Fleg. geb. M. 15.

Bilder vom Rhein. Eine Rheinfahrt vom Bodensee bis Köln. Dichtung von FRIDA SCHANZ. 13 Foliobilder in photographischem Kunstdruck. Fleg. geb. M. 20.

SCHLÜTER'sche BUCHHANDLUNG (W. HALLE) in ALTONA.

Verlags- und Kunst-Handlung, gegründet am 1. Januar 1811. Seit 26 Juni 1881 im alleinigen Besitz von WILHELM HALLE.

Dresen. An der Ost- und Nordsee. 2. Sammlung. Gr. Fol. 25 Blatt in Lichtdruck. In Mappe. M. 20. — Die 1. Sammlung kam nicht in den Handel und ist vergriffen.

Kirchhoff, Th., Balladen und Neue Gedichte. Miniatur-Ausgabe. Kl. 8°. Geb. M. 4.
— Eine Reise nach Hawaii. Mit 1 Lichtdruck und 1 Karte. Kart. M. 4,50.

C. T. WISKOTT, KUNSTVERLAG in BRESLAU.

Die 1806 gegründete Firma, die über eigene Buch- und Steindruckerei nebst Kunstanstalt verfügt, hat sich besonders in den letzteren Jahren einen bedeutenden Ruf durch ihren wertvollen Kunstverlag erworben.

Allers, C. W., Spreeathener. Berliner Bilder. 2. Aufl. 1890. Fol. 30 Tafeln. Lichtdruck in Mappe. M. 20.
Hofmann, H., Kommet zu mir. Neue Folge von 13 Bildern aus dem Leben Jesu in Lichtdruck. Fol. In Mappe. M. 25.
Röchling, C., Unser Heer. 50 Originalzeichnungen in Lichtdruckreproduktion. Fol. In Mappe. M. 25.

Aus Studienmappen deutscher Meister.
A. MAXELL. — L. KNAUS. — F. GESELSCHAP. — F. v. DEFREGGER. — W. SCHUCH. — E. GRÜTZNER. — P. MEYERHEIM. — A. v. WERNER. 1888—91. 8 Mappen, je 10 Taf. à M. 12.
— Unsere Marine. Fol. (50 Lichtdr.-Taf. Breslau, C. T. WISKOTT, in Mappe. M. 30.

A. ZIMMER's VERLAG in STUTTGART.

Die Firma wurde im Februar 1886 in Berlin gegründet und siedelte um 1. Juli 1891 nach Stuttgart über. Jetzige Besitzer sind ERNST DENNHARD und BERNHARD MOHRMANN, die dem Kunstgewerbe eine besondere Aufmerksamkeit widmen.

Kick, W., Preisgekrönte und andere dekorative Holzarbeiten. In Mappe. M. 30.
Rösch und Kick, Mustergültige, plastische

Motive für das Studium und die kunstgewerbliche Praxis des Bildhauers. In Mappe. M. 25.

OTTO WIGAND in LEIPZIG.

Verlagsbuchhandlung, welche 1816 von OTTO WIGAND in Kaschau gegründet und 1825 nach Pressburg, 1827 nach Pest und 1833 nach Leipzig verlegt wurde. In Leipzig nahm das Geschäft einen raschen Aufschwung und zählt seit lange zu den angesehensten Verlagsfirmen des deutschen Buchhandels. Die von DR. SCHMIDT im Jahre 1834 begründeten »Jahrbücher der Medizin«, der WAGNERsche Jahresbericht der chemischen Technologie und die sprachwissenschaftlichen Werke von DANIEL SANDERS bilden die Hauptartikel und erfreuen sich des besten Rufes.

Fischer-Wagner. Handbuch der chemischen Technologie. M. 15.
Jahrbücher der in- und ausländischen gesammten Medizin. Begründet von Dr. CARL CHRISTIAN SCHMIDT. Redigirt von den Professoren RICHTER u. WINTER. Jährlich 4 Bde. Jeder Jahrgang M. 36.

Sanders, D., Wörterbuch der deutschen Sprache. 3 Bde in 3 Teilen). M. 72; — Fremdwörterbuch. 2 Bde. M. 14.
Wagner, J. R. v., Jahresbericht über die Fortschritte und Leistungen der chemischen Technologie. 26.—37. Jahrgang. à M. 14.

MAX WOYWOD in BRESLAU.

Die Firma wurde am 15. April 1883 gegründet. Vorlegt besonders Werke aus den Gebieten der Pädagogik, der Jugend- und Volksschriftenlitteratur.

Heidsiek, J., Der Taubstumme und seine Sprache. Erneute Untersuchungen über d. methodologische Fundamentalprinzip d. Taubstummenbildung. 1889. Geb. M 7,50.

Stüler, F., Die natürlichen Anschauungsgesetze des perspektivischen Zeichnens. Neues System der einfachsten perspektivischen Darstellungsweise. 1893. Geb. M.8.

G. ZAHN UND H. BAENDEL in KIRCHHAIN.

Buch- und Kunstdruckerei, gegründet im Jahre 1883. Die Firma beschäftigt sich hauptsächlich mit der Herstellung von wissenschaftlichen und orientalischen Werken, Katalogen, Dissertationen, Broschüren u. s. w.

51 verschiedene Werke, als Proben der Leistungsfähigkeit der Firma.

EDUARD ZERNIN in DARMSTADT.

Die Firma wurde am 1. Januar 1867 gegründet und zwar durch Übernahme mehrerer Zeitschriften aus dem Verlage von C. W. LESKE. Später wurden noch mehrere andere Werke dieses Verlages und Abteilungen anderer Geschäfte übernommen. Die Handlung widmet ihre Thätigkeit besonders militärischen, theologischen, pädagogischen und juristischen Werken und wandte mit der Erwerbung des ausgestellten Werkes ihre Aufmerksamkeit zugleich dem Lokalverlage zu.

Knispel, H., Das grossherzogliche Hoftheater zu Darmstadt von 1810—1890.

Mit einem geschichtl. Überblick auf die dramatische Kunst. Lex.-8⁰. Geb. M. 24.

JUL. HEINR. ZIMMERMANN in LEIPZIG.

Musik-Verlag und Kommission. Export von Musikinstrumenten. Die Firma wurde 1875 in St. Petersburg gegründet, 1882 nach Moskau verlegt und befindet sich seit November 1886 in Leipzig.

Musik von BENSCH, DUFNAER, EHLENBERG, KEYLL, MAYER, REINECKE und Anderen. Eine Reihe Schulen Lehrbücher für verschiedene Instrumente.

Wasielewsky, Wilhelm Joseph v., Carl Reinecke. Sein Leben, Wirken und Schaffen. Ein Künstlerbild. Gr. 8°. Mit Bildnis. Geb. M. 4.

Wegen etwaigen weiteren Auskünften in Betreff der in diesem Führer angekündigten Ausstellungsgegenstände der erwähnten Firmen beliebe man sich an den in dem Ausstellungslokal anwesenden Vertreter der hochgewerblichen Kollektiv-Ausstellung des Deutschen Reiches

Herrn Otto Baumgärtel

zu wenden, der auch in vielen Fällen im Stande sein wird, ausführlichere Prospekte über einzelne Werke zu liefern.

Die angeführten Preise sind die im Deutschen Reiche für das Publikum geltenden »Ladenpreise«, die im Auslande erhöht werden müssen.

www.ingramcontent.com/pod-product-compliance
Lightning Source LLC
Chambersburg PA
CBHW022120160426
43197CB00009B/1101